Helmut Fiedler

Military Assistance –

eine moderne Einsatzart zwischen Anspruch und Wirklichkeit

Military Assistance – eine moderne Einsatzart zwischen Anspruch und Wirklichkeit

Helmut Fiedler

2019

Carola Hartmann Miles-Verlag

Bibliografische Information der Deutschen Nationalbibliothek
Die Deutsche Nationalbibliothek verzeichnet diese Publikation in der Deutschen Nationalbibliografie; detaillierte bibliografische Daten sind im Internet über www.dnb.de abrufbar.

www.miles-verlag.jimdo.com
email: miles-verlag@t-online.de

Druck: BOD – Books on Demand, Norderstedt

Titelbild: AUTSOF AFG, Jänner 2018

Printed in Germany

ISBN 978-3-945861-81-3

Inhalt

1. Einführung

1.1 Motivation und Danksagung

Quelle: Austrian (AUT) Mobile Training Team (MTT) Afghanistan (AFG), November 2017

Camp Marmal im Norden Afghanistans … größtes deutsches Feldlager der Bundeswehr

Der durchaus provokant erscheinende Titel *"Why Military Assistance Programs Disappoint - Minor Tools Can't Solve Major Problems."*[1] legt genau den Finger in die offene Wunde. Bevor man sich der Frage nach der konkreten Auftragsdurchführung von Military Assistance-Einsätzen stellt (Ausbildungsziele, Ausbildungsthemen, direkte oder indirekte Unterstützung, ...), sollte ein tiefgreifendes Verständnis der Konfliktursachen und der Lebenswelt(en) der zu unterstützenden Soldaten generiert werden, um die "richtigen Dinge" anpacken zu können. Als ehemaliger Angehöriger der österreichischen Spezialeinsatzkräfte ist es mir daher ein persönliches Anliegen, die Einsatzart Military Assistance als ein probates und effizientes Mittel der internationalen Krisenbewältigung innerhalb der Europäischen Union umfassend aufzubereiten. Einerseits ergründete ich im Zuge meiner Dissertation[2] den Themen-

---

[1]Vgl. *Mara Karlin*, Why Military Assistance Programs Disappoint, Foreign Affairs 2017

[2] Im Rahmen meiner Generalstabsausbildung beim österreichischen Bundesheer hatte ich die Möglichkeit, einen PhD-Studiengang im Bereich der Interdisciplinary Legal Studies an der

komplex der Military Assistance, andererseits konnte ich während eines rund acht Monate dauernden Auslandseinsatzes innerhalb der Operation Resolute Support in Afghanistan einschlägige Erfahrungen sammeln, die meine wissenschaftlichen Erkenntnisse abrundeten bzw. streckenweise auch ergänzten.

Obwohl das Kontingent an österreichischen Soldaten in Afghanistan überschaubar ist, erhält man dennoch auf Grund der durchaus unterschiedlichen Aufgabenbereiche einen hervorragenden Einblick in das Wesen und die Charakteristik einer von Military Assistance geprägten Operation. Ein infanteristisches Ausbildungselement der österreichischen 6. Gebirgsbrigade im Norden des Landes sowie ein Operations Detachement Alpha der österreichischen Spezialeinsatzkräfte im Süden von Kabul tragen natürlich ihren Teil dazu bei. Durch diese praktischen Eindrücke bzw. Erfahrungen in Afghanistan war es mir gegönnt, meine vorwiegend theoretisch fundierte Dissertation um einige entscheidende hautnahe Beobachtungen anzureichern, um auf diese Weise ein noch umfassenderes Bild der Einsatzart Military Assistance zu erhalten. Ich selbst hatte das Privileg, tagtäglich in jener US-geführten Division relevante Erfahrungen zu sammeln, die für die strukturelle, rechtliche, budgetäre und ausbildungsmäßige Verbesserung der afghanischen Streitkräfte verantwortlich war. Diese umfassende Verantwortung beinhaltete kompetenzmäßig ebenfalls das afghanische Innenministerium mit seinen durchführenden Exekutivorganen. Military Assistance ist dort in der Praxis bewusst äußerst breit aufgestellt; der verfolgte Ansatz entspricht jedoch zur Gänze einem hierarchisch strukturierten „Top-down" Ansatz. Im krassen Gegensatz zu diesen Feldbeobachtungen steht die nachstehende Analyse eines ehemaligen US Special Forces Soldaten:

"A strategy in which the central government is the centerpiece of our counterinsurgency plan is destinated to fail. It disenfranchises the very fabric of Afghan society."[3]

Diese offenkundige Diskrepanz zwischen militärischem Anspruch und vorgefundener Realität war die oftmalige und intensive Gesprächs- und Diskussionsgrundlage zwischen den österreichischen Soldaten des Kontingentes. Erst die unterschiedlichen persönlichen Erfahrungen, Blickwinkel und Eindrücke - ähnlich eines Fehlerdreiecks beim Anschießen von Waffen - ermöglichen die intellektuelle Annäherung an einen persönlichen *mittleren*

---

rechtswissenschaftlichen Fakultät der Universität Wien zu absolvieren. Der exakte Titel meiner PhD-Arbeit lautet: „Military Assistance – Grenzen der Ausbildungsverantwortung bei der Ausbildung fremder Streitkräfte".

[3] *Gant*, One tribe at a time (2009) 10.

Treffpunkt in Sachen Wesen und Charakteristik der Einsatzart Military Assistance.

Für die zahlreichen prägenden Momente im Kreise der österreichischen Soldaten, beginnend in *Bagram*, über *Masar-e Scharif* bis hin nach *Kabul*, bin ich meinen ehemaligen Kameraden zutiefst dankbar und wünsche ihnen für die Zukunft Gesundheit, Soldatenglück und weiterhin viel Elan und Tatendrang.

Die strategische und polemologische Einordnung meiner Gedanken zum Themenbereich Military Assistance, samt deren Reflexion in einem umfassenderen, tiefergehenden Rahmen war mir dank intensiver kritischer intellektueller Auseinandersetzung und ebensolchen Debatten mit den Mitgliedern der Forschungsgruppe Polemologie und Rechtsethik der Universität Wien an der Landesverteidigungsakademie möglich.

Dass ich zusätzliche Zeit für die Erstellung der Dissertation bzw. dieses militärwissenschaftlichen Buches aufbringen konnte, verdanke ich zur Gänze meiner Familie. Deshalb gebührt ihr an dieser Stelle meine volle Anerkennung und tiefe Dankbarkeit!

Ich hoffe, mit den nachstehenden Analysen, Überlegungen und Eindrücken einen kleinen Beitrag zu einem umfassenderen Gesamtbild der Einsatzart Military Assistance und einer unbedingt notwendig durchzuführenden *Kulturraumanalyse* zu liefern.

1.2 Vorwort des Verfassers

"What we need is cultural intelligence. What makes them tick? Who makes the decisions? What is it about their society that's so remarkably different in their values, in the way they think, compared to my values and the way I think in my western, white-man mentality? What you need to know isn't what our intel apparatus is geared to collect for you, and to analyze, and to present to you."

Anthony C. Zinni, General i.R., United States Marine Corps

Quelle: AUT MTT AFG, November 2017

Österreichs militärischer Ausbildungsbeitrag in Afghanistan

Meist stehen ausschließlich machtpolitische Interessen im Zentrum der internationalen Bemühungen - oftmals wird nicht einmal versucht, aus einem anderen als dem eigenen (westlichen) Blickwinkel gegenwärtige Konflikte zu betrachten. Vielmehr wird versucht, die eigene "Wissenschaft des Zwischenmenschlichen" (Recht, Moral und Sittlichkeit) zu einem tausende Kilometer entfernten Krisenherd der Erde zu transformieren. Diesen vorherrschenden Zwiespalt zwischen der so wichtig zu ergründenden Tiefenstruktur eines Konfliktes und den eigenen westlich geprägten Wertvorstellungen und Herangehensweisen verdeutlichen die selbstkritischen Worte des deutschen Philosophen und Journalisten Rupert Neudeck:

> *"Wir müssen bescheidener werden und nicht meinen, dass wir die Länder mit unseren europäischen Segnungen und unserem Besserwissen ändern und auf den richtigen Weg bringen."*[4]

Auf der Suche nach einer kurzen, jedoch präzisen Erklärung der Einsatzart Military Assistance stieß ich auf eine zentrale Leitlinie verschiedener Empowerment-Maßnahmen: *Hilfe zur Selbsthilfe.* Anders gesprochen bedeutet dies, dass sich Military Assistance durch ein breitgefächertes militärisches Maßnahmenpaket auszeichnet: Ausbildungsunterstützung (*Training*), Beratungsfunktion (*Advising*) und/oder gemeinsam geführte Operationen (*Mentoring/Partnering*).

Nachstehende Publikation zielt darauf ab, gesamtstaatliche Überlegungen eines umfassenden Sicherheitsbegriffes im Einklang mit einer Analyse der Tiefenstruktur etwaiger Krisenregionen anzustellen, um die Voraussetzung bzw. die Rahmenbedingung für einen militärischen Einsatz von Spezialeinsatzkräften zur Military Assistance zu schaffen. Dabei stellt die Tiefenstruktur den Kern eines Konfliktes dar, der oftmals durch eine Vielzahl vordergründiger Probleme überlagert wird, deren Analyse jedoch für langfristige Lösungen unumgänglich ist. Bereits Thukydides unterschied in seinem Peloponnesischen Krieg bewusst zwischen bloß „äußeren Anlässen“ und den „wahren, tieferen Ursachen“, nach denen es zu suchen gilt, möchte man einen Konflikt hermeneutisch analysieren und ein Verständnis über die tatsächliche Substanz des *Polemos* generieren. Gegenwärtige Paradoxien mannigfaltiger Konfliktherde weltweit sollten uns nachdenklich stimmen: Auf einen schnellen militärischen Sieg auf dem Gefechtsfeld folgt meist, mangels kulturellen Verständnisses, eine Niederlage.

Bevor man sich der Frage nach der konkreten militärischen Auftragsdurchführung und deren Optimierung stellt, sollte ein tiefgreifendes Verständnis

---

[4] *Neudeck* in: *Seitz*, Afrika wird armregiert oder Wie man Afrika wirklich helfen kann, dtv premium, Bd. 26038 (2014) 15.

der Konfliktursachen und der Lebenswelt(en) der zu unterstützenden Soldaten erreicht werden, um die "richtigen Dinge" richtig (effizient und effektiv) anpacken zu können.

Zahlreiche Military Assistance Einsätze seit Ende des Zweiten Weltkrieges (Vietnam, El Salvador, Yemen, Libanon, Irak und Afghanistan) zeigen, dass die herkömmliche militärische Logik, die hinter diesem Konzept steht, bei weitem nicht ausreicht, um komplexe Szenarien langfristig zu lösen. Der kleinste gemeinsame Nenner sämtlicher Aufgabenstellungen im Rahmen von Military Assistance ist stets die Unterstützung von Menschen. Viel zu oft wird dieser elementare Grundsatz missachtet. Der Mensch, der einerseits unterstützt, andererseits aber auch beeinflusst werden sollte, steht im primären Fokus dieser Einsatzart.[5] Der so wichtige und entscheidende Faktor "Mensch" läuft Gefahr ins Abseits gedrängt zu werden. Oftmals verwendete, viel zu kurz gefasste Darstellungen von Military Assistance - *training and equipping foreign militaries* - stehen sinnbildlich für die Herangehensweise an solcherlei geartete militärische Einsätze. Diesbezüglich artikulierte ein langjähriger Militärpsychologe der österreichischen Spezialeinsatzkräfte folgende mitzubringende soziale Fertigkeiten der Soldaten, die bei dieser Einsatzart zum Tragen kommen sollten: Kommunikationsfähigkeit (verbal, paraverbal und nonverbal), interkulturelle Kompetenz, Empathie (Einfühlungsvermögen), Toleranz für fremde Kulturen und Sitten, Distanzierungsfähigkeit / Dissoziation (Verstand von Gefühl abspalten), Aufgabenorientierung. Über all diesen Fertigkeiten stehen vertrauensbildende Maßnahmen, da die fachliche Kompetenz erst zur Wirkung kommen kann, nachdem Vertrauen herrscht.

Demzufolge scheint es für weitere Betrachtungen unabdingbar zu sein, den Bogen des Verständnisses des vorzufindenden Lebensumfeldes in Krisenregionen umfassend, vom reinen Verständnis über die jeweilige kulturellen Besonderheiten bis hin zur Werteebene[6] zu spannen, um das notwendige Vertrauen der zu unterstützenden Soldaten zu gewinnen. Erfolgversprechende Vorgaben für Spezialeinsatzkräfte (Effektivität) und die bestmögli-

---

[5] Vgl. *Joint Doctrine&ConceptsCentre*, Joint Operations Execution (2004) 47.

[6] Da die Begriffe "Kultur" und "Wert(e)" in dem hier möglichen Umfang sicherlich nicht erschöpfend und in all ihren Facetten zu definieren sind, soll dennoch einführend festgestellt werden, dass Antworten, die bestimmte Wertesysteme bzw. unterschiedliche Kulturen liefern, stets konstruierte Antworten bleiben:
"Jede wirkliche Welt ist nur eine von vielen möglichen Welten, die schließlich Wirklichkeit geworden ist." (Sturma in: *Clausberg/Sahner*, Kultur und Gesellschaft, Lüneburger Universitätsschriften / Universität Lüneburg, Bd. 4 (1992) 46.)
Bereits dieses Wissen über die eigene und fremde Kultur unterstützt jeden einzelnen Soldaten in seiner täglichen Auftragserfüllung vor Ort, oftmals in weit entfernten Regionen.

che Gestaltung der militärischen Aufträge und Unterstützungsleistungen der Soldaten vor Ort (Effizienz), die durch den Faktor Akzeptanz geprägt sein müssen, stellen die Basis dar. Dabei lässt sich Effizienz durch nachstehende Effizienzformel bestimmen: [Effizienz = Qualität x Akzeptanz^2][7]. Akzeptanz stellt demnach den wesentlichen Faktor für eine effiziente Auftragserfüllung dar, da sie in der Formel quadriert aufscheint. Voraussetzung für eine erfolgreiche Anwendung der oben angeführten Effizienzformel stellt die Analyse der Tiefenstruktur des jeweiligen Konfliktes dar, um nicht Gefahr zu laufen, eigene, europäische Wertvorstellungen über die lokalen Akzeptanzbedürfnisse zu stellen:

> *"Another criticism of the aim of imposing liberal democracy is the argument that democracy must develop from below, rather than being imposed on one nation by another. Indeed, it has been argued that the Western democratic campaign in the middle-east is a form of imperial intervention.'*[8]

Bereits diese Grundprämissen sind das erste Indiz dafür, dass die bloße Bereitstellung von militärischen Fertigkeiten zu wenig ist. Es muss gelingen, sowohl die "Verstandesebene“ (Verstand *bilde* ich *aus*) als auch die "Vernunftebene“ (Vernunft *bilde* ich) zu erreichen.[9]

Die im Rahmen der vorliegenden Publikation vorgestellte, argumentativ untermauerte hermeneutische *Kulturraumanalyse*[10] soll eine, unbedingt not-

---

[7]Basierend auf einem Vortrag von Michael Kramer im Rahmen einer Kaderkonferenz der Streitkräfte in Graz hat der ehemalige Kommandant der österreichischen Streitkräfte, General Günter Höfler diese Akzeptanzformel als wesentliches Mittel zur Zielerreichung beschrieben (Vgl. *Hofer,* Die Bedeutung der geschichtlichen Entwicklung für ein umfassendes Konfliktverständnis am Beispiel des Libanon unter besonderer Berücksichtigung der Kohlenwasserstoffe., 376.).

[8]*Ravlo/Gleditsch*, Colonial war and the democratic peace, Journal of Conflict Resolution 2003, 520.

[9]Bereits Immanuel Kant traf in seinem erkenntnistheoretischen Hauptwerk *Kritik der reinen Vernunft* diese fundamentale Unterscheidung zwischen "Verstand“ und "Vernunft“. Kants Ausführungen sind demnach wie folgt zu verstehen: „Verstand“ sei das Vermögen der Begriffe und Urteile, und die „Vernunft“ sei das Vermögen der Ideen und Schlüsse (*Ludwig/Kant*, Die Kritik der reinen Vernunft[13], dtv, Bd. 30135 (2008)). Kant bricht damit mit der fehlerhaften Angewohnheit, Ideen der Vernunft mit empirischen Instrumenten des Verstandes zu erfassen. Der „Verstand“, der Dinge zerlegt, denkt demnach analytisch. Die „Vernunft“ hingegen denkt die Teile wieder zu einer Einheit, gleichsam einer Synthese. Mit anderen Worten: Der „Verstand“ denkt zerlegend bzw. analytisch, die „Vernunft“ denkt die Dinge (wieder) zu einer Einheit zusammen. bzw. synthetisch.

[10]Erweiterung des strategischen Lagebildes um den kulturraum-spezifischen Aspekt der Werte, um ein besseres Verständnis des *selbstgesponnenen Bedeutungsgewebes* (gemäß Geertz) zu erhalten. Bei Verstoß gegen Existenzwerte (Menschenrechte) wird Kulturkritik zur Pflicht des eigenen Handelns, da genau die hermeneutische Tiefe, der Kern jeglicher Kultur, die Existenzwerte bedroht sind.

wendige, "systemische Komplexitätsreduktion"[11] der Summe der bedingenden Umstände in Krisenregionen erreichen. Sie stellt eine Möglichkeit dar, einer Reizüberflutung und dem "Verlorengehen" wesentlicher Aspekte innerhalb von sozial, kulturell und wertemäßig unterschiedlichen Gesellschaften aktiv entgegen zu wirken.

Mag. (FH) Helmut Fiedler, PhD *Wien, im Jänner 2019*

---

[11]Niklas Luhmann beschreibt in seinem Hauptwerk *"Die Gesellschaft der Gesellschaft"* das zunehmend komplexer werdende Umfeld unseres modernen Lebens. Mit Hilfe der von ihm aufgestellten "Systemtheorie" unternimmt er den Versuch der "systemischen Komplexitätsreduktion".

1.3 Military Assistance aus polemologischer Sicht

Helmut Fiedler war als Angehöriger des 20. Generalstabslehrganges des Österreichischen Bundesheeres auch Teilnehmer an der wissenschaftlichen Kooperation zwischen der Universität Wien und dem Österreichischen Bundesheer (Landesverteidigungsakademie Wien). Im Rahmen dieser interdisziplinären Zusammenarbeit hat er seine militärwissenschaftlich-polemologische PhD-Arbeit zu „Military Assistance“ verfasst, die nunmehr in gedruckter Form vorliegt.

Sinn und Zweck dieser Kooperation ist es, polemologische Herangehensweisen an militärische Frage- bzw. Problemstellungen zu pflegen. Worin besteht nun aber eine „polemologische“ Herangehensweise? Im Kern handelt es sich dabei um „Hermeneutik“, also die Lehre vom Verstehen, aber auch vom Interpretieren dessen, was ein Krieg, Konflikt in Wahrheit ist bzw. was ihn in Wahrheit ausmacht.

Im Sinne einer transzendental-philosophischen Betrachtungsweise soll Hermeneutik dazu dienen, sich sowohl des „immer schon“ interpretiert Habens (frei nach Nietzsche), als auch der „Last des Verstehens“ (frei nach Hegel) bewußt zu werden. Der in diesem Zusammenhang sich eröffnende Horizontbruch (frei nach Gadamer) weist auf das zentrale Problem von Hermeneutik hin, das sich etwa in der Differenz von „subjektiver Hermeneutik“ (zB Nietzsche, Gadamer) und „objektiver Hermeneutik“ (zB Dilthey, Betti) eröffnet.

Besteht „Verstehen“ darin, den je eigenen Sinn- und Verständnishorizont – meist unreflektiert, ja unbewußt – dem Objekt der Erkenntnis immer schon zu unterstellen und somit immer notwendig „subjektiv“ zu erkennen, eine Paradoxie, die Rawls mit seiner erkenntnistheoretischen Annahme vom „Schleier des Nichtwissens“ zu neutralisieren suchte? Oder aber findet diese „Subjektivität“ nicht nur ihre Grundlage, sondern gleichzeitig auch ihre Grenze in der „Sinnlichkeit“ des Erkenntnisgegenstandes und vermag der reflexive Blick auf die dahinterliegende „ideelle“ Substanz, etwa Werte, diese transzendentale Objektsubjektivität zu überwinden im Lichte einer dialektischen Subjektobjektivität, also des Vermögens des Subjekts, sich zur Objektivität zu erheben?

Vor dem Hintergrund dieses hermeneutischen Paradoxons hat Helmut Fiedler es unternommen, die erkenntnistheoretischen Bedingungen der Möglichkeit gelingenden militärischen Handelns anhand einer speziellen militärischen Einsatzart, der „Military Assistance“ zu untersuchen. Unter „Gelingen“ wird dabei nicht – nur – der unmittelbar militärisch oder politisch erfolgreiche Einsatz von militärischen Mitteln verstanden, sondern auch die Dimension sowohl der Legalität als v.a. auch der Legitimität und damit der „Vernünftigkeit“ des Einsatzes (frei nach Spinoza) diskutiert. Nur wenn ein Einsatz im eigentlichen Sinne „vernünftig“ ist, verläuft er nicht nur „human“ (also in alten Worten „gerecht“), sondern auch letztlich „erfolgreich“, was bedeutet, dass er jene tieferen Gründe seiner Gerechtigkeit auch in der Realität sicherzustellen vermag.

Diese grundsätzliche konzeptionelle Herausforderung hat Helmut Fiedler in seiner konkreten Einsatzart im Phänomen des „Kulturellen“ identifiziert. Der polemologische Ansatz folgt dabei folgender Grundkategorialität von Konflikten, die der politischen Philosophie Platons nachempfunden ist: Zunächst ist die harte Grundlage jedes Konflikts in seiner „ökonomischen“ (zB wirtschaftlichen, technologischen, infrastrukturellen) Dimension zu sehen, was nicht vorschnell auf „Profitinteressen“ eng geführt werden sollte, sondern oftmals jene materiellen Bedingungen beschreibt, die für das Überleben eines Gemeinwesens wesentlich und damit unverzichtbar sind, wenn man an den naturrechtlichen Anspruch auf das je eigene Überleben denkt. Auf dieser höchstpersönlich relevanten Überlebensebene des „oikos“ (Epithymetikon) folgt die Gestaltungsebene der „polis“, also des öffentlichen Verhandelns der gesellschaftlichen Rahmenbedingungen des Überlebens (Thymoeides), des „guten Lebens“. Auf dieser Ebene werden die „politischen“ (zB strategischen, politischen, militärischen) Faktoren thematisiert und mit den ökonomischen Lebensgrundlagen verknüpft. Aber es gibt - so Platon - auch noch eine dritte Dimension (Logistikon), die den „ideellen“ Faktoren verpflichtet ist, die wiederum sowohl auf die ökonomische, wie auch die politische Ebene einen massiven, wenn auch gleichsam „subkutanen“ Einfluss ausüben, diese damit wesentlich prägen, da auf dieser Ebene „Sinnstiftung“ stattfindet, Bewertung, Beurteilung, und damit auch Entscheidung. Diese als „kulturell“ bezeichnete Sphäre umfasst Faktoren wie Religion, Werte, Recht, Bildung und stellt das dritte Momentum der gesellschaftlichen Ganzheit, somit der Gemeinschaft dar.

Helmut Fiedler hat die militärische Einsatzart „Military Assistance“ – anders als sonst in der Fachliteratur üblich – v.a. im Lichte dieser letztgenannten „kulturellen Dimension“ untersucht und damit jene Voraussetzungen des „Gelingens“ dieser Einsatzart aufgewiesen, die sich üblicherweise der Betrachtung von „Military Assistance“ entziehen: vor welchem Religions-, Werte-, Rechts- und Bildungshintergrund findet „Military Assistance“ statt und welchen Einfluss haben diese kulturellen „Faktoren“ auf die Planung, Durchführung und den Erfolg eines solchen Einsatzes? Unter welchen kulturellen Rahmenbedingungen ist „Military Assistance“ überhaupt „legal“

und vor allem „legitim“? Diese über rein militärwissenschaftliche Ansätze hinausgehenden, aber für das Gelingen der Einsätze ebenso relevanten polemologischen Fragestellungen werden in dieser Arbeit aufgegriffen und einer kritischen Reflexion unterzogen, um damit im besten Sinne des Wortes zu versuchen, der Komplexität der Realität mit interdisziplinären Mitteln gerecht zu werden.

ao. Uni.-Prof. MMag. DDr. Christian Stadler *Wien, im Jänner 2019*

2. Military Assistance als militärische Einsatzart

„We demonstrated month in and month out that a small effective fighting force could unite with an Afghan tribe, become trusted and respected brothers-in-arms with their leaders and families, and make a difference in the US effort in Afghanistan. In doing so we discovered what I believe to be the seed of enduring success in that country."[12]

Jim Gant, ehemaliger US Offizier der Green Berets

Quelle: Pixabay 2018

Unmittelbare militärische Unterstützung fremder Streitkräfte

Gerade militärische Begriffe – im konkreten Fall der Begriff Military Assistance – die aus dem angloamerikanischen in den deutschsprachigen Raum Einzug gehalten haben, müssen stets auf deren Relevanz und Bedeutungsschärfe hin überprüft werden. Deutliche, verlässliche und zueinander stimmige Darstellungen und Ausdrucksformen sind die Basis eines gemeinsamen Verständnisses. Darüber hinaus ist es zwingend erforderlich, Klarheit innerhalb der militärischen Begriffswelt zu schaffen, um als beratendes Organ so einfach als möglich, aber dafür umso präziser der Politik beratend beizustehen. Hans-Joachim Niemann stellt einige Regeln für Klarheit im

[12] *Gant*, One tribe at a time (2009) 4.

wissenschaftlichen Diskurs auf, die sich ebenfalls bei der Erklärung bzw. Beschreibung militärischer Begriffe an ein ziviles Umfeld anwenden lassen.[13] Nachstehend eine Auflistung solcher Kriterien, die Klarheit in den Kommunikationsprozess zwischen Militär und Politik bringen können: Immer das Sachproblem im Auge behalten, sich nicht in Sprachproblemen verlieren. Mehrdeutige Wörter meiden. Gehaltlose Aussagen meiden. Kürze und Einfachheit anstreben. Konkrete Beispiele finden. Das Bemühen um Verständlichkeit beim Kommunikationspartner vermitteln.

Gerade an der Schnittstelle zwischen Militärstrategie und Politik sind Klarheit und Präzision der Schlüssel jeglicher erfolgreicher Beratungsrolle. Um sich zielgerichtet der Bedeutung der Einsatzart Militärische Unterstützung, im Englischen Military Assistance[14], anzunähern, ist es zunächst erforderlich, Grundlagendokumente der North Atlantic Treaty Organisation (NATO), der USA, der Europäische Union (EU) und des Österreichischen Bundesheeres (ÖBH) miteinander zu vergleichen. Abgestützt auf diese Vergleiche wird danach ein klar fassbarer, international angelehnter Arbeitsbegriff der Einsatzart Military Assistance festgelegt. Hierbei sollen vorgestaffelt Gemeinsamkeiten, aber auch Unterschiede verschiedener Militärkulturen[15] bezüglich des Verständnisses von Military Assistance klar herausgearbeitet und angesprochen werden. Im darauffolgenden Schritt, abgestützt auf den zuvor definierten Arbeitsbegriff Military Assistance, ist dessen Bedeutung als Konfliktlösungsinstrument gegenwärtiger und künftiger sicherheitsgefährdender Herausforderungen an Hand eines empirisch-analytischen Vergleichsmodells verschiedener Einsatzräume zu beleuchten. Die Zusammenführung dieser Teilaspekte stellt einerseits den Abschluss des sinlichevidenten Momentums der Einsatzart Military Assistance dar und zeigt zugleich deren Bedeutung in künftigen Krisenszenarien auf. In Anbetracht des stetig ansteigenden europäischen Ambitionsniveaus innerhalb des sicherheitspolitischen Interessensbereiches ergibt sich ein vielfältiges und

[13] Vgl. *Niemann*, Lexikon des kritischen Rationalismus (2006) 177.

[14] Im weiteren Verlauf der vorliegenden Publikation wird der englische Namen Military Assistance verwendet, da dieser im internationalen Umfeld eine gebräuchliche Bezeichnung darstellt.

[15] Erst die Kombination der durchaus unterschiedlichen Begriffe "Militär" und "Kultur" ergeben die oben angeführte "Militärkultur", die prinzipielle und fundamentale Erscheinungsformen von Streitkräften beschreibt. Auf Grund der Tatsache, dass Streitkräfte (Militär) ausschließlich im Rahmen von Staaten existieren, ist die spezifische kulturelle Prägung dieser ableitbar (Vgl. *Stupka, Andreas W.* in: *Wagnsonner*, Militärische Kulturen, Ethica Themen (2011) 19–29.). Hofstede definiert Kultur als kollektive Programmierung der Geisteshaltung, welche die Mitglieder einer Gruppe von anderen unterscheidet (Vgl. *Hofstede, Geert* in: *Derboven/Kumbruck*, Interkulturelles Training[2] (2009) 8.). Diese Unterscheidung spiegelt sich ebenfalls im "Wesen" verschiedener Streitkräfte wieder.

breit gestreutes Aufgabengebiet im Bereich "Training", "Advising" und "Mentoring/Partnering", wann immer es um den Aufbau regionaler Kapazitäten geht.[16] Die aktuellen Entwicklungen rund um Afghanistan weisen ebenfalls in diese Richtung: Sowohl ein Großteil der US Soldaten, die mit September 2017 beginnend, zusätzlich in Afghanistan zum Einsatz kamen, als auch die Truppenaufstockung von Seite anderer NATO-Staaten bezweckt eine intensivere Military Assistance Leistung[17], hier vor allem die direkte Beratung der Afghan National Defense and Security Force (ANDSF). Bezugnehmend auf das neugelagerte US-Engagement in Afghanistan stellte Stan McChrystal fest:

> *"[...] US President Donald Trump has outlined a new strategy. As he detailed in a speech in August, the US will continue its commitment in Afghanistan, modestly increase the number of troops to boost the capacity of the Afghan security forces, and redouble counterterrorist operations against ISIS and other groups."*[18]

Quelle: Austrian Special Operations Forces (AUTSOF) AFG, Jänner 2018

Ausbildung afghanischer Commandos südlich von Kabul

[16] Vgl. Feichtinger in: *Jurekovic*, Wege und Irrwege des Krisenmanagements, Bd. 7 (2014) 244.

[17] Innerhalb der Operation Resolute Support (RS) in Afghanistan wird die Einsatzart Military Assistance, die ja Spezialeinsatzkräften vorbehalten ist, als Train Advise Assist (TAA) bezeichnet. Dabei kommen vor allem konventionelle Streitkräfte und auch zivile Sicherheitsfirmen für die umfassende Beratungstätigkeit zum Einsatz. Bis Ende des Jahres 2017 beschränken sich die TAA Maßnahmen noch auf die ministerielle Ebene und auf die obere taktische Führungsebene des Korps. Absicht ist es jedoch, ab dem Frühjahr 2018 wiederum TAA auf der Ebene der Brigade und des Bataillons durchzuführen.

[18]*Kosh Sadat/Stan McChrystal*, Staying the Course in Afghanistan, Majalla 2017 (3.)

2.1 Festlegung einer Arbeitsdefinition Military Assistance

> *"Military Assistance has been one of the* ***three core tasks*** *for* ***NATO Special Operations Forces (SOF)*** *for many years now, and yet it still remains one of the most misunderstood aspects of special operations in terms of policy and doctrine. For years now, Military Assistance has been planned for and executed in more of an ad hoc fashion based on the dictating operational environment and the lead nation's involvemenet.* ***Each NATO SOF nation executes Military Assistance in its own way****, shape, or form. This handbook, and in particular this chapter, tries to capture and consolidate the common Military Assistance themes and factors that are applicable to and should be considered by each NATO SOF nation conducting Military Assistance."*[19]

Dieser erste Absatz des aus dem Jahr 2014 stammenden NATO Handbuches für Military Assistance betrachtet die Einsatzart Military Assistance aus einem generellen Blickwinkel. Die drei markierten Textpassagen im oberen Absatz umreissen wesentliche, allgemeingültige Merkmale von Military Assistance Einsätzen im internationalen Umfeld:

"three core tasks" - Military Assistance stellt eine der drei Hauptaufgabenfelder (Einsatzarten) von Spezialeinsatzkräften dar. Die anderen beiden Einsatzarten sind das Kommandounternehmen (Direct Action) und die Spezialaufklärung (Special Reconnaissance and Surveillance).

"NATO SOF" - Military Assistance als militärische Einsatzart wird weltweit Spezialeinsatzkräften zugeordnet.

"Each NATO SOF nation executes Military Assistance in its own way" – Auf Grund der Tatsache, dass Military Assistance eine zutiefst interaktive militärische Einsatzart in Bezug auf die zu unterstützenden Streitkräfte darstellt und der direkte Kontakt bzw. die Einflussnahme mit den anvertrauten Soldaten im Vordergrund der militärischen Bemühungen steht, haben sich unterschiedliche Formen und Ausprägungen von Military Assistance im Laufe der Zeit ergeben.

Zunächst einmal lässt sich festhalten, dass Military Assistance eines der drei Haupteinsatzbetätigungsfelder von Spezialeinsatzkräften darstellt und es verschiedene Ausprägungsformen dieser militärischen Einsatzart gibt. Der nachstehende Vergleich verschiedener westlicher Streitkräfte zielt auf das

---

[19] *NATO Special Operations Headquarters,* Military Assistance Handbook, 9.

Herausarbeiten genau dieser Unterschiedlichkeiten in der militärischen Anwendung von Military Assistance ab.

2.1.1 Die Einsatzart Military Assistance im Vergleich

Die Streitkräfte der USA, und hier allen voran deren Spezialeinsatzkräfte, haben seit Beginn des 20. Jahrhunderts eine lange Tradition des Trainings, des Beratens und des Unterstützens befreundeter, fremder Streitkräfte.

"Today, Washington is working with the militaries of more than 100 countries and running large programs to train an equip armed forces in such hot spots as Afghanistan, Iraq, Jordan and Pakistan."[20]

In diesem Zeitraum wurde die gesamte Bandbreite an militärischer Unterstützung fremder Streitkräfte angewendet. Eine exemplarische Darstellung der wesentlichen Eckpunkte der spezifischen US-amerikanischen Military Assistance Einsätze der letzten hundert Jahre verdeutlicht eindrucksvoll deren äußerst weites Spektrum:

> *"In most cases, the United States effort abroad will consist primarily of advice, assistance, and the training of local civilian administrators and police, paramilitary and military forces to improve the domestic internal defense capabilities. Because of the peculiar nature of internal warfare, its deterrence and suppression requires a blend of military and non-military countermeasures and corrective actions. In a very real sense there is no line of demarcation between military and non-military measures."*[21]

Das "Lend Lease Program"[22] übertrug dem US-Präsidenten ab dem Jahr 1941 die Vollmacht, denjenigen Staaten, die gegen die Achsenmächte kämpften, kriegswichtige Güter zur Verfügung zu stellen. In Verbindung mit diesem vor allem wirtschaftlichen Unterstützungspaket wurden sowohl chinesische Soldaten und französische Truppen in Nordafrika ausgebildet. Nach Ende des Zweiten Weltkrieges stellte die Ausbildung und das Ausrüsten von Soldaten in Südkorea, Japan und Taiwan ein erfolgreiches Beispiel für die militärische Unterstützung schwacher Nachkriegsstaaten dar. Zu Beginn der 60er Jahre des letzten Jahrhunderts wurde im Zusammenhang mit Unterstützungsleistungen in Lateinamerika und Vietnam das erste Mal der Begriff "security force" geprägt. In dieser Zeit übernahmen auch die Spezialeinsatzkräfte die Hauptverantwortung über diese militärische

[20] *Mara Karlin*, Foreign Affairs 2017, 1-2.

[21] *Johnson*, Internal Defense and the Foreign Service, Foreign Service Journal 1962 (22.)

[22] Government Programs Laws, government-programs.laws.com/lend-lease-act (abgefragt am 23. 10. 2017)

Einsatzart. Bereits zu diesem Zeitpunkt waren die eingesetzten Spezialeinsatzkräfte als "security force" in ein weit größeres Maßnahmenpaket eingebettet. "Security assistance" umfasste damals neben der militärischen Komponente zumindest auch die materielle Unterstützung mit Ausrüstung und Waffen sowie wirtschaftliche Mittel. Nach dem starken Engagement im Vietnam kam es zu einem Paradigmenwechsel in den USA. Kämpften die vor Ort eingesetzten Spezialeinsatzkräfte mit ihren Partnerstreitkräften Schulter an Schulter und trugen letztendlich auch die Letztverantwortung, änderte sich dieses Bild auf Grund der Einsatzerfahrungen in Vietnam. Von nun an sollte die Masse der kämpfenden Soldaten vom unterstützten Land kommen, die Verantwortung sollte ebenfalls vor Ort bleiben. Die militärischen Unterstützungen im Libanon und in Panama in den 80er und 90er Jahren wurden gemäß dieser Grundsätze durchgeführt. Immer mehr wurde in den USA der Begriff "Security force assistance"(SFA) geprägt, der die militärische Unterstützung der eingesetzten Spezialeinsatzkräfte erfolgsversprechenderweise als Teil eines Gesamtkonzeptes[23] betrachtete. Den vorläufigen Abschluss dieser Art der militärischen Unterstützung bildete die Ausbildung der saudi-arabischen Streitkräfte und deren Technisierung mit modernen Einsatzmitteln vor Beginn des zweiten Golfkrieges.[24]

> *"Friendly nations facing threats to their internal security may receive assistance from the United States through a variety of diplomatic, material and instructional means. This important element of US foreign policy is called foreign internal defense (FID)."*[25]

Bis in die 1990er Jahre war der Begriff "FID"[26] das prägende Element der militärischen Unterstützung der Spezialeinsatzkräfte. In den meisten Fällen handelte es sich um US-befreundete Staaten, die umfassend unterstützt

---

23 Diese umfassende Herangehensweise, in dem das Militär nur eine Komponente der Konfliktlösung darstellt, umschreibt der Militärstratege Colin S. Gray mit der sogenannten "Grand strategy". Unter dieser Strategie versteht er den zielgerichteten Einsatz aller verfügbaren "instruments of power" zur Erreichung eines sicherheitspolitischen Zieles (Vgl. *Gray,* Modern strategy; *Gray*, War, peace and international relations (2007) 283.).

24 Vgl. *Livingston*, Building the Capacity of Partner States Through Security Force Assistance (2011) 8.

25 *Joint Chiefs of Staff*, Joint Publication 3-07.1 (1996) vii.

26 Einzig und allein die englische Wortkonstruktion "Foreign Internal Defense" verrät sehr viel über das Wesen dieser Einsatzart. Ähnlich wie bei den so genannten "Stellvertreterkriegen" werden Drittstaaten für die eigenen Interessen (US Interessen) instrumentalisiert, sodass die eigene Einflusssphäre erhalten bzw. erweitert werden kann. Inlandsverteidigung geopolitisch gedacht, mündet gemäß der "FID" Konzeption in die Verteidigung eigener Interessen im Ausland. Dabei wird, wann immer es geht, zunächst einmal passiv unterstützt (Finanzielle Mittel, Waffen, Wissenstransfer, Beratung, militärische Ausbildung) und erst im äußersten Notfall wird mit eigenen Kräften interveniert.

wurden, vor allem im Teilbereich des Aufbaus, des Trainings und des Beratens ihrer Streitkräfte. Mit den Terroranschlägen auf US-Staatsgebiet im Jahr 2001 und den im Anschluss folgenden militärischen Interventionen in Afghanistan und im Irak änderte sich nicht nur das Verständnis von Art und Weise der militärischen Unterstützung, sondern auch die Begrifflichkeiten. "FID" wurde fast zur Gänze durch den breiter aufgestellten Begriff "SFA"[27] abgelöst. Die US "National Defense Strategy" aus dem Jahr 2008 konkretisierte und stellte damit gleichsam das Ende des Wandels von "FID" zu "SFA" dar:

> *"The most important military component of the struggle against violent extremists is not the fighting we do ourselves, but how well we help prepare our partners to defend and govern themselves."*[28]

"SFA" beinhaltet das militärische Training/Ausbildung fremder Streitkräfte, deren Beratung sowie, falls notwendig, das gemeinsame Erfüllen militärischer Aufträge. Im Vordergrund steht stets das Ziel des Aufbaus militärischer Fähigkeiten mit dem Zweck des Herstellens eines sicheren Umfeldes, so dass eine legitime Staatsführung ihren Geschäften nachgehen kann. Erfahrungen zeigten, dass Spezialeinsatzkräfte auf Grund ihrer Eigenart (low-density/high demand) die Geeignetsten für diese Einsätze sind. Die Einsatzräume Yemen, Irak, Afghanistan, Pakistan, Mali, Philippinen, ... sind Beispiele für militärische Einsätze von Spezialeinsatzkräften im Bereich "SFA". Im Dezember 2014 starteten US Spezialeinsatzkräfte und US Special Forces (SF) mit einem Ausbildungs- und Ausrüstungsprogramm für Teile der irakischen Streitkräfte. Dieser Einsatz von Spezialeinsatzkräften im Bereich "SFA" umfasst im Erstansatz die Ausbildung von insgesamt acht irakischen Infanteriebataillonen in einer Dauer von jeweils sechs Wochen.[29] Die personelle Stärke der US Soldaten umfasst etwa 500 Mann. Parallel zur Ausbildung werden die zwölf irakischen Infanteriebrigaden unter finanzieller Unterstützung von jeweils 89 Millionen US Dollar mit neuer Bewaffnung und Gerät ausgestattet. Diese Neuausrüstung beinhaltet M4-Sturmgewehre, Maschinengewehre, Granatwerfer, Individualschutz, Nachtsichtgeräte, logistische Ausstattung und Mine-resistance ambush-protected (MRAP) Fahrzeu-

---

27 *"This responsibility in its broad sense of building the capacity of partner states has been termed security force assistance (SFA)."(Livingston,* Building the Capacity of Partner States Through Security Force Assistance, 1.)

28 *Livingston,* Building the Capacity of Partner States Through Security Force Assistance, 1.

29 In Anbetracht der äußerst kurzen Dauer der Ausbildungszeit der irakischen Infanteriebataillone stellt sich natürlich die Frage der Nachhaltigkeit der getroffenen Ausbildungsmaßnahmen, da diese sich ausschließlich auf die Weitergabe militärischer Kenntnisse und Fertigkeiten beschränken kann. Der kulturelle und wertemäßige Horizont der zu unterstützenden Soldaten kann dabei nur in den seltensten Fällen gestreift werden.

ge.[30] Eric Olson, Kommandant der US Spezialeinsatzkräfte im Zeitraum 2007 bis 2011, charakterisierte die Bedeutung von Military Assistance in künftigen Krisengebieten an Hand dreier Merkmale:[31]

Erstens ein ausgewogenes Gleichgewicht zwischen direkten und indirekten Maßnahmen der Einsatzführung ist entscheidend für den Erfolg. Direkte Maßnahmen sind oftmals notwendig und erzielen sofortige Wirkung. Darüber hinaus schaffen sie die notwendige Zeit für indirekte Maßnahmen, die nachhaltig wirken.

Zweitens: SFA ist das Paradebeispiel von indirekten Maßnahmen, durchgeführt von Spezialeinsatzkräften. Und drittens stärkt Military Assistance die militärische Fähigkeiten und Kapazitäten der Verbündeten nachhaltig durch Training, Advising, Assistance – und falls genehmigt – durch Unterstützung im Bereich der Ausrüstung und Ausstattung.

Innerhalb des offiziellen NATO-Sprachgebrauches wird der Begriff Military Assistance umfassend und der gegenwärtigen Bedrohungslage entsprechend auf Ebene eines NATO- Handbuches beschrieben. Dieses "Military Assistance Handbook" macht sich zum Ziel, die konzeptuelle Grundlage für sämtliche Military Assistance Einsätze innerhalb der NATO darzustellen.[32]

Die Bandbreite an Military Assistance Aufgabenfeldern reicht von militärischen Trainingsaktivitäten über Beratungstätigkeiten bis zum Aufbau nationaler Sicherheitskräfte. Weiters bringt die NATO sämtliche Military Assistance Aktivitäten in direkte Verbindung mit dem alle militärischen Maßnahmen umfassenden Faktor "Beeinflussung / Influence".[33] Ausschließlich militärische Maßnahmen, die den Grundsätzen und Leitlinien von "Influence" folgen, können Teil eines Gesamtkonzeptes der Konfliktlösung darstel-

---

[30] Vgl. *Ripley*, Iraqi train and equip programme begins, IHS Jane's Defence Weekly, Vol 52, 2015 (5.)

[31] Vgl. *Livingston*, Building the Capacity of Partner States Through Security Force Assistance, 32.

[32] Vgl. *NATO Special Operations Headquarters*, Military Assistance Handbook, 7.

[33] "Influence" bedeutet, dass die Möglichkeit bzw. die Kraft vorherrscht, die Handlungen/Einstellungen Dritter in seinem Sinne beeinflussen zu können (Vgl. *The Development Concepts and Doctrine Centre*, JDP 3-40 Security and Stabilisation: The Military Contribution (2009) 36.). Daher charakterisieren folgende drei Hauptelemente "Influence":
"Influence" ist stets die leitende Idee von militärischen Einsätzen - daher sind zwei Fragen wesentlich: Welchen Effekt wollen wir erreichen? Mit welchen Mitteln lässt sich dieser Effekt bestmöglich erreichen? Da eine jede Handlung in engster Verbindung mit "Influence" steht, muss sich "Influence" wie ein roter Faden durch die gesamte Dauer des militärischen Einsatzes ziehen. Um die geforderte Wirkung zu erzielen, müssen sämtliche "Influence" Maßnahmen koordiniert, synchronisiert und abgestimmt auf die jeweilige militärische Operation sein.

len. Die NATO unterteilt die Einsatzart Military Assistance in drei verschiedene Betätigungsfelder: Training, Advising und Mentoring/Partnering.

Training bedeutet, dass praktische militärische Ausbildung von zugeordneten Soldaten und Verbänden von der gefechtstechnischen Ebene bis zum Kampf der verbundenen Waffen durchgeführt wird. Darüber hinaus findet die militärische Fähigkeitsvermittlung in den Teilbereichen Land-, Luft- und See-Transport statt. Die höchste Stufe dabei ist das Fördern der Kommandanten auf unterschiedlichen Führungsebenen, um *Leadership* unter den Kommandanten zu erzeugen bzw. zu stärken. Ziel dieser Ausbildungsmaßnahmen ist die Schaffung der militärischen, der führungsspezifischen und der organisatorischen Voraussetzungen für die Weiterentwicklung der zu unterstützenden Streitkräfte.

Advising wiederum ist eher mit einer beratenden Tätigkeit gleichzusetzen, bei der die militärische Beitragsleistung durch aktive Teilnahme und Wissensvermittlung an der Erreichung operativer und militärstrategischer Ziele erreicht werden soll.

Mentoring/Partnering unterstützt durch klare Zielvorgaben bzw. durch Führung bei der Planung, Vorbereitung und/oder der konkreten Durchführung militärischer Einsätze.

Nachstehende *Military Assistance truths* stellen zwölf Einsatzgrundsätze der Planung, Vorbereitung und Durchführung von Military Assistance Einsätzen dar, die von den jeweiligen militärischen Verantwortlichen als Voraussetzung einer erfolgreichen Einsatzführung eingehalten werden sollten:

Appreciation (Verständnis)
Ein umfassendes Verständnis des Einsatzraumes, der nationalen Herausforderungen, der internen und externen Gefahren und der kulturellen Eigenarten muss vorhanden sein. Des Weiteren muss die staatliche Ambition des Einsatzlandes bekannt sein, bis zu welchem Punkt die Streitkräfte durch Military Assistance beeinflusst werden dürfen.

Patience (Geduld)
Veränderungen, die durch Military Assistance bewerkstelligt werden, benötigen oftmals viel Zeit. Dabei erhält der Begriff der Toleranz einen hohen Stellenwert, da stets das Gleichgewicht zwischen Zielvorstellung des Einsatzlandes und der Notwendigkeit der militärischen Auftragserfüllung gefunden werden muss.

Rapport Building (Aufbau von Verständnis)
Gegenseitiges Verständnis, das Teilen von relevanten Informationen und interkulturelle Kompetenz der eingesetzten Soldaten ermöglichen erst das Akzeptieren von Ausbildungs- und Beratungstätigkeiten.

Perseverance (Beharrlichkeit)
Die eingesetzten Military Assistance Kräfte und die zu unterstützenden Soldaten müssen über die Gesamtlänge des Einsatzes dasselbe Ziel verfolgen.

Ownership (Besitz)
Die Berücksichtigung des Umstandes, dass das Endprodukt sämtlicher Military Assistance Anstrengungen (sicheres Umfeld) ausschließlich dem Einsatzland dient, sollte als Messlatte jeglicher Aktivitäten herangezogen werden. Die Streitkräfte und die Bevölkerung des Einsatzlandes haben in letzter Konsequenz mit dem erzielten Endprodukt zu leben, noch lange, nachdem die Military Assistance Kräfte bereits das Land verlassen haben.

Adaptability (Anpassungsfähigkeit)
Military Assistance Operationspläne haben ständig an das sich verändernde Umfeld im Einsatzland angepasst zu werden.

Continuity (Kontinuität)
Die laufenden Personalrotationen innerhalb eines militärischen Einsatzraumes bergen die Gefahr des Fortsetzens des Einsatzes ohne ausreichende Berücksichtigung der bereits gemachten Erfahrungen. Gerade bei langangelegten militärischen Einsatzarten, wie beispielsweise Military Assistance, ist eine effiziente Erfahrungsaufbereitung, Speicherung und Übergabe der gewonnenen Erkenntnisse von fundamentaler Bedeutung für nachhaltigen Erfolg.

Conditions Based (abhängig von zu erreichenden Zuständen)
Military Assistance beruht auf der Mitarbeit und Unterstützung des Einsatzlandes. Deshalb tritt die Messung des Einsatzerfolges mittels einer vorab festgelegten Zeitleiste in den Hintergrund und wird stattdessen durch Zustandsveränderung beschrieben.

Integration
Die Integration von beratenden Spezialeinsatzkräften im Einsatzland hat alle Führungsebenen zu umfassen: Beginnend von der ministeriellen Ebene, über die verschiedenen Führungsebenen der Streitkräfte bis hin zu den auszubildenden Soldaten. Nur so kann eine lückenlose Information, Beratung, Unterstützung und Ausbildung der anvertrauten Streitkräfte funktionieren.

Comprehensive Approach
Das Bewusstsein und das Wissen darüber, dass man ausschließlich einen Teil der militärischen Problemlösungskomponente darstellt, unterstützt das Verständnis und die Zusammenarbeit mit all den anderen zivilen Akteuren im Einsatzland.

Sustainability (Nachhaltigkeit)
Nachhaltigkeit in der militärischen Ausbildung kann nur erreicht werden, wenn man sich innerhalb des anzuwendenden Führungsprozesses, der militärischen Command- and Control Struktur (C2) und der zu vermittelnden militärischen Fertigkeiten an die im Einsatzland verfügbaren Verfahren und Mittel orientiert.

Pre-mission Training (Einsatzvorbereitung)
Sowohl Fremdsprachenkenntnisse als auch kulturelle Fähigkeiten müssen eingesetzte Soldaten im Zuge ihrer militärischen Ausbildung erlernen. Des Weiteren müssen sie auf ihre beratende, unterstützende Rolle vorbereitet werden, um stets im Hinterkopf zu behalten, dass die Letztverantwortung im Einsatzland verbleibt.

Diese zwölf Leitlinien, in die Military Assistance eingebettet werden soll, sind aus meinem Dafürhalten der erstmalig dokumentierte, in einem Handbuch der NATO festgehaltene Versuch, diese Einsatzart umfassend zu beleuchten. *Appreciation, Patience, Rapport Building* bzw. *Adaptability* sind Teilbereiche einer ersten hermeneutischen Annäherung an die Tiefenstruktur der Konfliktursachen. Die aktuelle Diskussion der gegenwärtigen, wenig erfolgreichen Military Assistance Engagements bestärkt indirekt die Notwendigkeit einer vorgestaffelten Analyse der jeweiligen Konflikträume und des Generierens eines weitreichenden kulturellen Verständnisses. So heißt es zum Beispiel zu den Dauerbrennern Irak und Afghanistan:

> *"In both countries, the United States has spent billions of dollars to build militaries composed of hundreds of thousands of troops. But it has largely sidestepped bigger-picture questions about these forces' mission, structure and leadership in favor of a focus on training and equipment. Small wonder, then, that both militaries remain plagued by problems with recruitment, discipline, leadership, motivation and corruption."*[34]

[34]*Mara Karlin,* Foreign Affairs 2017, 6.

Der in den Jahren 2011 bis 2013 kommandierende US General für den Raum Afrika, Carter Ham, merkte zu den Military Assistance-Anstrengeungen in Mali bezeichnenderweise folgendes an:

"... *focused almost exclusively on tactical or technical matters.*"[35]

Aus alledem erhärtet sich mehr und mehr der Eindruck, dass es zwar unzählige Modelle, Konzepte und Handbücher zur praktischen Durchführung von Military Assistance gibt, jedoch der entscheidende Faktor der interdisziplinären, auf umfassendem Verständnis beruhenden Einsatzraumaufbereitung viel zu kurz kommt oder im schlimmsten Fall überhaupt nicht berücksichtigt wird.

Sowohl die starke Betonung des Faktors "Influence" als auch die oben angeführten zwölf Einsatzgrundsätze aus dem Bereich der Einsatzart Military Assistance zeigen die starke Ausrichtung und Einbettung des Military Assistance Begriffes der NATO in das soziale, kulturelle und wertemäßige Umfeld des Einsatzraumes. Darin wurden die Einsatzerfahrungen der vergangenen fünfzehn Jahre aus den vielschichtigen Military Assistance Einsätzen im Irak und in Afghanistan aufgegriffen und in einem noch nie dagewesenen umfassenden Ansatz bearbeitet. Der bei den US Streitkräften stark ausgeprägte Begriff "SFA" wird gemäß des NATO Military Assistance Verständnisses als mögliche Aufgabe innerhalb des Gesamtspektrums der Einsatzart gesehen. Abschließend lässt sich bezüglich des NATO Verständnisses für Military Assistance festhalten, dass bereits auf die Einsatzerfahrungen in Afghanistan und im Irak zurückgegriffen und sowohl auf das *complex operating environment*[36], als auch auf die zahlreichen soziokulturellen Faktoren reagiert wurde. Das Etablieren eines tiefgreifenden Verständnisses bei der Durchführung von Military Assistance, eingebettet in den "comprehensive approach" mit nachhaltiger Wirkung, steht im Fokus des NATO Dokumentes.

Ausgehend vom Jahr 2004 erstellte die EU mehrere Dokumente, in denen die Einsatzart Military Assistance beschrieben und definiert wurde. Das

[35]*Mara Karlin*, Foreign Affairs 2017, 5.

[36]*"From complicated to complex"* so beschreibt der ehemalige US General Stanley McChrystal die Situation, die er im Jahr 2004 während des Irak Krieges vorfand. Weiters führt er dazu aus, dass die herkömmliche hierachisch, stringent abgeleitete militärische Herangehensweise an komplizierte Aufgabenstellungen am Gefechtsfeld der Gegenwart und Zukunft nicht mehr erfolgsversprechend ist (Vgl. *McChrystal/Collins/Silverman/Fussell*, Team of teams (2015) 53-74.). Oder mit den Worten Henry Mintzbergs: *"Setting oneself on a predetermined course in unknown waters is the perfect way to sail straight into an iceberg."* (*Mintzberg*, The strategy concept II (1987) 26.)

"European Union Concept for Special Operations"[37] aus dem Jahr 2014 stellt den derzeitigen aktuellsten Stand der europäischen Betrachtungsweise von Military Assistance dar.

Military Assistance wird als breites Aufgabenbündel dargestellt, das unterstützend und beeinflussend auf befreundete Partner wirkt. Die Bandbreite hierbei beinhaltet den Fähigkeitsaufbau von Streitkräften, die Zusammenarbeit mit lokalen, regionalen und nationalen militärischen Kommandanten und Führungsstrukturen. Analog zur NATO Definition gliedern sich die konkreten Aufgabenfelder ebenfalls in die nachstehenden drei Bereiche: *Training, Advising* und *Mentoring/Partnering*.

Das ÖBH ordnet Militärische Unterstützung (Military Assistance) ebenfalls den Spezialeinsatzkräften als eine der drei Einsatzarten zu. Dabei ist Military Assistance eine Einsatzart mit dem Zweck, *"spezifische militärische Hilfeleistungen durch Spezialeinsatzkräfte auf Ersuchen von Partnern oder befreundeten Nationen in möglicherweise feindlichem Umfeld durchzuführen"*. Dabei geht es vor allem um die Unterstützung von militärischen und paramilitärischen Kräften von Partnern bzw. Gastgebernationen im Frieden, in einer Krise oder im Konflikt. Diese militärische Unterstützung kann direkt oder indirekt erfolgen und hat das Wiedererlangen, den Schutz und Erhalt der demokratischen Verhältnisse zum Ziel. Dadurch kann insgesamt ein Beitrag zur Konfliktlösung geleistet werden. Spezialeinsatzkräfte haben hierbei im Anlassfall die gesamte Aufgabe sicherzustellen oder einen Teilaspekt zu leisten. Einsätze im Rahmen von Military Assistance können beinhalten:

Ausbildung im Rahmen der militärischen Unterstützung **(Training):**

Ausbildung im Rahmen von Military Assistance ist eine Einsatzform der miliärischen Unterstützung, bei der zugeordnete Personen und Einheiten/Organisationen anderer Streitkräfte so ausgebildet werden, dass sie taktisch/funktionell mit einem gewissen Maß an Durchhaltefähigkeit eingesetzt und in weiterer Folge diese Fähigkeiten weiterentwickeln können.

Beratung im Rahmen der militärischen Unterstützung **(Advising):**

Beratung im Rahmen von Military Assistance ist eine Einsatzform der militärischen Unterstützung, bei der zugeordnete Personen und Einheiten/Organisationen anderer Streitkräfte bei der Durchführung und Erreichung von definierten Zielen durch aktive Teilnahme und Vermittlung von Expertise beraten werden.

---

[37] Vgl. *European Union Military Staff*, DRAFT European Union Concept for Special Operations (2014)

Begleitung/Zusammenarbeit im Rahmen der militärischen Unterstützung **(Mentoring/Partnering):**

Begleitung/Zusammenarbeit ist eine Einsatzform der militärischen Unterstützung, bei der zugeordnete Personen und Einheiten/Organisationen anderer Streitkräfte durch Anleitung bei Organisation, Planung, Informationsbereitstellung, Führung und Durchführung, Gesundheitswesen, sowie Sicherheitsfragen im Zuge von Einsätzen sowie zur bedarfsorientierten Zusammenarbeit mit eigenen Kräften in der Vorbereitung und Durchführung beraten werden.

Worin liegen nun die unterschiedlichen Ausprägungen der Einsatzart Military Assistance, bezogen auf verschiedene Organisationen bzw. Streitkräfte?

Die **US Streitkräfte**, die die meiste praktische Erfahrung im Bereich Military Assistance aufweisen, sehen in der indirekten und direkten Unterstützung befreundeter Streitkräfte eine Möglichkeit, eigene Kräfte im jeweiligen Einsatzraum zu sparen und stattdessen die von ihnen ausgebildeten und oftmals auch ausgerüsteten Soldaten "einzusetzen". Jedoch haben sie keinerlei Hemmschwelle, vor allem zu Beginn von "SFA" Einsätzen, im Zuge von "Partnering" gemeinsam mit den Verbündeten zu kämpfen.

Die **NATO** wiederum hat mit dem "Military Assistance Handbook" die aktuellste, umfassendste Zusammenschau der Einsatzart Military Assistance. Basierend auf Einsatzerfahrungen aus dem Irakkrieg und aus Afghanistan streicht die NATO klar heraus, dass Military Assistance nur nachhaltig erfolgreich sein kann, wenn einerseits die Synchronisation in die gesamte Operation gegeben ist, andererseits aber auch die soziokulturellen Rahmenbedingungen des jeweiligen Einsatzraumes berücksichtigt werden.

Das Verständnis der **EU** im Bezug auf Military Assistance ist angelehnt an den NATO Ansatz, mit dem einzigen Unterschied, dass die militärischen Maßnahmen im Rahmen von Military Assistance so gut als möglich mit all den anderen Mechanismen der Konfliktbeilegung bzw. Stabilisierung koordiniert sein müssen. Das Herausstreichen des Bewegens in einem *comprehensive environment*, das wiederum nur mit den gebündelten Anstrengungen des *comprehensive approach* zu lösen ist, stellt den primären Fokus des EU Verständnisses[38] dar.

---

[38] Diese durchwegs breitere und umfassendere Herangehensweise der EU im Gegensatz zur USA im Bereich Military Assistance spiegelt sich auch in den Erfahrungen während der Ausbildung der afghanischen nationalen Polizei (ANP) wieder. Die Ausbildungskonzepte bzw. Ausbildungsphilosophien der USA und der EU (European Union Police Mission in Afghanistan [EUPOL]) bezüglich des Aufbaus der afghanischen Polizei weisen in großen

Die Definition des Military Assistance Begriffes des **ÖBH** beruht auf den Grundzügen des EU Verständnisses. Jedoch führt das ÖBH explizit an, dass dieser spezifische österreichische Beitrag zur Konfliktlösung in einem direkten Verhältnis zur Wiedererlangung bzw. zum Schutz der demokratischen Verhältnisse[39] im jeweiligen Einsatzland stehen muss.

Von all den vier Definitionen bzw. Verständnissen von Military Assistance weist die NATO das bei weitem größte und umfassendste auf. Nicht nur die

---

Teilen Diskrepanzen auf und können daher durchaus als komplementär angesehen werden. Auf Grund der Tatsache, dass die afghanische Polizei wegen mangelnder Ausbildung die meisten Opfer im Kampf gegen aufständische Gruppen in den Provinzen zu beklagen hatte, entschloss sich die USA als Schwergewicht ihrer Ausbildungstätigkeiten die Aufstandsbekämpfung zu wählen. Im Gegensatz dazu stehen die Bemühungen der EUPOL Ausbildungstätigkeiten in Afghanistan, die ihren primären Fokus in den Bereichen Verkehr und Kriminalitätsbekämpfung sehen. Betrachtet man die personelle Stärke der afghanischen Polizei (2014: 152.123 Polizisten (Vgl. *Sopko*, SIGAR Special Inspector General for Afghanistan Reconstruction (30. Oktober 2014) 92.) würde eine koordinierte, zentral gesteuerte Ausbildung der ANP durchaus Sinn machen, gerade in Anbetracht der unterschiedlichen Schwergewichte in der Ausbildung und verschiedenster Auffassungen von Polizeiarbeit. Jedoch gelingt es dem unter dieser Prämisse aufgestellten International Police Coordination Board (IPCB) in Afghanistan nicht, die verschiedenen Aktivitäten der einzelnen Akteure im Bereich Polizeiausbildung zielgerichtet zu lenken (Vgl. *Schmidt*, Ausbildung der Afghanischen Nationalen Polizei (ANP), SIAK-Journal - Zeitschrift für Polizeiwissenschaft und polizeiliche Praxis 2011 (51-53.)).

[39] Ein Forschungsschwerpunkt von Zoltan Barany, US Professor an der Universität Texas in Austin, liegt im Demokratisierungsprozess von Streitkräften. Im Zuge seiner Forschungstätigkeiten stellte er dazu fest, dass abgesehen von der Berücksichtigung unterschiedlichster Rahmenbedingungen (Demokratisierung von Streitkräften nach Abschluss eines konventionellen Krieges / nach einem Bürgerkrieg / nach dem Wechsel des politischen Systems) das zu erreichende Ziel eines solchen Prozesses stets ähnlich ist:

"The key objective in every setting is the same, however: to develop armed forces committed to democracy and overseen by civilian politicians in the executive and legislative branches of government."

(Barany, How to Build Democratic Armies, PRISM: A Journal of the center for complex operations 2012 (4.))

Weiters stehen dem Bestreben nach demokratischen Verhältnissen folgende Herausforderungen auf Seiten des Militärs gegenüber: Das Leisten von Überzeugungsarbeit, dass Loyalität gegenüber der vorherrschenden Verfassung die Grundlage für ein friedliches Miteinander (auch unter ehemaligen Konfliktparteien) darstellt. Darüber hinaus muss Verständnis dafür geschaffen werden, dass frühere politische Indoktrinierung der Soldaten militärischer Erziehung, Ausbildung und dem Wissen um demokratische Prinzipien weichen muss. Dabei stellen ethnische, stammesspezifische und religiöse Eigenheiten (sozio-kulturelles Umfeld) sensible Kernbereiche beim Aufbau demokratischer Verhältnisse dar, die von Situation zu Situation neu zu beurteilen und zu bewerten sind:

"It is no coincidence that scholars who seem intent on building grand theories of military politics do little or no actual field research. There is no grand theory of civil-military relations and there is no blueprint for building democratic armies that can guarantee success."

(*Barany*, PRISM: A Journal of the center for complex operations 2012, 16.)

klare Abgrenzung der drei unterschiedlichen Einsatzformen (*Training, Advising* und *Mentoring/Partnering*), sondern vor allem die Einordnung und Synchronisation von Military Assistance in den Gesamtablauf einer Joint Operation und deren Einbettung in das vorherrschende soziokulturelle Umfeld des Einsatzraumes zeigt von einem erfolgreichen "Lessons identified/Lessons learnt Prozess" der Kriegsschauplätze der vergangenen fünfzehn Jahre. Auch wenn die *Military Assistance truths* – ähnlich wie Gebote – sehr oberflächlich erscheinen, weisen sie jedoch in jene Richtung, die eine langfristige, erfolgsversprechende, die Wurzeln der Konfliktursachen anpackende Erfolgsstory darstellen kann. Verständnis, Geduld, Eigenverantwortung, Nachhaltigkeit, oder ganz allgemein, eine umfassende Herangehensweise an zunehmend komplex erscheinende Konfliktszenarien stehen ganz zu Beginn der Vorbereitung auf mögliche Military Assistance Einsätze.

2.1.2 International angelehnte Arbeitsdefinition von Military Assistance

Die Einsatzart Military Assistance ist durch ein breitgefächertes militärisches Maßnahmenpaket gekennzeichnet, welches sich durch Ausbildungsunterstützung (*Training*), Beratungsfunktion (*Advising*) und/oder gemeinsam geführte Operationen (*Mentoring/Partnering*) ausdrückt.

Eine ähnliche Charakterisierung der Einsatzart Military Assistance trafen auch die Vereinten Nationen[40], die dazu im Jänner 2015 im "Military Special Forces Manual" festhielten:

> *"Military Assistance is a broad category of measures and activities that support and influence friendly assets through organized training, advising, mentoring, or the conduct of combined operations, [...] The range of Military Assistance includes, but is not limited to, engagement with local, regional, and national leadership or organizations, and capability building of friendly security forces."*[41]

Ziel von Military Assistance ist der Aufbau bzw. die Stärkung der militärischen Fähigkeiten von befreundeten Streitkräften. Der **Zweck** liegt in der nachhaltigen strukturellen Verbesserung der befreundeten Streitkräfte, als militärische Beitragsleistung zur regionalen Stabilität.

[40] Diese Charakterisierung von Military Assistance ist für Politik und die militärstrategische Ebene deswegen so wichtig, weil die Vereinten Nationen eine Organisation mit extrem hoher Akzeptanz sind, und politische Verantwortungsträger in der Regel eine mögliche Einsatzbeteiligung von einem Beschluss der Vereinten Nationen abhängig machen.

[41] *United Nations, Department of Peacekeeping Operations*, Military Special Forces Manual (2015) 19.

Davon abgeleitet lässt sich Military Assistance in folgende drei Hauptaufgabenfelder unterteilen:

Training → Militärische Ausbildung

Advising → Beratungsfunktion auf operativer und militärstrategischer Führungsebene

Mentoring/Partnering → Engste Zusammenarbeit bzw. gemeinsame Durchführung militärischer Operationen.

Diese vorangestellte Arbeitsdefinition von Military Assistance stellt den Versuch dar, die verschiedenen Ausprägungsformen und das unterschiedliche Verständnis westlicher Militärkulturen im Bereich Military Assistance zu harmonisieren. Die essenziellen Kernelemente der Einsatzart Military Assistance seien hier nochmals verdeutlicht:

Military Assistance ist durch ein umfangreiches Aufgabenspektrum gekennzeichnet, das vom jeweiligen Auftrag, der Ambition und den vorherrschenden Umfeldbedingungen abhängig ist (breitgefächertes militärisches Maßnahmenpaket).

Spezialeinsatzkräfte stellen oftmals das operative Mittel der militärstrategischen Führung dar und haben in der taktischen Durchführung ihrer Aufträge strategische Wirkung. Die Ausbildung fremder Streitkräfte steht im ursächlichen Zusammenhang mit den vitalen Interessen des unterstützten Staates. Daher können der Aufbau, die Stärkung bzw. die nachhaltige Verbesserung der Fähigkeiten der auszubildenden Streitkräfte nur im engsten Zusammenwirken mit der politischen Führung und allen militärischen Führungsebenen bewerkstelligt werden.

Training, Advising und Mentoring/Partnering stellen eine Dreiteilung der umfassenden Einsatzart Military Assistance dar, die einerseits eine Strukturierung der Aufgaben ermöglicht, andererseits aber auch im internationalen Sprachgebrauch eindeutig den ins Deutsche übersetzten Begriffen entspricht.

Dabei darf jedoch nie außer Acht gelassen werden, dass gerade diese Einsatzart, bei der die direkte Interaktion von Menschen verschiedener Nationen und Kulturen das entscheidende Element darstellt, sowohl "breit" (sozi-kulturelles Umfeld), als auch "tief" (Verständnis für die Tiefenstruktur des Konfliktes) gedacht und vorbereitet werden muss, um nachhaltig wirksam zu werden.

2.1.3 Erklärungsdreiklang Military Assistance für politische Entscheidungsträger

Dem Arbeitsbegriff von Military Assistance folgend ist es zweckdienlich, eine Art Informationspaket für Politiker zu schnüren, um dieses spezielle Konfliktlösungsmittel klar und eindeutig zu definieren. Einem Positionspapier bezüglich der "Elemente einer deutschen Außen- und Sicherheitspolitik für eine Welt im Umbruch" folgend, ist Österreich, ähnlich wie Deutschland, vom Austausch mit anderen Gesellschaften existenziell abhängig. Die Verwundbarkeit genau dieser Gesellschaften (Nachbarn, Unionspartner) ist indirekt ebenfalls auch eine Angelegenheit der österreichischen Sicherheit. Wenn Österreich seine Art und Weise des Lebens bzw. seinen Lebensstandard erhalten und schützen möchte, muss es sich für eine friedliche und regelbasierte Weltordnung einsetzen, wenn nötig auch mit militärischen Mitteln.[42] Deshalb ist es notwendig, Sicherheit und deren Vorsorge umfassend zu betrachten, an deren Gestaltung ein breites Spektrum staatlicher Instrumente mitwirken. Das ÖBH ist in der Lage, einen vielseitigen Beitrag zur österreichischen Sicherheitsvorsorge zu leisten. Gerade der Einsatz militärischer Kräfte in einem hochkomplexen Umfeld, unter direktem Interagieren mit der vor Ort ansässigen Bevölkerung (wie in der Einsatzart Military Assistance), erhöht den Bedarf eines solchen Informationspaketes für Politik und Öffentlichkeit. Die theoretischen Grundlagen dafür lieferte der britische Soziologe Steven Michael Lukes.[43] Lukes verdeutlicht vor allem in der zweiten Ausprägung von Macht ("two-dimensional view of power"), dass innerhalb des "Agenda-Setting-Prozesses" die Möglichkeit der Beeinflussung der Schwerpunktsetzung für bestimmte Themen liegt. Eine theoretische Analyse des "Agenda-Setting-Prozesses" ergab, dass in westlichen Demokratien diese sozialen Mechanismen der Erreichung günstiger Themenpositionierung das Produkt kultureller Auseinandersetzung darstellen, in der sich diejenigen zeitweise durchsetzen, denen es gelingt, die Aufmerksamkeit am besten auf sich zu ziehen. In dieser Auseinandersetzung stellt die Macht der Beteiligten eine erfolgsversprechende Ausgangsposition dar.[44] Eine eindeutige und klare Charakterisierung der Einsatzart Military Assistance, gekoppelt mit einem transparenten und der Öffentlichkeit präsentierbaren "Fact-Sheet" stellen Grundbedingungen erfolgreicher Politikberatung dar.[45]

---

[42] Vgl. *Kaim/Stelzenmüller*, Neue Macht neue Verantwortung (2013) 38.

[43] Vgl. *Lukes*, Power: a radical view, Studies in sociology (1995)

[44] Vgl. *Eichhorn*, Agenda Setting Prozesse (2005) 159–160.

[45] Vor allem in Deutschland, aber mit Abstrichen auch in Österreich, hat die Bedeutung wissenschaftlicher Politikberatung für politische Entscheidungen stark zugenommen. Öffentlichkeit der Ergebnisse und Transparenz über deren Zustandekommen stellen die Vorausset-

Einer der führenden österreichischen Politologen (Helmut Kramer) nahm unter anderem zum derzeitigen ambivalenten Verhältnis Österreichs zur professionellen Politikberatung Stellung:

> *"In diesem Kontext einer stark von politischen Abhängigkeiten und persönlichen "Seilschaften" bestimmten Kultur der politischen Beratung in Österreich finden Argumente, schriftliche Ausarbeitungen und gelegentliche Gutachten von kritisch orientierter und auf ihre Autonomie als WissenschafterInnen pochenden PolitikwissenschafterInnen bei politischen EntscheidungsträgerInnen nur in Ausnahmefällen Beachtung bzw. werden äußerst selten von diesen aktiv nachgefragt."*[46]

Im Gegensatz dazu skizzierte Kramer auch die wahrscheinlich positiv verlaufende künftige Entwicklung der Politikberatung in Österreich. Diese ergibt sich durch die zunehmende Anzahl an politikwissenschaftlich ausgebildeten Beamten in den österreichischen Ministerien, auf deren sozialwissenschaftliches Fachwissen immer öfter von Spitzenbeamten zurückgegriffen wird.[47] Um sowohl den gegenwärtigen, als auch den künftigen Bedürfnissen erfolgsversprechender Politikberatung innerhalb des ÖBH Rechnung tragen zu können, wird der militärstrategischen Führungsebene folgende Aufgaben zuteil: Spricht man von seriöser Politikberatung, trifft man im Idealfall auf verantwortliche Politiker, die dem Führungsmodell "Transformationale Führung"[48] zuzuordnen sind. Gerade in schnelllebigen Zeiten, die durch strategische, geopolitische Umbrüche und Herausforderungen gekennzeichnet sind, kommt transformationalen Verantwortlichen entscheidende Bedeutung zu. In diesem Zusammenhang sollte es eine Leichtigkeit für die militärstrategische Ebene darstellen, proaktiv, inhaltlich die notwendige Fachexpertise zur Verfolgung der gemeinsamen Vision einzubringen. Wird im Zuge der Politikberatung dieser Typus Politiker jedoch nicht vorge-

---

zungen für Vertrauen in wissenschaftliche Politikberatung dar (Vgl. *Hartung/Weingart*, Leitlinien Politikberatung (2008) 33–41.). Diese Grundsätze lassen sich auch auf die Politikberatung von Seiten des Militärs anwenden.

[46] Kramer in: *Fröschl/Kramer/Kreisky*, Politikberatung (2007) 251.

[47] Vgl. Kramer:*Fröschl/Kramer/Kreisky*, Politikberatung, 254.

[48] Das Führungsmodell der "Transformationalen Führung" steht in direkter Verbindung/Gegensatz mit dem Führungsmodell der "Transaktionalen Führung". Das Hauptunterscheidungsmerkmal liegt in der Erwartungshaltung von Organisationen gegenüber deren Verantwortlichen. Transaktionale Führung erfüllt zwar die zu erreichende Erwartungshaltung, transformationale Führung hingegen ändert und gestaltet die Organisation um. Dabei zeichnen sich transformationale Verantwortliche dadurch aus, dass sie Mitstreiter zum Verfolgen dargelegter Visionen motivieren können. Folgende Wesensmerkmale zeichnen sie aus: Tiefgreifendes Verständnis der anstehenden Herausforderungen, Aufzeigen und Kommunizieren neuer Perspektiven, Zulassen verschiedener Betrachtungsweisen (Vgl. *Byron*, Transformational versus Transaction Leadership (2007) 4–7.).

funden, muss auf Seiten des proaktiven, beratenden Vorgehens alles erdenklich Mögliche unternommen werden, um die konkreten, realistischen militärischen Beitragsleistungen vorzuschlagen. In den meisten Fällen wird in solchen Situationen trotz aller Bemühungen und Anstrengungen auf Grund der Charaktereigenschaften "transaktionaler Führung" das Innovationspotenzial hinter dem Niveau "transformationaler Führung" zurückliegen.

Der Beratungsrolle des Militärs gegenüber der Politik nachkommend, wird zunächst eine Erläuterung der Einsatzart Military Assistance gegeben. Als zweiter Schritt wird an Hand des Einsatzes "European Union Training Mission in Mali" (EUTM Mali) ein konkretes Beispiel der Einsatzart Military Assistance dargestellt. Der dritte und somit auch letzte Schritt des Erklärungsmodells stellt eine Grafik dar, die die Grundzüge und die Charakteristik von Military Assistance aufzeigt.

Erläuterung der Einsatzart Military Assistance

Die Einsatzart Military Assistance ist durch ein *breitgefächertes militärisches Maßnahmenpaket* gekennzeichnet. Ziel dabei ist der Aufbau bzw. die Stärkung der militärischen Fähigkeiten von befreundeten Streitkräften. Der Zweck von Military Assistance stellt die nachhaltige strukturelle Verbesserung der befreundeten Streitkräfte als militärische Beitragsleistung zur regionalen Stabilität dar.

Daher lässt sich Military Assistance in folgende drei Hauptaufgabenfelder unterteilen:

Training → Militärische Ausbildung

Advising → Beratungsfunktion auf operativer und militärstrategischer Führungsebene

Mentoring/Partnering → Engste Zusammenarbeit bzw. gemeinsame Durchführungmilitärischer Operationen.

Beispiel für die Einsatzart Military Assistance (EUTM Mali)

Ein sogenanntes "fact-sheet" der EU zum Thema "EUTM Mali" charakterisiert diesen Military Assistance Einsatz in ausgezeichneter Weise. Es spannt den Bogen von der 20 Staaten übergreifenden, europäischen Beteiligung am Einsatz über die Eckpunkte der Trainingsmission bis zu deren Symbolwert des aktiven Engagements der EU in Fragen der Sicherheit. Die nachstehenden Kernaussagen dieses Informationsblattes, könnten als Muster dienen, der österreichischen Öffentlichkeit die Einsatzart Military Assistance näher zu bringen. Vier Teilaspekte werden im "fact-sheet" angesprochen:

Hintergrund des Einsatzes

Die aktuelle politische, humanitäre und Sicherheitssituation in Mali stellt nicht nur einen unakzeptablen Zustand für das Land, sondern auch für Europa dar. Vorherrschende negative Entwicklungen in Mali könnten sich auf Nachbarstaaten auswirken und dadurch ein Sicherheitsrisiko für die gesamte Sahelzone werden.

> *"The EU's strategic objective [...] remains the promotion of stability, connecting security, development and governance through the integrated and coordinated use of all relevant EU instruments in order to address the root causes of insecurity, under-development and conflicts at local, national and regional levels. A "Common Security and Defence Policy" (CSDP) mission is a very significant part of this EU global approach to restore the state's authority throughout Mali and bring a durable solution to the current crisis."*[49]

Dieses Bekenntnis der Europäischen Union (EU) zu einem wesentlichen Sicherheitsbeitrag in Mali ist gleichzeitig mit der Aufforderung an alle Mitgliedsstaaten gekoppelt, sich aktiv daran zu beteiligen.

Europäische Beteiligung

EUTM Mali umfasst 550 Soldaten aus 20 europäischen Staaten, die am Wiederaufbau der malischen Streitkräfte beteiligt sind. Seit Jänner 2013 werden zwei unterschiedliche militärische Aufgaben wahrgenommen:

Beratende Unterstützungsleistung einzelner Experten am Wiederaufbau der Streitkräfte.

Ausbildung von Kampfeinheiten der malischen Streitkräfte im "training camp" in Koulikoro.

Darüber hinaus werden 13 Millionen Euro in die Infrastruktur und den Ausbau des "training camps" in Koulikoro investiert, um diese militärische Stätte für künftige Ausbildungsaufgaben auszubauen.

Trainingsprogramm

200 europäische Soldaten sind für die militärische Ausbildung der malischen Kampfeinheiten verantwortlich – "battalions factory". Die Beteiligung von 20 europäischen Staaten ist der beste Garant für ein breitgestreutes Einbringen fachlicher Expertise in den täglichen Ausbildungsalltag im "training camp" in Koulikoro. Neben der Ausbildung von militärischen Grundfertigkeiten liegt ein weiterer Fokus in der Vermittlung von Werten. Vor allem der Zusammenhalt innerhalb der Truppe, Disziplin und das Verinnerlichen

[49] *European Union External Action*, About EUTM Mali, <http://www.eutmmali.eu/?page_id=222> (abgefragt am 3. 3. 2015)

der Grundsätze des humanitären Völkerrechtes werden im Zuge der Ausbildung den malischen Soldaten dargelegt.

Die "advanced liaison task-force" (ALTF) besteht aus militärischen Beratern, die am Wiederaufbau der malischen Streitkräfte unterstützend mitwirken. Deren Unterstützung betrifft die folgenden Betätigungsfelder: "general framework for defense", "operational command", "operational readiness", "logistics", "human ressources". Des Weiteren wird der Stab der malischen Streitkräfte bei der Ausarbeitung militärischer Basisdokumente unterstützt.

<u>Ein Beispiel für "Europäische Sicherheits- und Veteidigungspolitik" (ESVP)</u>

EUTM Mali ist ein Beispiel für den Willen der EU, in sicherheits- und verteidigungspolitischen Fragen eine aktive Rolle zu übernehmen. Die rasche Anpassung an die strategischen Umfeldbedingungen in Mali sowie die Implementierung zweier Säulen ("training" und "advise") der Einsatzart Military Assistance unter Berücksichtigung der kulturellen Situation und der Wertelandschaft sind Ausdruck der aktiven Rolle der EU.

Grafisches Erklärungsmodell der Einsatzart Military Assistance

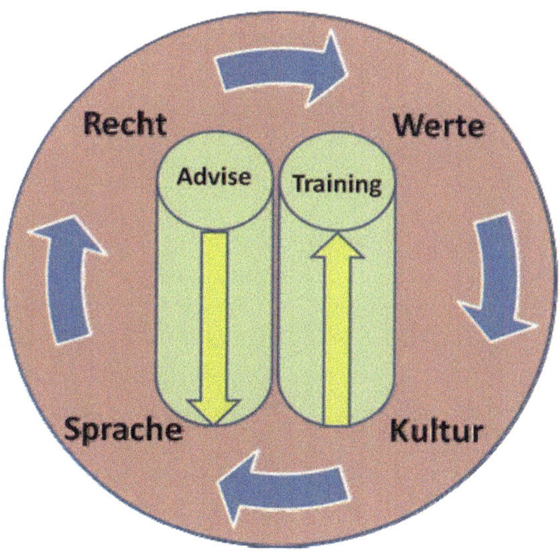

Grafisches Erklärungsmodell der Einsatzart Military Assistance, dVe

Die Einsatzart Military Assistance ist durch die beiden Säulen "Training" und "Advise" gekennzeichnet. Dabei ist die Säule "Training" nach dem "bottom-up" Prinzip konzipiert, da militärische Trainingsprogramme an der Basis (Streitkräfte) durchgeführt werden. Die Säule "Advise" wiederum entspricht einem "top-down" Prinzip, die durch militärische Beratungstätigkeit auf operativer und militärstrategischer Ebene wirksam wird. Sämtliche Maßnahmen der Einsatzart Military Assistance finden im Rahmen von Auslandseinsätzen in einem äußerst komplexen Umfeld (*operational environment*) statt, welches durch folgende Merkmale (oftmals divergierend zur westlichen Welt) gekennzeichnet ist: *Kultur; Sprache, Wertesystem, Rechtssystem.*

Um diesem Umstand von Seiten der Spezialeinsatzkräfte gerecht zu werden und dabei vor allem die bereits dargelegte Effizienzformel (Effizienz = Qualität x Akzeptanz[2]) in der militärischen Auftragserfüllung zu berücksichtigen, scheint es zwingend erforderlich zu sein, den Wertehorizont des Gegenübers so gut wie möglich verstehen zu lernen. Da in einer ersten Annäherung "*Werte gesellschaftliche Zielvorstellungen oder Orientierungen darstellen*"[50], kann eine Analyse dieser dazu beitragen, Motivationen, Verhaltensweisen bzw. Einstellungen von Soldaten anderer Kulturräume besser einodnen zu können.

2.2 Empirisch-analytisches Vergleichsmodell verschiedener Einsatzräume

Obwohl jede militärische Operation sich einerseits von den politischen Vorgaben, dem Mandat und den zu definierenden *Operational Objectives*, als auch in den vorherrschenden Bedingungen in der jeweiligen Joint Operations Area[51] unterscheidet, zielt das vorliegende empirisch-analytische Vergleichsmodell darauf ab, einsatzraumübergreifende Gemeinsamkeiten und Notwendigkeiten von Military Assistance Einsätzen aufzuzeigen. Der Mehrwert eines solchen Modells liegt am Feststellen und der Konkretisierung allgemeingültiger, auf jeden Einsatzraum der Erde anwendbarer Grundsätze und Voraussetzungen, die bei künftigen Military Assistance Einsätzen des ÖBH auf jeden Fall zu berücksichtigen sein werden.

---

[50]Stadler, Christian in: *Vogl/Wenda*, Neue Herausforderungen für den Rechtsschutz[1], Schriftenreihe BM.I, Bd. 15 (2013) 8.

[51]Die operative Führungsebene führt militärische Operationen zur Erreichung operativer Ziele in einem festgelegten Einsatzraum, der sogenannten Joint Operations Area, durch.

Um ein möglichst breites Einsatz- und Aufgabenspektrum der Einsatzart Military Assistance abzudecken, wurden vier äußerst unterschiedliche Einsätze zum Vergleich herangezogen. Diese unterscheiden sich sowohl in ihrer Intensität, in der Gestalt der Organisation, die mit der Durchführung beauftragt wurde, als auch geographisch.

Folgende vier Einsätze aus dem Bereich Military Assistance stehen zum Vergleich an:

European Training Mission in Somalia (EUTM SOM)

Bei dieser Mission der EU von militärischen Kräften in der Einsatzart Military Assistance handelt es sich um eine multinationale Beratungs- und Ausbildungsmission zunächst ausschließlich im Teilbereich *Training*, in weiterer Folge im vollen Aufgabenspektrum von Military Assistance. Das Ziel der Mission liegt in der Stärkung der somalischen Streitkräfte mit dem dahinter liegenden Zweck, einen Beitrag zur Stabilisierung des Staates Somalia zu leisten und die al-Shabaab-Milizen zu neutralisieren. Der Staat Somalia liegt am Horn von Afrika, im Osten des afrikanischen Kontinents. Das Klima in Somalia ist ein heißes und trockenes Monsunklima mit jährlich zwei Regen- und Trockenzeiten.

Joint Special Operations Task Force-Philippines (JSOTF-P)

Im Jahr 2002 wurde durch das Special Operations Command Pacific (SOCPAC) die JSOTF-P als Teil der "Operation Enduring Freedom" auf den Philippinen aufgestellt. Dieser Military Assistance Einsatz von US Spezialeinsatzkräften umfasst die Teilbereiche *Training* und *Mentoring/Partnering*. Das Ziel der Operation liegt einerseits in der Bekämpfung der Mitglieder der terroristischen Abu Sayyaf Group (ASG), die vor allem auf der Insel Mindanao irreguläre Einsätze durchführen, andererseits aber auch im Aufbau der Fähigkeit zur Bekämpfung terroristischer Organisationen innerhalb der philippinischen Streitkräfte (AFP). Der Zweck der Operation ist das Zerschlagen terroristischer Netzwerke auf den Philippinen, die eine Gefährdung der Stabilität des Staates darstellen.[52] Die Philippinen stellen einen Inselstaat mit über 7000 Inseln im westlichen pazifischen Ozean dar. Das Klima auf den Philippinen lässt sich in den meisten Regionen als tropisch bezeichnen. Desweiteren ist die Nähe zum Meer (kein Ort ist mehr als 200 km von der Küste entfernt) für die klimatischen Bedingungen des Landes prägend.

US Embedded Training Teams in Kandahar and Helmand, 2004/2005

Der Einsatz der "US Regional Command and Advisory Group-Kandahar" (RCAG-K) ist ein praktisches Beispiel für die Anwendung des weiter unten

---

[52] Vgl. *Farris*, Joint Special Task Force-Philippines (2009) 1f.

beschriebenen MAST-Konzeptes am Kriegsschauplatz Afghanistan. Die 76. Brigade der US National Guard stellte so genannte Embedded Training Teams (ETT) im vollen Aufgabenspektrum von Military Assistance bereit, um eine afghanische Brigade auszubilden.[53]

Tribal Engagement Teams (TET) in Afghanistan

Der Einsatz von US Spezialeinsatzkräften in Kleinstgruppen innerhalb der afghanischen Bevölkerung stellt ein Einsatzmodell dar, welches weit über die bereits erläuterten Military Assistance Einsätze hinaus geht. *Rapport building* und *cross-cultural competence* sind zwei englische Schlagwörter, die die Voraussetzungen erfolgreicher TET beschreiben:

> "*The key to a successful tribal engagement strategy is the ability to identify men (Tribal Engagement Team members) who have a special gift for crosscultural competency and building rapport - that is, they must become educated in the ways of the tribe sand build strong relationships with them based on mutual trust and objectives.*"[54]

Dementsprechend wird ein Einsatzmodell von Military Assistance präsentiert, welches in verschiedenen Ausprägungsformen in Afghanistan in den Jahren 2003 bis 2009 teilweise praktiziert wurde. Es beruht zu einem großen Teil auf den persönlichen Erfahrungen einiger Offiziere der US Spezialeinsatzkräfte, die durch den direkten Kontakt und intensiven Bezug mit der afghanischen Bevölkerung neue Lösungsansätze in der Konfliktbewältigung entwickelten, die ursächlich im Zusammenhang mit der Tiefenstruktur von Konflikten und interkultureller Kompetenz der eingesetzten Soldaten stehen.

2.2.1 Somalia

Rahmenbedingungen

Am 15. Februar 2010 hat der Rat der Europäischen Union eine militärische Ausbildungsmission für die somalischen Streitkräfte in Uganda beschlossen. Die Europäische Union möchte mit EUTM Somalia die Anstrengungen der Friedensmission der Afrikanischen Union für Somalia, der Regionalstaaten und der somalischen Übergangs-Bundesregierung unterstützen.[55] Hintergrund war das Bereitstellen von gut ausgebildeten Soldaten, die sich loyal

[53] Vgl. *Development, Concepts and Doctrine Centre*, Partnering Indigenous Forces (2011) 3A-2.

[54] *Gant,* One tribe at a time, 32.

[55] Vgl. *Westerwelle*, Beteiligung deutscher Soldaten an der Ausbildungsmission der Europäischen Union zur Ausbildung somalischer Sicherheitskräfte in Uganda (EUTM Somalia) (2010), 1.

gegenüber dem "Somali Transitional Federal Government" (TFG) verhalten. Seit der Implementierung der Ausbildungsmission im Mai 2010 wurden rund 4000 somalische Soldaten der "Somali National Army" (SNA) ausgebildet. Schwergewicht der Ausbildung lag und liegt in folgenden Bereichen: Ausbildung von Unteroffizieren (Grundausbildung), Ausbildung von Offizieren (Grundausbildung), Infanterieausbildung, Kampf im verbauten Gebiet, Mine Awareness. Bis zum Jahr 2013 entsprach EUTM Somalia diesen Grundsätzen und bediente die Mission mit 105 Ausbildnern und 35 Soldaten als Stabspersonal aus insgesamt 14 Ländern der Europäischen Union. Die Trainingsaktivitäten wurden in Uganda mit starker Unterstützung der Streitkräfte Ugandas durchgeführt.

Im Jahr 2013 wurde das Mandat der Mission erweitert; neben dem bereits durchgeführten *Training* somalischer Soldaten kamen die Teilbereiche *Advising* und *Mentoring/Partnering* dazu, um über die Bataillonsebene[56] hinaus die somalischen Streitkräfte zu unterstützen. Im Jahr 2014 kam es dann zur Verlegung des Hauptquartiers und der Ausbildungseinrichtungen aus Uganda in die somalische Hauptstadt Mogadischu.

Am Beispiel der EUTM Somalia lässt sich sehr gut der Versuch der Europäischen Union darstellen, den so genannten *comprehensive approach* in der Region Horn von Afrika umzusetzen. Das "Joint Strategy Paper for Somalia for 2008-2013" war ein erster Versuch, konkrete Aufgabenfelder einer *Security Sector Reform*[57] in Somalia mit finanziellen Mitteln der Europäischen Union

---

[56] Das Bataillon ist jene militärische Organisationsform, das mehrere Einheiten und unmittelbare Züge meist einer Waffengattung führt. Die wesentliche Aufgabe des Bataillons innerhalb des Gefechtes ist der unmittelbare Kampf unter Zuhilfenahme aller Kräfte. Dabei verfügt es in den meisten Fällen über keine nennenswerten organischen Kapazitäten der Kampfunterstützung, sehr wohl aber über eigene Kräfte der Einsatzunterstützung (Vgl. *Schadenböck*, Von der Taktik der Landstreitkräfte, Schriftenreihe der Landesverteidigungsakademie, Bd. 2013,15 (2013) 210-211.).

[57] Das Konzept hinter der Bezeichnung "Security Sector Reform" (SSR) entstand in den 90er Jahren des vergangenen Jahrtausends nach Ende des "Kalten Krieges". Es ging einher mit der Wandlung des Sicherheitsbegriffes von einem staatzentrierten zu einem menschenzentrierten Ansatz (vergleiche dazu das Konzept "Human Security"). Der Bericht "Human Development Report" aus dem Jahr 1994 des United Nations Development Programme gilt als Meilenstein im Bereich "Human Security", da erstmalig der Fokus im Bereich Sicherheit auf "freedom from fear" und "freedom from war" gelegt wurde. Die Organisation für Entwicklung und Zusammenarbeit (OECD) hat im Jahr 2005 die "Security Sector Reform" wie folgt charakterisiert und dadurch eine gemeinsame Basis des Verständnisses erzeugt:
"The OECD Development Assistance Commitee understanding of security is also consistent with the broad notion of the human security, and SSR is used to describe the transformation of the security system – which includes all the actors, their roles, responsibilities and actions – working together to manage and operate the security sector in a manner that is more consistent with democratic norms and ground principles of good gov-

zu definieren. Dabei sollten drei Entwicklungsbereiche abgedeckt werden: Staatliche Institutionen und Sicherheitssektor, Verbesserung und Ausbau der Ausbildungsmöglichkeiten, wirtschaftliche Entwicklung. Darüber hinaus wirken zwei weitere Missionen der Europäischen Union und eine Mission der Afrikanischen Union direkt in den Raum Horn von Afrika:[58]

Operation ATALANTA

(contributes to the prevention and deterrence of piracy and the protection of vulnerable shipping)

EUCAP Nestor

(contributes to build the capacities of coastal police and the judiciary in Somalia, among other countries)

African Union peacekeeping mission in Somalia (AMISOM)[59]

Wesen und Wirkung der EUTM SOM

Das hier beschriebene Wesen und die Wirkung der EUTM SOM bezieht sich auf die erste Phase der Mission, beginnend im Jahr 2010, da der *Mission Plan* der Europäischen Union zur Implementierung der Ausbildungsmission dem Verfasser zugänglich gemacht wurde. Daraus lässt sich das Wesen von Military Assistance zu Beginn einer Mission aussagekräftig darstellen.

Der im *Mission Plan* ausgewiesene Auftrag an die EUTM SOM lautete:

> *"EUTM SOM is to work with the Ugandan authorities to expand the training capacity of Bihanga Camp to 1000 trainees every 6 months, conduct specialist modular training, including basic Non Commissioned Officer and Junior Officer training up to platoon level, as agreed with the Ugandans/AMISOM/AU to complement the existing training programmes, in order to contribute to the strengthening of the Somali Security Forces."*[60]

Davon abgeleitet stellte sich das Trainings-Konzept der somalischen Streitkräfte wie folgt dar:

ernance, and thus contributes to a well-functioning security framework."(*Launiala*, Assessment of finnish SSR Expertise in the security sector reform in Afghanistan (2011) 3.)

[58]Dieser Umstand macht diesen Raum (Horn von Afrika) zu einem sehr guten Beispiel für den Comprehensive Approach.

[59] Vgl. *European Union External Action*, EUTM Somalia (2014) 1-3.

[60]*EUTM Somalia Headquarters*, EUTM Somalia Mission Plan (2010) 9.

Schwergewicht der Ausbildungsmission lag in der Ausbildung von Kommandanten (Unteroffiziere und Offiziere, zunächst bis einschließlich Führungsebene des Zuges, später Erweiterung bis auf Bataillonsebene). Das Trainingsprogramm wurde in enger Koordinierung mit den Streitkräften Ugandas vorbereitet und durchgeführt. Die notwendige Ausbildungsinfrastruktur war fast zur Gänze auf dem Hoheitsgebiet von Uganda. Das benötigte Verbindungselement befand sich in Nairobi (Kenia). Wie stellt sich nun der vorgesehene Ausbildungsablauf dar?

Rekrutierte somalische Soldaten wurden über sechs Monate hindurch parallel durch die Streitkräfte Ugandas und EUTM SOM ausgebildet. Die somalischen Soldaten erhielten in den ersten fünf Monaten durch die Streitkräfte Ugandas eine Basisausbildung. Der sechste und letzte Monat, das so genannte "Unit Cohesion Training", wurde durch EUTM SOM geleitet und durchgeführt. Unteroffiziers- und Offiziersanwärter der somalischen Streitkräfte wurden hingegen fünf Monate durch EUTM SOM ausgebildet. Am Ende des vierten Ausbildungsmonats erhielten die Unteroffiziersanwärter eine vierwöchige Sonderausbildung in den nachstehenden Fachbereichen: Infanterie, Führungsunterstützung, Sanitätsdienst, Kampfmittelabwehr. Im sechsten Ausbildungsmonat absolvierten die Rekruten, die Unteroffiziers- und die Offiziersanwärter das "Unit Cohesion Training" auf Ebene des Zuges. Das Ausbildungsschwergewicht hierbei lag im Kampf im verbauten Gebiet und in der Kampfmittelabwehr.[61] Nach der sechsmonatigen Ausbildung wurden die rund 1000 somalischen Soldaten unter Verantwortung der Streitkräfte von Uganda nach Mogadischu verlegt. Dort verblieben sie solange unter dem Kommando von AMISOM, bis die somalischen Streitkräfte eine brauchbare Führungsstruktur geschaffen hatten.[62]

Zwischen dem Zeitpunkt des Beschlusses des Rates der EU, eine nichtexekutive militärische Ausbildungsmission für somalische Soldaten in Uganda durchzuführen (15. Februar 2010) und dem Beginn der Ausbil-

---

[61] Vgl. *Habersatter*, EU-Trainingsmission Somalia (2010) 3.

[62] Das hier kurz vorgestellte Ausbildungskonzept von EUTM SOM ähnelt in vielen Bereichen dem so-genannten "Operational Readiness Cycle" innerhalb der Afghan National Army (ANA), wo unter höchster Anstrengung in der derzeit laufenden Operation Resolute Support in Afghanistan versucht wird, dieses zur Implementierung zu bringen. All diese Trainingspläne bestehen grundsätzlich aus drei Stufen: Zunächst wird die Basis bedient, das bedeutet, neue Rekruten werden einer militärischen Grundausbildung unterzogen. Daran anschließend erfolgt einerseits eine spezialisierte Ausbildung in verschiedenen Fachbereichen, wie zum Beispiel Sanitätsdienst, Fernmeldedienst, Kraftfahrausbildung, Ausbildung am Granatwerfer, ... Zeitgleich wird meist eine Kommandantenausbildung durchgeführt, um vor allem die gefechtstechnische Ebene (Gruppe, Zug und Kompanie) mit geeignetem Führungspersonal auszustatten. Letztendlich sollte stets eine Zusammenführung der einzelnen Teilelemente erfolgen, um das Zusammenwirken bei einfachen Gefechtsaufgaben zu trainieren.

dungsmaßnahmen in Uganda (Mai 2010) lagen rund zehn Wochen, die intensiv von Seiten der EU und der beteiligten Staaten an der Ausbildungsmission dazu genutzt wurden, im Sinne des *comprehensive approach* die zur Verfügung stehenden Mittel zu bündeln und zielgerichtet zum Einsatz zu bringen.[63] Darüber hinaus wurden detaillierte Ausbildungskonzepte erarbeitet, die neben einer Ausbildungsstruktur, Ausbildungszielen, Ausbildungsabläufen auch bereits fertiggestellte Ausbildungsplanungen für die einzelnen Teilbereiche (Rekruten-, Unteroffiziers- und Offiziersausbildung, Kampf im verbauten Gebiet und Kampfmittelabwehr) aufwiesen.[64]

Die Analyse bzw. die Miteinbeziehung des sozio-kulturellen Umfeldes als Basis jeglicher Ausbildungstätigkeit in einem fremden Staat blieb unerwähnt. Nachstehende Aussage wirft ebenfalls die Problematik der fehlenden Nachhaltigkeit der verschiedensten Bemühungen rund um Military Assistance auf:

> *"The biggest problem with Washington's effort to build foreign militaries is it reluctance to weigh in on higher-order questions of mission, organizational structure, and personnel-issues that profoundly affect a military's capacity but are often considered too sensitive to touch. Instead, both parties tend to focus exclusively on training and equipment, thus undercutting the effectiveness of US assistance."*[65]

Jedoch drückt dieses Blitzlicht erneut nur die reine Durchführungsebene von Military Assistance aus, die voranzustellenden Überlegungen, Studien, Aufbereitung von Einsatzräumen werden nicht einmal angedacht. Auf Grund der kurzen Zeitspanne zwischen Beschluss des Einsatzes EUTM SOM und der ersten Ausbildungstätigkeiten vor Ort liegt der Schluss nahe, dass Fragen nach der Tiefenstruktur des Konfliktes und das angepasste Zurechtfinden im künftigen Einsatzraum keine Berücksichtigung während der Beurteilung und Vorbereitung auf die Trainingsmission fanden.

---

63 Der Mission Plan für EUTM Somalia nimmt explizit auf die Bedeutung und enorme Wichtigkeit dieses umfassenden Sicherheitsansatzes der EU Bezug:
"The TFG is strongly committed to a robust and effective SSR programme. This mission is part of a wider strategy from the international community (IC) to support the TFG. Through the Somali Joint Security Committee the EUTM Somalia will seek to shape and influence key leaders and stakeholders at the strategic level to ensure EU efforts are synchronised with IC in order to maintain the commitment and active support of the TFG."
(EUTM Somalia Headquarters, EUTM Somalia Mission Plan, 6.)
Die EUTM Somalia weist diesen *comprehensive-* geprägten Ansatz auf:
"To ensure the establishment of comprehensive liaison and coordinating mechanism with the broad range of the stakeholders." (EUTM Somalia Headquarters, EUTM Somalia Mission Plan, 9.)

64 Vgl. *Habersatter*, EU-Trainingsmission Somalia, 3-4.

65 *Mara Karlin*, Foreign Affairs 2017, 3.

Folgerungen

Drei Kernelemente bzw. Folgerungen sind aus der Bewertung der Ausbildungsmission EUTM SOM für die weiteren Darstellungen mitzunehmen:

EUTM SOM führt gerade zu Beginn der Mission vor Augen, dass das ausschließliche Bedienen eines Hauptaufgabenfeldes von Military Assistance, nämlich *Training*, dem umfassenden Ansatz des Aufbaus von Streitkräften nicht gerecht werden kann. Werden die Teilkomponenten *Advising* und *Mentoring/Partnering* nicht angewendet, kommt man über die Ausbildung der gefechtstechnischen bzw. unteren taktischen Führungsebene nicht hinaus. Spätestens die vorzunehmende Integration der ausgebildeten Soldaten in die verschiedenen Führungsebenen der Streitkräfte stellt eine kritische Herausforderung dar. Diesen Umstand erkennend, wurde das Mandat der Mission im Jahr 2013 auf alle drei Aufgabenfelder von Military Assistance erweitert.

Die enge Zusammenarbeit mit den Streitkräften Ugandas zeigt die Notwendigkeit, von Beginn an Eigenverantwortung der auszubildenden Soldaten mit allen zu Gebote stehenden Mitteln zu fördern. Am konkreten Beispiel EUTM SOM übernahmen zunächst Soldaten der Streitkräfte Ugandas diese Rolle, jedoch wurde ab dem zweiten Ausbildungsablauf das Konzept "Train the Trainer" innerhalb der somalischen Soldaten angewendet.

Die Aufbereitung des sozio-kulturellen Umfeldes und die Analyse der Tiefenstruktur des Konfliktes wurden in den militärstrategischen und operativen Planungen für EUTM Somalia nicht berücksichtigt und das kann deshalb als Hemmschuh einer langfristigen sicherheitspolitischen Lösung in Somalia angesehen werden.

Zusammenfassend lässt sich festhalten, dass Military Assistance ganz stark auf die Bedürfnisse und Notwendigkeiten der auszubildenden Streitkraft im Speziellen und auf die politischen Vorgaben des jeweiligen Staates im Großen auszurichten ist. Der nachstehende Satz drückt präzise das Wesen von Military Assistance und damit die eigene Rolle im täglichen Tun aus:

"The aim is to build self-reliance and not dependency."[66]

2.2.2 Philippinen

Rahmenbedingungen

Die erste Herausforderung, vor allem auf militärstrategischer und operativer Ebene, liegt im Verständnis der Einzigartigkeit des vorherrschenden soziokulturellen Umfeldes, der Ziele und Arten der irregulären Einsatzführung

[66] *Development, Concepts and Doctrine Centre,* Partnering Indigenous Forces, 3-3.

der ASG, die den militanten Teil der moslemischen Unabhängigkeitsbewegung auf den Philippinen darstellt. Auf Seite der taktischen Führungsebene stellt jedoch die mangelnde Durchhaltefähigkeit der einzusetzenden Spezialeinsatzkräfte auf Grund des zerklüfteten Geländes und des wenig ausgebauten Straßen- und Infrastrukturnetzes die größte Herausforderung dar. Doch bringt das *operational environment* auf den Philippinen auch Vorteile für den Einsatz der JSOTF-P mit sich. Die Philippinen verbindet mit den USA eine lange militärische und wirtschaftliche Geschichte, die auf Basis demokratischer Grundsätze, der christlichen Religion und der englischen Sprache beruht. Enge politische, diplomatische und militärische Verbindungen unterstützen die Interoperabilität der beiden Armeen.

Zusammenfassend lässt sich festhalten, dass die engen Netzwerke über beinahe alle Lebens- und Gesellschaftsbereiche zwischen den Philippinen und den USA den Einsatz einer JSOTF-P in der Einsatzart Military Assistance begünstigen.[67]

Wesen und Wirkung der JSOTF-P

Das Kommando der JSOTF-P bezeichnete Mitte der 2000er Jahre die Idee hinter dem Military Assistance Einsatz auf den Philippinen in einem markanten Satz, der das spezielle "Wesen" des Einsatzes zum Ausdruck bringt:

"The battle in the Philippines is a battle against an idea: the idea of intolerance and subjugation to totalitarian rule."[68]

Das Erfolgsgeheimnis dieses Einsatzes liegt in der Trennung und dem Entziehen jeglicher Unterstützung seitens der Zivilbevölkerung gegenüber der aufständischen ASG. Erst beim völligen Ausbleiben dieser Unterstützung (moralisch, logistisch, militärisch) und dem Verwehren von Rückzugsmöglichkeiten kann die gemeinsam durchgeführte Aufstandsbekämpfung von Teilen der AFP und der JSOTF-P erfolgreich sein.

Das aus dem Jahr 2009 stammende "Mission statement"[69] bezüglich des Einsatzes der JSOTF-P lautet:

> *"JSOTF-P, in coordination with the U.S. Country Team*[70]*, conducts Foreign Internal Defense with the Republic of the Philippines Security Forces in order to*

---

[67] Vgl. *Farris,* Joint Special Task Force-Philippines, 28f.

[68] *Eckert*, Defeating the idea: Unconventional Warfare in southern Philippines 2.

[69] Unter "Mission statement" versteht man folgendes: *"A short sentence or paragraph that describes the organization's essential task(s), purpose, and action containing the elements of who, what, when, where, and why."* (*Joint Chiefs of Staff,* Joint Operation Planning (2011) GL-12.)

[70] Das U.S. Country Team ist das höchste zivile U.S. Gremium auf den Philippinen, das durch den Chef der U.S. diplomatischen Mission geführt wird und für die Umsetzung der politischen Ziele auf den Philippinen verantwortlich ist.

defeat Jemaah Islamiyah (JI) and Abu Sayyaf Group (ASG) *High Value Individuals and neutralize enemy safe havens."*[71]

Die Bedeutung dieses "Mission statements" ist dreigeteilt:

Sämtliche militärische Maßnahmen müssen in enger Abstimmung und Koordinierung mit dem US Country Team stehen, um dem Anspruch des US *whole of nation*[72]Ansatzes zu entsprechen.

"The critical intersection where plans, policies, programs and personalities all come together. The Country Team builds the American image abroad and implements strategy."[73]

Der Hinweis auf ein Hauptaufgabenfeld von US Spezialeinsatzkräften, nämlich "Foreign Internal Defense", entspricht gemäß der Arbeitsdefinition im weitesten Sinne der Einsatzart Military Assistance im vollen Aufgabenspektrum.

Der dritte Teil des "Mission statements" *"to defeat ... and to neutralize ..."*nimmt auf die offensive Einsatzführung der JSOTF-P Bezug, die jedoch ausschließlich gemeinsam mit AFP durchgeführt werden darf (*"Mentoring/Partnering"*).

An Hand des vereinfachten "Operational Designs"[74] der Military Assistance Operation auf den Philippinen lässt sich die große Bandbreite dieser Einsatzart am Beispiel der JSOTF-P darstellen.

---

[71]*Farris*, Joint Special Task Force-Philippines, 31.

[72]Der *whole of nation* Ansatz umfasst dabei die jeweilige Zivilgesellschaft, die Regierung und die staatlichen Institutionen (Vgl. *Riemer*, Comprehensive Approach, 9/2011 (2011) 32.). Im Gegensatz zum *comprehensive approach* der EU (internationale Dimension) beschränkt sich der hier angeführte *whole of nation* Ansatz der USA (nationale Dimension) auf den Philippinen auf ein klar definiertes Aufgabenspektrum. Dazu stellt der Präsident der Philippinen, Aquino, fest:

"The commander in-chief believes that the military functions best when both the military and the civilian leadership share a clear and common understanding of what is national security, and accordingly, what threatens it."

(Beaudette, JSOTF-P uses Whole-Of-Nation Approach to bring stability to the Philippines (2012) 9.)

Der Einsatz eines U.S. Country Teams als koordinierende Stelle zwischen philippinischer Regierung und den eingesetzten US Spezialeinsatzkräften machte in diesem konkreten Beispiel durchaus Sinn, um die gemeinsamen Anstrengungen innerhalb des Staates der Philippinen zu bündeln. Jedoch ist dieser *whole of nation* Ansatz keinesfalls mit dem durchwegs komplexeren *comprehensive approach* der EU zu vergleichen, da sowohl die internationale Dimension als auch eine Vielzahl an unterschiedlichsten Akteuren aus dem Bereich der umfassenden Sicherheit wegfallen.

[73]*Farris*, Joint Special Task Force-Philippines, 32.

[74] Das Operational Design stellt eine grafische Darstellung der Absicht des operativ führenden Kommandanten dar, die den Transformationsprozess ausgehend von der vorherrschenden, nicht-akzeptablen operativen Situation, über zu erreichende operative Zustände, bis hin

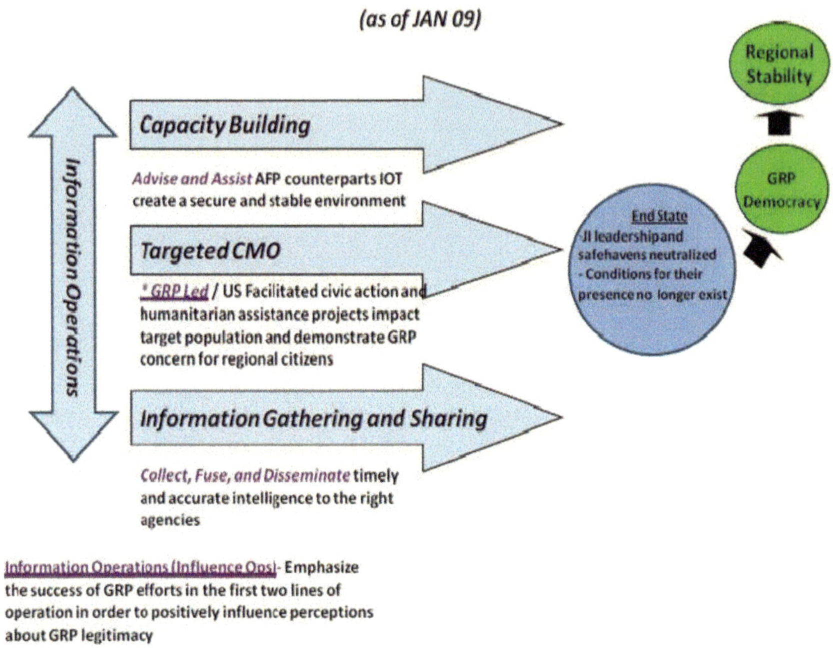

Auszug des Operational Designs JSOTF-P[75]

Um den zu erzielenden akzeptablen Zustand - *"JI leadership and safe haven have been neutralized and the conditions for their presence no longer exist"* - im südlichen Teil der Philippinen zu erreichen, bedient sich JSOTF-P vier "Lines of Operation"[76] (LoO):

LoO 1: Capacity Building

LoO 1 stellt den Kern der Military Assistance Operation durch den Fähigkeitsaufbau im Bereich "Counterinsurgency" (COIN) und "Counterterro-

---

zum angestrebten Endzustand beschreibt. Diese Darstellung bedient sich verschiedener Operationslinien, zu erzielender Zustandsbeschreibungen und operativer Ziele (Vgl. *NATO*, Comprehensive Operations Planning Directive V2.0 (2013) 4-52.).

[75]*Farris*, Joint Special Task Force-Philippines, 34.

[76]Innerhalb einer Operation stellt eine "Line of Operation" den Zeitbezug her, verbindet zusammengehörende Effekte und "Decisive Conditions" und führt diese in ein operatives Ziel.

rism" (CT) für die Streitkräfte der AFP dar. JSOTF-P stellt hiezu Ausbildungs- und Beratungspersonal für alle Führungsebenen der AFP bereit.[77]

Im Bereich der Gefechtstechnik stellen Soldaten der US Army Special Forces und der US Navy SEALs die Ausbildung mit folgenden Schwergewichten sicher: small unit infantry tactics, marksmanship, maritime interdiction operations, radio communications, use of night-vision goggles, calling for and directing close air support (CAS), combat-lifesaver, small-unit leadership training and development.

Im Bereich der Taktik erhalten die Bataillons- und Brigadekommandanten und die dazugehörenden Stäbe die folgenden Ausbildungsinhalte vermittelt: Intelligence-cycle, Planung und Integration von CAS, logistische Planung und die Durchführung von Einsätzen.

Die Ausbildungsinhalte der taktischen Führungsebene werden ebenfalls in den notwendigen Bereichen des operativen Führungssystems integriert.[78]

LoO 2: Targeted Civil-Military Operations

LoO 2 setzt sich mit den infrastrukturellen, sozialen und medizinischen Gegebenheiten des Einsatzraumes auseinander. Der Aufgabenbereich des Trainings von JSOTF-P an AFP umfasst die folgenden Bereiche: Straßenbau, Brückenbau, Bau von Schutzobjekten wie Bunkeranlagen, medizinische Seminare bezüglich Körperhygiene, Ernährung und Zahngesundheit. Dieses "Train the Trainer" Konzept für die philippinischen Streitkräfte hat positive langfristige Auswirkungen. Der Nutzen macht sich vor allem bei der Bevölkerung in abgelegenen Landesteilen bemerkbar. Philippinische Soldaten, die im Zuge ihrer Patrouillentätigkeit in solche Ortschaften kommen, vermitteln dieses Wissen an die ortsansässige Bevölkerung. Ein weiterer positiver Effekt wird durch den Grundsatz *Filipino face* (sämtliche militärische Aktionen auf den Philippinen werden durch Soldaten der AFP geführt) erreicht, da durch die philippinischen Soldaten eindrucksvoll der Wille und die Fürsorge der Regierung gegenüber der Bevölkerung demonstriert wird. Dadurch werden die Streitkräfte in beinahe allen Teilen der Philippinen als Mittel des Staates gesehen, die zu einer Verbesserung der Lebensumstände beitragen.[79]

[77] Die auszubildenden Führungsebenen der AFP umfassen die gefechtstechnische Ebene bis zum operativ führenden Kommando der philippinischen Army General Headquarters.

[78] *Farris,* Joint Special Task Force-Philippines, 35.

[79] Vgl. *Eckert,* Defeating the idea: Unconventional Warfare in southern Philippines, 3.

LoO 3: Information Gathering and Sharing

LoO 3 stellt eine Unterstützungsmaßnahme im Bereich des "Intelligence-cycles" dar. Auf Grund der Tatsache, dass sich Intelligence immer mehr von der "bestätigenden Aufklärung" hin zum "Erkennen von Systemen" verschiebt, reagiert JSOTF-P mit der Implementierung von speziell gegliederten und zusammengestellten kleinen US SOF Teams, die in sogenannten "Liaison Coordination Elements (LCEs) zusammengefasst sind. Diese LCEs sind meist auf Ebene der Brigade und darüber angesiedelt und unterstützen den vierstufigen Prozess des "Intelligence-Cycles": die Anleitung, die Informationsgewinnung, die Informationsverarbeitung und die Informationsweitergabe. Falls es für die Auftragserfüllung notwendig ist, können die LCEs auf zusätzliche US Intelligence-Fähigkeiten zurückgreifen, wie zum Beispiel Unmanned Aerial Systems (UAS) oder Transportmittel zur Bergung von Verwundeten.

LoO 4: Information Operations

LoO 4 informiert die philippinische Bevölkerung über den Erfolg der Regierung bzw. der Streitkräfte in deren Bemühungen um die Sicherheit des Südens der Philippinen und das Fortschreiten der Military Assistance Operation. Im Konkreten werden die folgenden vier Themenfelder aktiv vermittelt: Ziele und Aufgabenbereiche der JSOTF-P gemeinsam mit der AFP; Hintergrund und Begründung dieser militärischer Aktionen; Wege, wie die Ziele erreicht werden; Positive Auswirkungen auf die philippinische Bevölkerung;[80]

Folgerungen

Die vorherrschenden Rahmenbedingungen (Befreundeter Staat, Implementierung eines US Country Teams, Unterstützung funktionsfähiger Streitkräfte) auf den Philippinen in Betracht ziehend, stellt die JSOTF-P die geeignete militärische Kraft dar, um die beschriebene Military Assistance Operation im Sinne eines indirekten Ansatzes durchzuführen. Vier Merkmale kennzeichnen den erfolgreichen Einsatz:

Anwendung des gesamten Aufgabenspektrums von Military Assistance (Training, Advising und Mentoring/Partnering). Die jeweilige Ausprägung und Intensität der drei Teilbereiche ändert sich mit Fortlauf der Operation. Engste Koordinierung der militärischen Operation mit den anderen staatlichen Maßnahmen im Kampf gegen die Aufständischen durch direkte Verbindung zum US Country Team. Dem Grundsatz *Filipino face* folgend, zeigt sich, dass durch diese vertrauensbildenden Maßnahmen nicht nur die Unter-

[80] Vgl. *Farris,* Joint Special Task Force-Philippines, 37.

stützung (moralisch, logistisch, militärisch) der philippinischen Bevölkerung den Streitkräften gegenüber stetig steigt, sondern gerade auch, dass Ursachenbekämpfung betrieben wird. Die Analyse der Tiefenstruktur der Auseinandersetzung auf den Philippinen führte unweigerlich zu der engen Koordination, Kooperation und gemeinsamen Aufstandsbekämpfung der USA mit ihrem Partner. Erst die genaue Kenntnis des sozio-kulturellen Umfeldes und das Wissen um die Ursachen des Konfliktes führten zu einem koordinierten und gemeinsamen Vorgehen gegen die Aufständischen. Den Grundsatz *Intelligence driven operation* berücksichtigend, erfolgt sowohl eine materielle Abstützung auf US Aufklärungssysteme als auch eine theoretische Fähigkeitsvermittlung im Bereich *Intelligence-cycle*, um nachhaltig Wissen innerhalb der philippinischen Streitkräfte zu erzielen. Eingebettet wurden sämtliche Military Assistance Maßnahmen in ein "Information Operations" Konzept, das auf die positive Beeinflussung der Zivilbevölkerung abzielt. Erst wenn die Unterstützung von einem großen Teil der einheimischen Bevölkerung gegenüber den militärischen Maßnahmen im eigenen Land vorherrscht, kann ein Aufstand mittels Military Assistance erfolgreich bekämpft werden.

2.2.3 Afghanistan

US Embedded Training Teams in Kandahar and Helmand

Rahmenbedingungen

Die Rahmenbedingungen für Military Assistance stellten sich in Afghanistan durchwegs anders als in den beiden oben beschriebenen Einsatzräumen dar. Afghanistan, an der Schnittstelle zwischen Westasien, Zentralasien und dem indischen Subkontinent gelegen, weist eine enorme kulturelle Vielfalt auf, die sich unter anderem in einer Vielzahl an Volksgruppen, Sprachen oder Konfessionen ausdrückt. Innerhalb Afghanistans lassen sich die Grenzen zwischen den verschiedenen Völkerschaften nur in den wenigsten Fällen ziehen. Dazu kommt noch, dass sich viele Ethnien nur sehr schwer lokalisieren lassen, da viele Volksgruppen gemischt innerhalb eines Siedlungsgebietes leben.[81]

> *"Afghanistan is a land of peoples, not places. That is not to say that geography is not important - it is - but Afghans prefer to define themselves by the diverse*

---

[81] Vgl. *Chiari*, Afghanistan³ (2009) 123.

people who live here, not by the maps and borders with which the West is familiar."[82]

Um dennoch einen oberflächlichen Eindruck der von den US-Soldaten vorgefundenen komplexen Situation zu erhalten, dienen nachstehende Zeilen:

> *"Coalition forces in Afghanistan learned that operating among a highly dispersed population in rural areas poses unique challenges. Many small units operated out of extremely remote patrol bases, almost completely cut off from their higher headquarters. In this respect, conventional forces have been tasked with operating like special forces, who receive additional training and equipment in order to operate far from reinforcements."*[83]

Darüber hinaus wurde bereits in der Vorbereitung des Einsatzes von Embedded Training Teams (ETT) erkannt, dass viele der auszubildenden Offiziere und Unteroffiziere der Afghanischen Nationalarmee (ANA) bereits über Kampferfahrung verfügten, jedoch keine militärische Expertise im Bereich von Ausbildungs- und Einsatzplanung und logistischen Fähigkeiten vorherrschte. Erschwerend kam hinzu, dass Teile der ANA-Kräfte in den Provinzen, bedingt durch das multinationale Umfeld in Afghanistan, vorab zentral bereits in Kabul eine militärische Ausbildung erhielten – Offiziere wurden durch französische, Unteroffiziere von britischen Soldaten ausgebildet. Daher ergab sich die dringende Notwendigkeit einer Führungsausbildung, einer Stabsausbildung und einem kontinuierlichen Ausbildungstraining auf Ebene der Brigade, um die vorherrschenden Unterschiedlichkeiten der ausgebildeten ANA Soldaten zu beseitigen.[84]

---

[82] Rob Johnson, Professor an der Oxford Universität, charakterisierte in dieser Art und Weise das spezielle Wesen der afghanischen Bevölkerung im Rahmen eines Vortrages im Hauptquartier der Resolute Support Operation in Kabul im September 2017.

[83] *Meyerle, Jerry/Katt, Megan/Gavrilis, Jim*, On the ground in Afghanistan (2012) 168.

[84] Vgl. *Department of Defense, United States of America*, Sustaining U.S. Global Leadership (2012) 3A-6.

Zur Notwendigkeit der Vereinheitlichung der Ausbildung der ANA-Kräfte sei angemerkt, dass über die Begründung der oben genannten US Quelle hinaus die Vereinheitlichung der Ausbildung unter anderem zum Erhalt des US Global Leadership durchgeführt wurde. Noch heute ist eines der Hauptprobleme innerhalb der afghanischen Korps die fehlende Qualität innerhalb der militärischen Stäbe und bei Kommandanten unterschiedlichster Führungsebenen. Die oftmals hohen Verlustzahlen innerhalb der afghanischen Verbände im Kampf gegen die Aufständischen (Taliban, ISIS-K und andere) trotz erhöhter militärischer US Unterstützung sind zu einem großen Teil auf mangelnde Führungsqualität zurückzuführen.

Quelle: AUT MTT, November 2017

Afghanische Soldaten während der Standeskontrolle

Wesen und Wirkung der US Embedded Training Teams

Der Auftrag an die ETT lautete:

> *"To deploy in the vicinity of Kandahar to train, mentor and advise the Afghanistan National Army (ANA) Corp's Regional Command Headquarters in the permanent establishment of the Regional Command, in order to project a strong Central Government through a viable ANA presence."*[85]

Wie bereits im Auftrag an die ETT klar ersichtlich, handelte es sich hierbei um einen Military Assistance Einsatz im vollen Aufgabenspektrum. Eine Stufe tiefer gehend konkretisieren die vier definierten "Lines of Development" die Reichweite der Ausbildungsunterstützung:[86]

Command: Aufbau einer Kommandostruktur auf Korps-, Brigade- und Bataillonsebene.

Operations: Aufbau von "Tactical Operations Centres", die in der Lage sind, selbstständige Kompanieeinsätze zu planen, auszuführen und nachzuverfolgen.

Personnel: Entwickeln einer funktionsfähigen Sanitätsversorgung und Besoldung sowie eines praktikablen Personalaustausches.

---

[85] *Development, Concepts and Doctrine Centre,* Partnering Indigenous Forces, 3A-3.

[86] Vgl. *Development, Concepts and Doctrine Centre,* Partnering Indigenous Forces, 3A-3 - 3A-4.

Logistics: Entwickeln von logistischen Fähigkeiten in den folgenden fünf Teilbereichen: Verkehr und Transport, Materialerhaltung, Infrastruktur, Gesundheit und Materialbewirtschaftung. Schwergewicht im Teilbereich der Logistik liegt in der Vermittlung des "Reception-Staging-Onward Movement-Integration" (RSOMI) Prozesses, um Folgekräfte der ANA bestmöglich aufnehmen zu können.

Zur Vermittlung all dieser Ausbildungsziele gliederte die 76. US Brigade 69 Soldaten je auszubildende ANA-Brigade (Kandahar und Helmand) aus. Die Ausbildungsphilosophie stellte sich wie folgt dar:

Auf allen auszubildenden Führungsebenen fand sowohl *Training* und *Advising* als auch *Mentoring* statt. Zu Beginn der Ausbildungsoperation lag das Schwergewicht im Bereich des *Mentoring*, im Laufe des Einsatzes verschob es sich in Richtung *Advising*, um Stück für Stück die Eigenverantwortung wiederum an die ANA-Kräfte zurück zu übergeben. Der Bereich *Training* blieb über die gesamte Ausbildungsdauer die allumfassende Klammer des Military Assistance Einsatzes. Speziell zu Beginn des Einsatzes war eine Vielzahl der ETT aktiv an den militärischen Operationen der ANA mitbeteiligt, im Falle einer Anforderung führten sie auch diese Operationen.[87] Bis zum Schluss des Ausbildungseinsatzes waren die ANA von zusätzlichen Feuerunterstützungskapazitäten, vor allem aus der Luft und logistischer Unterstützung der 76. US Brigade abhängig.[88]

Folgerungen

Dem Konzept der ETT, das sehr auf Eigenverantwortung der Auszubildenden ausgerichtet ist und die Ausbildungskooperation auf regionaler Ebene umsetzt, liegt die folgende Idee der Problemlösung zu Grunde:

"The enemy thinks he can wait us out. However, we can turn time into an ally if we engage and partner with the tribes and, most importantly, demonstrate our commitment to them."[89]

Jedoch konnte diese Idee der Problemlösung auf Ebene der ETT nicht umgesetzt werden, und die Ausbildungsanstrengungen konzentrierten sich fast ausschließlich auf die taktische Führungsebene. Man vergaß bei all den militärischen Anstrengungen darauf, an die Basis, also an die Tiefenstruktur des Konfliktes zu gelangen und sich gezielt mit dem so notwendigen soziokulturellen Umfeld auseinanderzusetzen. Davon abgesehen konnten jedoch,

---

[87] Im Sinne der Arbeitsdefinition von Military Assistance entspricht dieses Führen von Einsätzen dem Teilbereich "Partnering". Gemäß dem MAST Konzept wird dies jedoch unter dem Begriff "Mentoring" subsummiert.

[88] Vgl. *Development, Concepts and Doctrine Centre,* Partnering Indigenous Forces, 3A-4 - 3A-5.

[89] *Gant,* One tribe at a time, 30.

durch die Eigenart des Einsatzes der ETT, gute Lehren im Bereich Military Assistance gezogen werden, die vor allem im täglichen Ausbildungsbetrieb lagen. Die täglichen bewaffneten Auseinandersetzungen in Afghanistan berücksichtigend, unter denen die eingesetzten ETT Military Assistance durchzuführen hatten, ergaben sich die nachstehenden Folgerungen für eine erfolgsversprechende Auftragsdurchführung:

Abstützung auf nationale Feuerunterstützung und Lufttransportmöglichkeiten.

Im Falle von Notfällen, Anforderung von nationalen Quick Reaction Forces (QRF).

Nationale logistische Unterstützung, inklusive Sanitätsversorgung.

Umfassendes Verständnis von Military Assistance: Neben der Ausbildung, des Trainings und der Beratung im Bereich von militärischen Kernfähigkeiten ist eine positive Weiterentwicklung der Streitkräfte allgemein notwendig. Die Bereiche Besoldung, Urlaubsregelungen und medizinische Versorgung der Soldaten sind hier zu erwähnen.[90]

Tribal Engagement Teams (TET) in Afghanistan

Rahmenbedingungen

Die Rahmenbedingungen für das nachstehende TET Konzept basieren im Speziellen auf den Einsatzerfahrungen der USA während ihres Engagements im Rahmen der International Security Assistance Force (ISAF) in den Jahren 2001 bis 2014. Das wiederholte Scheitern von ISAF[91] und die immer noch vorhandene sicherheitspolitische Perspektivenlosigkeit der afghanischen Bevölkerung lässt sich an Hand der folgenden Zitate beschreiben:

> *"Afghanistan has never had a strong central government and never will. That is a fact that we need to accept, sooner rather than later. The only existing struc-*

---

[90] Vgl. *Development, Concepts and Doctrine Centre,* Partnering Indigenous Forces, 3A-7 - 3A-8.

[91] Bereits im Jahr 2008 berichtete das Institut für Friedensforschung und Sicherheitspolitik der Universität Hamburg, dass der strategische Ansatz der internationalen Gemeinschaft an der realen Situation in Afghanistan vorbeiginge. Mehr noch, ein großer Teil des Widerstands ließe sich auf diese Strategie zurückführen. Um eine Korrektur der strategischen Zielsetzung von ISAF zu erzielen, müsste man zunächst eine eingehende Analyse der gesellschaftlichen, wirtschaftlichen und politischen Verhältnisse Afghanistans erstellen und davon abgeleitet das weitere Vorgehen festlegen. Mehr Autonomie (*Afghan face*) und mehr Zeit (*Afghan pace*) wären die beiden Schlagworte einer positiveren Entwicklung der afghanischen Sicherheitslage. Der Bericht plädiert weiters für einen umfassenden Strategiewechsel in Afghanistan, der durch die folgenden fünf Charakteristika geprägt wäre: Bescheidenere Ziele, Afghanisierung der Sicherheit, dezentrale Regierungsstrukturen, auf lokale Bedürfnisse ausgerichtete Entwicklung und regionale Einbettung des Afghanistankonflikts (*Ehrhart/Kaestner,* Afghanistan: Scheitern oder Strategiewechsel? 43/2008 (Mai 2008) 7-8.).

ture that offers governance and security for the Afghan people is at the tribal level. We should leverage this and use it to our advantage - before it is too late. We are losing the war in Afghanistan, because, simply put, we are not winning. All the Taliban has to do is not to lose."[92]

"Der bislang verfolgte Versuch, zentralstaatliche Regierungsstrukturen aufzubauen, wird ergänzt durch die nachhaltige Förderung lokaler Strukturen. Die gesamte Befriedungs- und Wiederaufbaustrategie trägt der historisch- kulturellen Tatsache Rechnung, dass sich zentralistische Ansätze in diesem Land noch nie haben durchsetzen können und von lokalen Akteuren als Bedrohung angesehen werden. Da in Stammesgesellschaften die primäre Loyalität der Menschen nicht dem Staat gehören kann, werden dezentrale Governance-Ansätze gestärkt. Es wird akzeptiert, dass es sich dabei um fluide Machtarrangements handelt, die primär lokalen Interessen dienen und deren Loyalität gegenüber der Zentralregierung relativ schwach bleibt."[93]

Quelle: Austrian Contingent (AUTCON) AFG, Dezember 2017

Das tiefverschneite Hindukusch Gebirge

[92] *Gant,* One tribe at a time, 12.
[93] *Ehrhart/Kaestner,* Afghanistan: Scheitern oder Strategiewechsel? 7.

Eine detaillierte Analyse der vorhandenen Einsatzerfahrungen in Bezug auf TET hat ergeben, dass das TET Konzept auf unterschiedlichen Ebenen versucht, militärische Operationen neu zu denken und durchzuführen:

Operative Ebene: Das *Operational Design*, das als Zielvorgabe der militärischen Operation anzusehen ist, sollte durch einen bevölkerungszentrierten Ansatz geprägt sein, um die sehr stark vorhandene Stammesstruktur in Räumen wie in Afghanistan zu reflektieren. Altbewährte Denkmuster konventioneller Kriege *"find out what is important to your enemy and destroy it, and know what is important to you and protect it"*[94] sind in einem so hoch komplexen Umfeld nicht mehr erfolgsversprechend und tragen zu einer mittel- und langfristigen Befriedung des Krisenherdes auf keinen Fall bei. Dementsprechend sind solche bevölkerungszentrierte Ansätze nur schwer in einen strikten, zeitlichen Raster zu pressen, der oftmals dadurch notwendig wird, da der politische Druck auf dem militärischen Operationsführer lastet.

Taktische Ebene und darunter: Das gewohnte Bild von verschiedenen militärischen Einrichtungen (Camps), die über den gesamten Verantwortungsbereich verteilt sind und von denen aus die einzelnen militärischen Formationen ihre Aufträge und Aufgaben in einem gewissen Tages- bzw. Wochenrhythmus erfüllen, scheint in Einsatzräumen wie Afghanistan wenig erfolgsversprechend zu sein. Vielmehr sollte die Masse der Soldaten so nah wie möglich bei und mit der einheimischen Bevölkerung leben, um so ein Gespür für die aktuelle Sicherheitslage zu erhalten und gemäß dem "bottom-up" Prinzip, Schritt für Schritt, in einer partnerschaftlichen Art und Weise die militärischen Aufträge erfüllen.

Wesen und Wirkung der Tribal Engagement Teams

Das nachstehende Mission Statement eines Kommandanten eines TET charakterisiert die Zielsetzung dieses Konzeptes:

> *"I will train myself, my TET and my tribal counterpart for the tactical fight every single day. I will establish strong, meaningful relationships with the tribal leaders. My goal is to establish a relationship with my tribal counterpart for my team to establish a strong relationship with the tribe; to establish focused security for the tribe and the locals in the area; [...] I want to make it so that al-Qaeda have no choice but to come and meet us on our terms. I want the entire plan to be so effective that the Taliban feel threatened by our very presence, without us even firing a shot."*[95]

---

[94] *Gant,* One tribe at a time, 12.
[95] *Gant,* One tribe at a time, 33.

Wie das oben angeführte Mission Statement zeigt, unternimmt dieses Konzept den Versuch, die eingesetzten Soldaten den alsbaldigen Kontakt mit der einheimischen Bevölkerung suchen zu lassen, gemeinsam mit diesen in weiterer Folge zu leben und dadurch ihr Vertrauen zu gewinnen. Auf Basis dieses Vertrauens lässt sich dann Military Assistance durchführen, ein genaues Lagebild erstellen und die direkte Unterstützung der Bevölkerung gewinnen. Darüber hinaus wird den Aufständischen eine mögliche Unterstützung entzogen, und langsam kann die sicherheitsspezifische Aufbauarbeit beginnen. Dieses Konzept steht im direkten Widerspruch zu den oftmals in der Umsetzungsphase des *comprehensive approach* angewandten *State-building* Ansätzen[96]. Dabei wurde in der Vergangenheit oftmals das „Take-off-Modell" angewandt: Durch gezielte Investitionen und den Aufbau von gewissen staatlichen Grundfunktionen (Sicherheit, staatliches Gewaltmonopol, Korruptionsbekämpfung) sollte der betroffene Staat im Prozess der Entfragilisierung unterstützt werden. Die betroffenen Staaten mussten mit von außen herangetragenen Modellen arbeiten, die nur wenig das vorherrschende sozio-kulturelle Umfeld der jeweiligen Region berücksichtigten.[97] In der modernen Forschung nach Ursachen, Erfolgen und Misserfolgen militärischer Interventionen (ein solches Beispiel sind die Forschungen und wissenschaftlichen Tätigkeiten des "Department of Peace and Conflict Research" im schwedischen Uppsala) wird ein breites Spektrum an verschiedenen Faktoren herangezogen: Charakterisierung staatlicher Strukturen (vergleiche hiezu den "Failed State Index"[98] mit Abstufungen von *very sustainable* bis zu *very high alert*), ökonomische Faktoren, die Qualität von *peace agreements* bzw.die negativen Effekte von so genannten *spoilern* (Elemente, die bewusst gegen staatliche Strukturen und Autoritäten agieren, oftmals gewalttätig). Darüber hinaus werden in der modernen Kriegs- und Konfliktursachenforschung natürlich auch militärspezifische Aspekte beleuchtet: Mandat der eingesetzten Truppen, Einsatzdauer und Zeitpunkt der Implementierung der jeweiligen Soldaten in eine Krisenregion, Anzahl der truppenstellenden Nationen bzw. Gesamtanzahl der vor Ort eingesetzten Soldaten,

---

[96] Im Rahmen des Projektes "Herausforderungen für Streitkräfte im Rahmen des internationalen Konflikt- und Krisenmanagements in der Umsetzungsphase eines Comprehensive Approach" des Instituts für Friedenssicherung und Konfliktmanagements der Landesverteidigungsakademie wurde eine Studie erstellt, die Realisierungsmöglichkeiten umfassender Ansätze im internationalen Krisenmanagement am Beispiel des *Whole of Government Approach* und *Whole of Nation Approach* untersuchte (Vgl. *Gauster*, Whole of Nation-Ansätze auf dem Prüfstand, Schriftenreihe der Landesverteidigungsakademie 2013.).

[97] Vgl. *Holzer/Pospisil*, Transition in Afghanistan: Anspruch und Wirklichkeit, Podiumsdiskussion (31. Mai 2012) 4.

[98] Vgl. *Messner*, Failed States Index - 2013 (2013) 4-5.

Herausforderungen innerhalb der Kommandostruktur, Informationsmanagement und logistische Aspekte der Einsätze.[99]

Jedoch stellt der Faktor *Kultur* jene Größe innerhalb des sozio-kulturellen Umfeldes dar, welche am weitaus wenigsten betrachtet und berücksichtigt wird, wenn es um die Frage sicherheitspolitischer Strategien für Konfliktregionen geht. Dieser Umstand ist gerade deshalb so erwähnenswert, da eine Vielzahl der militärischen Einsätze fernab des eigenen kulturellen Umfeldes in Regionen spezifischer kultureller Voraussetzungen zu führen ist:

> *"In the same way, peace operations bring the actors in this heterogeneous mission into contact with local populations. These local populations often draw upon cultural backgrounds different from those of the operation and its members. The potentials for culturally-based misunderstanding and conflict are increased. Participants in peace operations must therefore be equally aware of the local cultures of the people with whom they deal."*[100]

Die neue Strategie für den Entfragilisierungsprozess dieser Staaten entfernt sich vom bisherigen „Take-off" Modell (*"Peacebuilding is a field that constantly adepts to change and strives for creative solutions."*[101]). Jeder Staat sollte spezifisch betrachtet werden, die Tiefenstruktur des Konfliktes sollte reflektiert werden und vermehrt sollten gemeinsam vertrauensbildende Maßnahmen[102] gesetzt werden.

Im Zusammenhang mit dem Konzept der TET bedeuten vertrauensbildende Maßnahmen die konkrete Arbeit an der Basis der vor Ort eingesetzten Soldaten mit der einheimischen Bevölkerung. Es liegt dabei auf der Hand, dass auf einer solchen zwischenmenschlichen Ebene das Schaffen von Vertrauen ein durchaus mühsamer Prozess ist, der langsam und zäh vonstatten geht, jedoch durch langfristige Erfolgschancen gekennzeichnet ist.

---

[99] Vgl. Larsdotter, Kersti in: *Angstrom/Duyvesteyn*, Understanding victory and defeat in contemporary war, Contemporary security studies (2007) 206-207.

[100] *Rubinstein*, Cross-Cultural Considerations in Complex Peace Operations, Negotiation Journal 2003 (30.)

[101] *Geneva Peacebuilding Platform*, White Paper on Peacebuilding (2015) 4.

[102] Vertrauensbildende Maßnahmen stehen in diesem konkreten Fall im direkten Zusammenhang mit der persönlichen Durchführungsebene. Die auf dem Gipfeltreffen von Helsinki 1975 unterzeichnete Schlussakte stellt ein politisches Dokument dar, das die Bedeutung von vertrauensbildenden Maßnahmen hervorstreicht (Vgl. *Masi-Reithofer*, Vertrauen schaffen (2013) 8.). Ihre Gliederung in drei Tätigkeitsbereiche, die drei sogenannten Körbe (Politisch-militärische Dimension / Wirtschafts- und Umweltdimension / Menschliche Dimension) können als der strukturelle Rahmen angesehen werden, innerhalb dessen Vertrauen auf unterschiedlichen Ebenen gewonnen werden soll.

"There is nothing new about the lesson that it is harder to implement grand strategy than to be successful in implementing strategy and tactics. It is one of the iron laws of military history that armies are far better equipped to win the war than to win the peace, and that strategic objectives in warfighting are far easier to achieve than the grand strategic objectives necessary to shape the peace that has lasting value."[103]

Das oben angeführte Zitat arbeitet die vorherrschenden militärischen Herausforderungen westlicher Streitkräfte und Koalitionen heraus: einerseits die Fähigkeit, relativ rasch und effektiv klassische militärische Einsätze auf allen Führungsebenen zu gewinnen *(to win war)*, andererseits jedoch im Rahmen von Stabilisierungsoperationen und beim Aufbau langfristiger, friedenserhaltender Maßnahmen zu scheitern *("than to win peace")*.[104] Das Konzept der TET ist ein Versuch im Rahmen der Einsatzart Military Assistance, unter Berücksichtigung des sozio-kulturellen Umfeldes mittelfristig Vertrauen innerhalb der Bevölkerung zu gewinnen, um dadurch die Basis für langfristige, stabilisierende Maßnahmen legen zu können.

Folgerungen

Der Einsatz des Militärs zur Stabilisierung von Krisenregionen bzw. so genannten *failed states*[105] dient in den meisten Fällen der Reform oder Weiter-

---

[103] *Cordesman*, The Lessons of the Iraq War: Main Report (2003) 343.

[104] Eine ähnliche Unterscheidung traf auch der US-Geostratege Thomas Barnett, der den US Streitkräften riet, zwei große Fähigkeitsbereiche zu bilden: Die "Leviathan-Force" soll demnach darauf ausgerichtet sein, mit enormer militärischer Schlagkraft die rasche Entscheidung am Gefechtsfeld herbeizuführen. Dem gegenüber sollen die "System Administratoren" das erlangte friedliche Umfeld bewahren und verwalten:
"[...] be split into two forces: a big-war, highly lethal strike force that focused on 'global deterrence' and a crisis-oriented, highly responsive protection force that focused on 'network security'."
(*Barnett, Thomas P. M*, The Pentagon's new map (2004) 315-316.)

[105] *"States in which institutions and law and order have totally or partially collapsed under the pressure and amidst the confusion of erupting violence, yet which subsist as a ghostly presence on the world map, are now commonly referred to as "failed States" or 'Etats sans gouvernement'."*
(Thürer, Der "zerfallene Staat" und das Völkerrecht, Die Friedens-Warte 1999, 275.)
Failed states, gescheiterte Staaten, sind durch zwei Phänomene gekennzeichnet:
Verlust des Gewaltmonopols: Der Staat kann nicht mehr seinen klassischen Aufgaben nachkommen, sodass er in den von Hobbes beschriebenen anarchischen Urzustand des Krieges eines jeder gegen jeden zurückfällt. Die Autorität des Staates ist verloren gegangen, dies führt wiederum zu unkontrollierbaren innerstaatlichen Konflikten.
Gewaltanwendung innerhalb gesellschaftlicher Strukturen: Durch den Zusammenbruch des staatlichen Gefüges entsteht ein Machtvakuum, das wiederum zu Instabilität innerhalb der gesellschaftlichen Strukturen führt. Übermäßige Gewaltanwendung und Gewalttätigkeit bedrohen große Teile der Gesellschaft, die bis zu Menschenrechtsverletzungen, Vertreibung und Völkermord führen können (Vgl. *Harrer*, Der "Failed State" und seine Problematik im Völkerrecht (2012) 2.3.).

entwicklung der vorherrschenden Sicherheitsstruktur. Eine funktionierende Legislative, Judikative und Exekutive (nach dem Grundsatz *"Ausbalancierung der Gewalten"*[106] des französischen Staatsphilosophen Montesquieu) sowie eine unabhängige Medienlandschaft stellen Grundvoraussetzungen langfristiger Lösungsmodelle dar. Dabei sollte die Vermittlung demokratischer und rechtsstaatlicher Prinzipien im Zentrum stehen.[107] Das Festsetzen und Definieren der politischen und militärstrategischen Ziele noch vor Beginn einer militärischen Intervention stellt die eine Seite der aktuellen Herausforderungen dar, die andere Seite jedoch, nämlich die möglichen Wege vom derzeitigen krisenhaften Zustand im möglichen Einsatzraum zum beabsichtigten Endzustand sind als die gegenwärtigen und auch künftigen Kernherausforderungen vor allem der operativen militärischen Führungsebene anzusehen. Unzählige Konzepte wurden dazu in den vergangenen 25 Jahren geschrieben, der *comprehensive approach* oder auch der *cosmopolitan approach*[108] sind weitverbreitete Beispiele dafür. Das Konzept der TET versucht durch eine partnerschaftliche Herangehensweise, die durch Vertrauen und gegenseitiges Verstehen geprägt ist und auf die regionalen Gewohnheiten Rücksicht nimmt, langfristig stabilisiernd zu wirken. Von entscheidender Bedeutung ist es dabei, dass die vor Ort eingesetzten Soldaten Kenntnis und ausreichend Hintergrundwissen über die Tiefenstruktur des jeweiligen Konfliktes besitzen, sich in das vorherrschende sozio-kulturelle Umfeld einfügen und vor allem dem Verstehen all dieser durchaus komplexen Zusammenhänge eine zentrale Bedeutung im täglichen Miteinander zukommt. Werden diese allgemeingültigen Grundsätze im Rahmen von Military Assistance nicht be-

---

[106]Im Jahr 1748 erschien Montesquieus Hauptwerk "De l'Esprit des lois" ("Vom Geist der Gesetze") anonym in Genf. In diesem Werk befasste er sich vor allem mit der Frage der Gewaltenteilung, er entwickelte dort die heute bekannte Theorie zur Gewaltenteilung (Vgl. *Riklin*, Machtteilung (2006) 269.). Der Kerngedanke der Gewaltenteilungslehre darf aber nicht so verstanden werden, dass Montesquieu eine strikte Trennung der Gewalten forderte. In seinem Buch findet man einige Beispiele, in denen die klare Trennung der Gewalten durchbrochen wird, weswegen man statt Teilung auch besser von der Ausbalancierung der Gewalten sprechen sollte. Durch Aufteilung der politischen Macht auf unterschiedliche Gewaltinhaber sollte der Machthaber gebändigt werden, die Macht sollte der Macht Grenzen setzen, damit der Einzelne im Staat Freiheit genieße (Vgl. *Böhlke/Etienne*, Montesquieu (2005) 59.).

[107] Vgl. *Lohmann*, Nach dem Krieg in Mali: den Frieden gewinnen (März 2013) 6.

[108] Der aus der britischen Konfliktforschung stammende *cosmopolitan approach* stellt das Gegenkonzept zu einer Top-down Diplomatie dar.

"Just as the warring factors depend on outside support, so there needs to be a conscious strategy of building on local cosmopolitan initiatives [...] to see these groups as partners in a shared cosmopolitan project and to work out jointly a mutual strategy for developing a peace constituency."

(*Kaldor*, New & old wars[2] (2006) 130.)

rücksichtigt, führen jegliche militärische Anstrengungen auf lange Sicht gesehen zu Misserfolg und neuerlicher Gewalt:

> *"If culture is not acknowledged as an important variable for the outcome of military intervention, it might, in the long run, lead to more violence instead of a peaceful resolution."*[109]

2.3 Essenzielle Bestandteile erfolgreicher Military Assistance Einsätze

Die Analyse und der Vergleich vier verschiedener Military Assistance Einsätze hat zweierlei ergeben: Es existieren zumindest drei vorrangige Handlungsfelder, in denen sich Military Assistance Einsätze bewegen: Militärische Beitragsleistung (*Training, Advising, Mentoring/Partnering*) / *Wissen um die politischen Absichten und Ziele* /*Berücksichtigung des sozio-kulturellen Umfeldes* (*Kultur; Sprache, Wertesystem, Rechtssystem*). Die Übertragung von Eigenverantwortung an die auszubildenden Soldaten sollte innerhalb von Military Assistance Einsätzen so früh wie möglich erreicht werden. Abschließend lässt sich das Vergleichsmodell verschiedener Military Assistance Einsätze wie folgt skizzieren:

[109] *Angstrom/Duyvesteyn,* Understanding victory and defeat in contemporary war, 220.

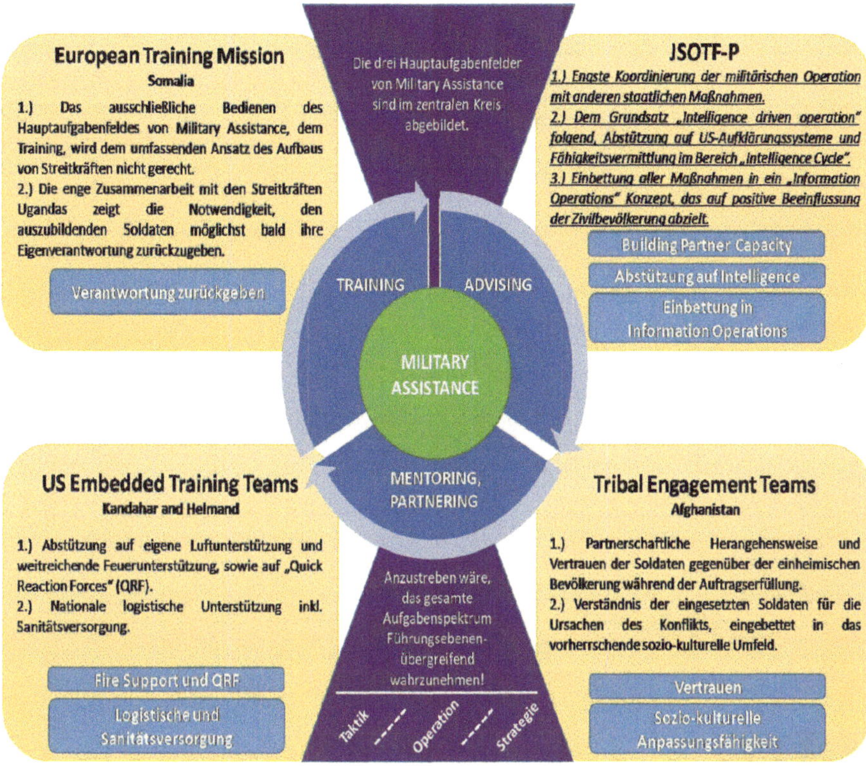

Vergleichsmodell verschiedener Military Assistance Einsätze, dVe

Da die Einsatzart Military Assistance nie den Abschluss bzw. das Ende einer Entwicklung darstellt, sondern vielmehr eine Art Vorbereitungstätigkeit zur strukturellen Verbesserung von befreundeten Streitkräften leistet, haben sich alle Soldaten dieser speziellen Art von Verantwortung im Klaren zu sein. Sämtliche militärische Handlungen in den Teilbereichen *Training, Advising, Mentoring/Partnering* stehen unter der Prämisse der Förderung der Eigenverantwortung der anvertrauten Soldaten und unter dem einsatzleitenden Prinzip der Ausbildungsverantwortung. Nachstehendes Zitat verdeutlicht diese beiden Kernforderungen:

"The hard work undertaken by United Kingdom commanders at all levels in developing relationships with key local Afghans is lost at the Relief in Place."[110]

[110] *Development, Concepts and Doctrine Centre,* Partnering Indigenous Forces, 5-8.

Der ehemalige australische Soldat David Kilcullen[111] verfasste im Jahr 2006 28 Grundsätze, die bei der Durchführung von Counterinsurgency Operationen (COIN)[112] zur Anwendung kommen sollten. Wie Kilcullen ausführt, muss die Kontinuität[113] bei Einsätzen wie Military Assistance, bei denen Eigenverantwortung der auszubildenden Soldaten und eine mittelfristig- bis langfristige Verbesserung des Sicherheitszustandes von wesentlicher Bedeutung sind, im Vordergrund stehen:

> *"Prepare for handover from day one. Believe it or not, you will not resolve the insurgency on your watch. Your tour will end, and your successors will need your corporate knowledge. Start handover folders, in every platoon and specialist squad, from day one. Ideally, you would have inherited these from your predecessors, but if not you must start them. The folders should include lessons learned, details about the population, village and patrol reports, updated maps, photo-*

---

[111]*"David Kilcullen served 21 years in the Australian Army, commanded an infantry company on counterinsurgency operations in East Timor, taught tactics on the Platoon Commanders Battle Course at the British School of Infantry, served on peace operations in Cyprus and Bougainville, was a military advisor to Indonesian Special Forces, and trained and led Timorese irregulars. He has worked in several Middle East countries with irregular and paramilitary police and military units, and was special adviser for Irregular Warfare to the 2005 U.S. Quadrennial Defense Review. His doctoral dissertation is a study of Indonesian insurgent and terrorist groups and counterinsurgency methods."*
(*Kilcullen*, Fundamentals of Company-level Counterinsurgency, Small Wars Journal 2006)

[112]COIN (Aufstandsbekämpfung) stellt eine Kriegsform dar, die von vielen Militärs und Experten durchwegs verschieden beurteilt wird. Wurde COIN noch in den 80er Jahren des letzten Jahrtausends durch US Militärs der Kategorie des Low-intensity Warfare zugeordnet, wurde diese Art der Einsatzführung nur ein Jahrzehnt später nicht mehr dem Krieg, sondern etwas "Unbestimmtem" - Military Operations Other Than War - zugeordnet. Inzwischen wird COIN jedoch wieder als ein wichtiges Element innerhalb einer militärischen Operation angesehen (Vgl. *Jäger/Beckmann*, Handbuch Kriegstheorien, SpringerLink : Bücher (2012)). Die US teilstreitkräfteübergreifende Vorschrift, die sich mit COIN auseinandersetzt, charakterisiert COIN als *"comprehensive civilian and military effort designed to simultaneously defeat and contain insurgency and address its root causes"*, des weiteren stellt diese Vorschrift fest, dass ein umfassendes Verständnis des *"operational environment"* und ein *"population centric"* Ansatz die entscheidenden Merkmale eines jeden COIN Einsatzes darstellen (Vgl. *Goldfein*, JP 3-24, Counterinsurgency (2013) iX - I-2).

[113] Kontinuität bedeutet in diesem Zusammenhang mehr als die pure Stetigkeit der militärischen Operation. Hierbei ist Kontinuität streitkräfteübergreifend zu sehen, da gerade Military Assistance Einsätze durch die enge Verbindung zwischen Ausbilder und Auszubildenden gekennzeichnet sind. Diese Herausforderung im Bereich der Kontinuität ist ein sehr altes Problem - bereits im 12. Jahrhundert wiesen die syrischen Christen im Zuge der Belagerung Jerusalems König Richard I. darauf hin, dass die Belagerung der Stadt gefährlich sei. Die dadurch entstehende Situation würde sich durchwegs negativ auf sie auswirken, da die Kreuzfahrer in absehbarer Zeit wieder nach Europa zurückkehren, während sie selbst in der verlorenen Erde blieben (Vgl. *Hofer*, Die Bedeutung der geschichtlichen Entwicklung für ein umfassendes Konfliktverständnis am Beispiel des Libanon unter besonderer Berücksichtigung der Kohlenwasserstoffe., 296-298.).

graph, anything that will help newcomers master the environment. Computerized databases are fine, but keep good back-ups and ensure you have hard copy of key artifacts and documents. This is boring, tedious and essential. Over time, you will create a corporate memory that keeps your people alive"[114]

Als Ergänzung zum *Kategorischen Imperativ* Immanuel Kants in Situationen, in denen Handlungen die Überlebenschance der Menschheit beeinflussen, stellte Hans Jonas den zentralen Gehalt seiner Ethik wie folgt dar:

"Handle so, dass die Wirkungen deiner Handlung verträglich sind mit der Permanenz echten menschlichen Lebens auf Erden."

oder negativ formuliert:

"Handle so, dass die Wirkungen deiner Handlung nicht zerstörerisch sind für die künftige Möglichkeit solchen Lebens."[115]

Der Begriff der Ausbildungsverantwortung aller eingesetzten Soldaten im Lichte des *Prinzips Verantwortung* von Jonas stellt sich gewissermaßen wie folgt dar: Verantwortlich sind Soldaten in der Einsatzart Military Assistance zumindest dafür, dass vernünftiges Wissen und freies Wollen nicht wieder aus der Welt verschwinden.[116] Richtig wahrgenommene Ausbildungsverantwortung resultiert im eigenverantwortlichen Handeln der anvertrauten und auszubildenden Soldaten. Um diesen zunächst einfach erscheinenden Zusammenhang zu erzielen, scheint es unabdingbar zu sein, an den Wertekosmos der zu unterstützenden Soldaten anzudocken. Da sich Staaten, Regionen und natürlich auch Streitkräfte in mehr als ihrer Kultur unterscheiden,[117] stellt ein umfassendes Verständnis, eine aufzustellende Werteanalyse und ein tiefgreifendes Kulturverständnis die Grundlage eines nachhaltig wirkenden Military Assistance Einsatz dar.

2.3.1 MAST concept – eine Analogie

Das "Concept and Doctrine Centre" (DCDC) des britischen Verteidigungsministeriums stellte eine Analogie zwischen der Einsatzart Military Assistance und einem Schiffsmasten (MAST concept) auf. Dabei repräsentiert das Wort "MAST" die Anfangsbuchstaben der Kernbereiche von Military Assistance gemäß dem britischen Verständnis:

Mentoring, **A**dvising, **S**upporting, **T**raining;

---

[114] *Kilcullen,* Small Wars Journal 2006, 5.

[115] *Jonas,* Das Prinzip Verantwortung[1], Suhrkamp-Taschenbuch, Bd. 1085 (1984) 36.

[116] Vgl. *Werner,* Hans Jonas' Prinzip Verantwortung (3.)

[117] Vgl. *Hofstede/Hofstede,* Lokales Denken, globales Handeln[4], dtv, 50807: Beck-Wirtschaftsberater (2009) 418.

Quelle: AUTSOF AFG, Jänner 2018

Gefechtstechnische Ausbildung … die Basis für künftige militärische Erfolge

Die Analogie des so genannten MAST-Konzeptes stellt sich wie folgt dar:

Ohne einen Masten kann sich ein Segelschiff nicht zielführend auf Gewässern bewegen. Daher ist der Mast überlebenswichtig für ein Schiff und steht für funktionsfähige staatliche Institutionen. Die Stärke des Mastens liegt in seiner Basis. Diese Basis steht für den Trainings- und Ausbildungsstand und die Funktionstüchtigkeit der einzelnen staatlichen Institutionen, hier im Konkreten für den Ausbildungsstand der Streitkräfte. Der erste Steuermann des Schiffes steht in Ausbildung eines Kapitäns, der als "Advisor" den Weg vorgibt, dem der erste Steuermann jedoch nicht folgen muss. Erst wenn der Kapitän die Rolle des "Advisors" ablegt und in die Rolle des "Mentors" schlüpft, um die Richtung und Geschwindigkeit vorzugeben, muss ihm die gesamte Mannschaft des Schiffes folgen. Schließlich erreicht der erste Steuermann den Ausbildungsstand des Kapitäns, er wird zum Kapitän des Schiffes ernannt und übernimmt die Rolle des neuen Kapitäns ("Mentor").[118]

---

[118] Vgl. *Development, Concepts and Doctrine Centre,* Partnering Indigenous Forces, 3-10 - 3-17.

Als praktische Anwendung des Grundgedankens des soeben geschilderten MAST-Konzeptes und als Brückenschlag zur Ausbildung fremder Polizeikräfte sei an dieser Stelle das Focused District Development Programm (FDD-program) angeführt. Dieses FDD-program wurde zunächst durch US-Sicherheitskräfte in Afghanistan mit dem Ziel der Reformierung der Polizeikräfte auf Distriktsebene entwickelt und in weiterer Folge durch das German Police Project Team (GPPT) in adaptierter Art und Weise übernommen. Die leitende Idee dieses Programmes, ähnlich dem MAST-Konzept, stellte das Wechselspiel zwischen den Bereichen *Mentoring / Advising / Supporting* und *Training* in sämtlichen Distrikten Afghanistans dar. Unterteilt wurde jenes Ausbildungsprogramm der afghanischen Polizei in sechs aufeinanderfolgende Phasen:[119]

Phase 1: *Assessmentphase*

Das verantwortliche Police Mentoring Team (PMT)[120] erhebt im jeweiligen Distrikt den vorherrschenden Ist-Stand der lokalen Polizeikräfte. Sämtliche Polizeikräfte vor Ort werden registriert, deren Liegenschaften inspiziert und deren Ausbildungs- und Ausrüstungsbedarf erhoben. Darüber hinaus werden die Gegebenheiten des sozio-kulturellen Umfeldes analysiert. Der enge Kontakt mit den Dorfältesten und der Shura (Ratgebergremium innerhalb islamischer Gesellschaften) zielt auf Akzeptanz bei der einheimischen Bevölkerung für die bevorstehenden Ausbildungsschritte der lokalen Sicherheitskräfte ab. Diese erste Phase des Ausbildungsprogrammes dauert acht Wochen.

Phase 2: *Herauslösung der Distriktpolizei*

Innerhalb von zwei Wochen wird die gesamte Distriktpolizei unter Vorgaben der PMT herausgelöst und durch Kräfte der Afghan National Civil Order Police (ANCOP), die an fünf Standorten Afghanistans jeweils in Brigadestärke stationiert ist, ersetzt.

---

119 Vgl. *Ritter*, Das Deutsche Polizeiberaterteam in Afghanistan, Europäische Sicherheit (16-17.)

120 Um sich ein Bild von der Struktur und Größe eines PMT machen zu können, sei hier das Beispiel eines deutschen PMT angeführt: Das PMT besteht aus vier Polizeibeamten, vier Feldjägern der Bundeswehr, einer infanteristischen Sicherungskomponente der Bundeswehr und einem beweglichen Arzttrupp (Vgl. *Ritter*, Europäische Sicherheit, 16.).

Phase 3: *Ausbildung*

Nun erfolgt die Ausbildung der herausgelösten Polizeikräfte zentral in einem der dafür vorgesehenen Police Training Center (PTC). Diese Ausbildung unterteilt sich in ein Basismodul und ein Zusatzmodul, die Gesamtlänge beträgt sechs Wochen.

Phase 4: *Implementierung der Distriktpolizei*

Nach erfolgter Ausbildung und Ausstattung mit dienstlicher Kleidung und Ausrüstung werden die Sicherheitskräfte wiederum in ihrem zugewiesenen Distrikt eingesetzt und lösen die vorübergehend verantwortlichen ANCOP Kräfte ab. Die Dauer dieser Phase ist mit zwei Wochen festgesetzt.

Phase 5: *Mentoring*

Die nun folgenden sechs Monate (24 Wochen) stehen im Zeichen des Mentoring, der Begleitung der Distriktpolizei durch das PMT. Hierbei wird im täglichen Dienstbetrieb die Anwendung des erworbenen Wissens und der ausgebildeten Fachkenntnis überprüft und wann immer notwendig, unterstützend beigestanden. Ein weiterer Fokus wird in dieser Phase auf die Zusammenarbeit zwischen den Distrikten und den übergeordneten Hierachieebenen gelegt. Deutschland begleitet diese Phase der Ausbildung mit zivilen Projekten, um der Bevölkerung den Mehrwert des Programms besser sichtbar zu machen.

Phase 6: *Advising*

Die sechste und somit auch letzte Phase des Ausbildungsprogramms kann als Nachbetreuung der ausgebildeten Polizisten gesehen werden. Dabei wird die jeweilige Distriktpolizei durch ein Provinz-PMT betreut, das aber nicht mehr so häufig vor Ort anwesend ist wie während der Phase des Mentoring. Die lokalen Sicherheitskräfte haben hierbei zur Gänze die Verantwortung in ihrem Distrikt übernommen, Ratschläge können trotzdem durchaus noch von den Provinz-PMT kommen.

Die theoretische Herangehensweise (Analogie des MAST-Konzeptes) und der Versuch der praktischen Implementierung dieses speziellen Grundgedankens (Focused District Development Programm zur Ausbildung der afghanischen Polizei) in einen konkreten Ausbildungsplan kann als erster konzeptueller Versuch angesehen werden, die Analyse der Tiefenstruktur einer Krisenregion berücksichtigend, langfristige Lösungsmechanismen komplexer sicherheitspoltischer Situationen zu initiieren. Dabei muss unweigerlich der Versuch unternommen werden, sowohl eine gesunde Mischung der Einsatzformen *Mentoring / Advising / Supporting* und *Training* zu finden, als auch das vorherrschende sozio-kulturelle Umfeld so gut wie möglich zu erfassen.

2.3.2 Bedeutung von Military Assistance in künftigen Krisenszenarien

Eine ausführliche Betrachtung der möglichen Weiterentwicklung bzw. künftigen Ausgestaltung von Military Assistance folgt noch in den weiteren Kapiteln, die sowohl die sicherheitspolitische als auch die rechtsethische Dimension beleuchten. Um jedoch die Charakterisierung von Military Assistance abzurunden, scheint es notwendig, bereits jetzt einen Einblick zu geben, da sich unweigerlich die Frage stellt:

"Welchen Stellenwert nimmt Military Assistance bei der Wiederherstellung bzw. Stabilisierung von Krisengebieten ein?"

Den "Sieben Strategieperspektiven"[121] von Henry Mintzberg, einem kanadischen Professor für Management, folgend, bedarf es "des nach vorne, in die Zukunft Blickens" und deshalb die Verwendung von Szenariotechniken[122], um für die Herausforderungen der Zukunft gewappnet zu sein.

---

[121] Vgl. *Mintzberg/Ahlstrand/Lampel*, Strategy safari (1998)

[122]Die gegenwärtigen bzw. künftigen gesellschaftlichen und natürlichen Rahmenbedingungen -*"The globalizing economy, demographics of discord, the new players, scarcity in the midst of plenty, growing potential for conflict, will the international system be up to the challenges, the US in a power-sharing world."* (*Fingar*, Global trends 2025 (2008) 3.) - die durch stetig steigende Komplexität und Unsicherheit geprägt sind, führen unweigerlich dazu, Entscheidungen vorausschauend zu reflektieren und diese an mögliche, künftige Gegebenheiten auszurichten. Die Arbeit mit gewissen Szenarien (Szenariotechnik) ist eine Methode, mit der künftige Entwicklungen innerhalb vorgegebener Rahmenbedingungen erarbeitet werden. Dabei wird in der Zukunftsforschung unter einem Szenario folgendes verstanden: Die Darstellung einer künftigen Situation unter gleichzeitiger Beschreibung der jeweiligen Entwicklungspfade von der Gegenwart bis zur jeweiligen Situation (Vgl. *Steinmüller*, Szenarien (2003) 6.). Dabei beschreibt ein Szenario neben dem hypothetisch künftigen Zustand vor allem die Entwicklungen, Dynamiken und die treibenden Kräfte, aus denen ein Zukunftsbild resultiert (Vgl. *Götze*, Szenario-Technik in der strategischen Unternehmensplanung², DUV. Wirtschaftswissenschaft (1993) 36.). Zu beachten ist jedoch, dass ein Szenario kein umfassendes Bild der Zukunft darstellt, da sich der Fokus der Betrachtung auf einen oder mehrere bestimmte Ausschnitte der Wirklichkeit richtet. Nicht die Darstellung der Zukunft als Ganzes, sondern die zukunftsgerichtete Beschäftigung in einem definierten Untersuchungsraum mit bestimmten Aspekten, die von Interesse sind, stellt den Zweck dieser Szenariotechnik dar (Vgl. *Kosow/Gassner*, Methoden der Zukunfts- und Szenarioanalyse, Werkstattbericht / Institut für Zukunftsstudien und Technologiebewertung, Nr. 103 (2008) 10.). Blickt man von heute in die Zukunft, steigt die Anzahl möglicher Entwicklungen, und der Möglichkeitsraum (es existiert nicht nur eine mögliche Zukunft)

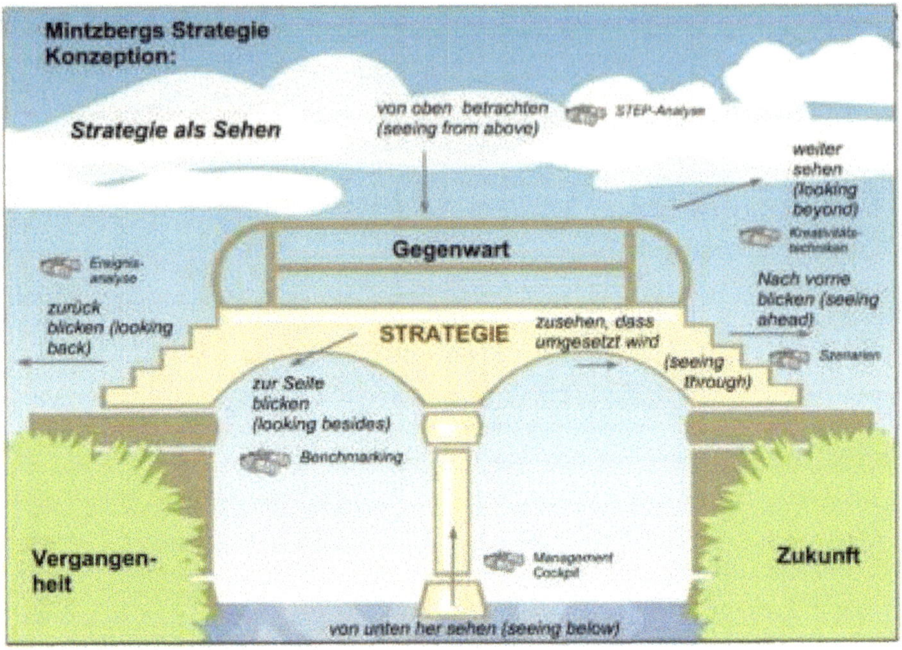

Sieben Strategieperspektiven[123]

Umgelegt auf künftige Einsätze von Spezialeinsatzkräften sollte ein ausgewogenes Verhältnis zwischen den drei Einsatzarten (Special Reconnaissance and Surveillance, Direct Action und Military Assistance) im Einsatztraining gefunden werden, um den Aufträgen innerhalb der zu erwartenden Szenariotrends nachkommen zu können. Military Assistance stellt dabei jene Einsatzart von Spezialeinsatzkräften dar, die einerseits in sämtlichen Phasen krisenhafter Entwicklungen und Konflikten zur Anwendung kommen kann und andererseits den Bedürfnissen und Zielen von *postheroischen Gesellschaften*[124] noch am ehesten entspricht. Darüber hinaus ist sie aber auch jene Einsatzart, welche den langwierigsten Ausbildungsgang aufweist und das

---

öffnet sich trichterförmig. Die Bandbreite der möglichen Entwicklungen einzelner Faktoren wird immer größer, deren Ausprägungen zusammengenommen bilden den gemeinsamen Raum möglicher Zukünfte.

[123] *Garratt*, Developing strategic thought, McGraw-Hill developing organizations series (1995)

[124] Herfried Münkler kennzeichnet postheroische Gesellschaften dadurch, dass ihnen nicht Opfer und Ehre, sondern Arbeit, Wohlstand und persönliches Glück als Leitmotive eines erfüllten Lebens vorschweben. Diese postheroische Gesellschaft stellt das soziopolitische Fundament - Europas gegenwärtige Idee des "ewigen Friedens" - dar (Vgl. *Münkler*, Der europäische Traum vom ewigen Frieden (15. September 2014) Einleitungsreferat.).

erfahrenste Personal benötigt.[125] Auf Grund der enormen Verletzbarkeit postheroischer Gesellschaften (zum Beispiel Europäische Union) ist die Stabilisierung der Peripherie des jeweiligen Interessensbereiches von vitaler Bedeutung. Zwar sind solche Gesellschaften bestrebt, friedensstiftend auf ihr Umfeld einzuwirken, jedoch versuchen sie so lange wie möglich militärische Interventionen zu vermeiden.[126]

Betrachtet man den Verlauf einer Krise näher, ergibt sich das Bild einer ungleichmäßigen Wellenbewegung.

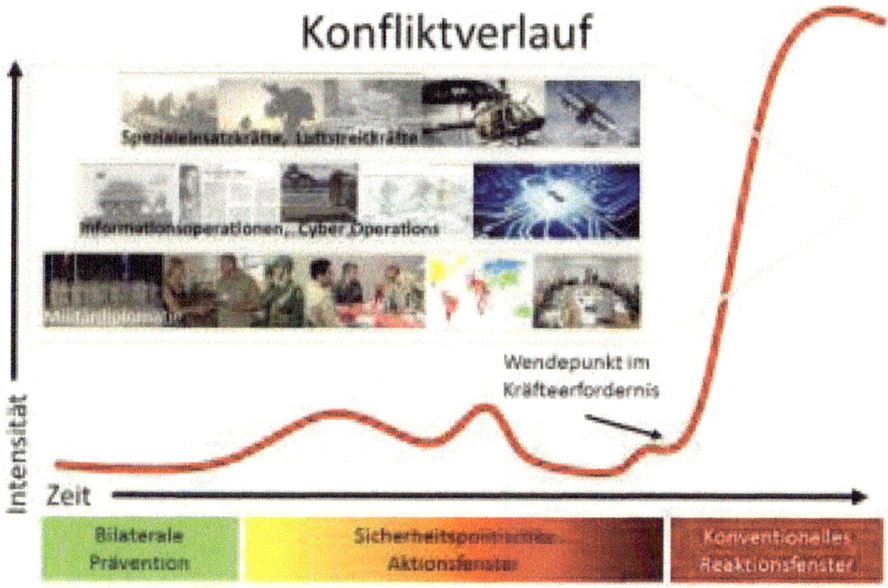

Konfliktverlauf[127]

---

[125] So unterschiedlich sich die drei Einsatzarten der Spezialeinsatzkräfte (Spezialaufklärung, Kommandounternehmen und Militärische Unterstützung) aus taktischer Sicht darstellen, genau so unterschiedlich verhält es sich womöglich mit den jeweils benötigten Fähigkeiten jener Soldaten, die für eine gewisse Einsatzart vorgesehen sind. Die detaillierten Fähigkeitsprofile, gekoppelt mit bestimmten Alters- und Erfahrungsstrukturen bezogen auf die drei Einsatzarten, stellen einen weiteren interessanten Forschungsschwerpunkt dar.

[126] Vgl. *Münkler,* Der europäische Traum vom ewigen Frieden, Einleitungsreferat.

[127] *Hofer,* Unterricht: Militärdiplomatischer Strategieansatz (2014) Folie 40.

Nach der Phase von Frieden und Stabilität folgt die Phase des andauernden Auf und Ab innerhalb des "sicherheitspolitischen Aktionsfensters". In diesem Zeitraum ist ein Staat bzw. eine Staatengemeinschaft noch in der Lage, die Entwicklung eines krisenhaften Ereignisses nachhaltig zu verzögern oder ganz zu verhindern. Um die Initiative nicht aus der Hand zu geben, müssen sicherheitspolitische Aktivitäten im Zeitraum des so genannten "sicherheitspolitischen Aktionsfensters" gesetzt werden. Ein Zuwarten hat ausschließlich negative Folgen, da die vorherrschende Situation zunehmend unübersichtlicher und schwerer beeinflussbar wird. Von besonderer Bedeutung ist es, noch vor dem "Wendepunkt im Kräfteerfordernis“ Aktivitäten zu setzen, denn dann beginnt das „konventionelle Reaktionsfenster“. Ab dem Erreichen dieses Zeitpunktes wird man immer stärker von den Ereignissen getrieben und kann die Krise nur mehr mit einem massiven Kräfteeinsatz beherrschen.[128] Die enorme Bedeutung eines möglichst frühzeitigen sicherheitspolitischen Lagebildes wird weiters durch eine Studie vergangener US Military Assistance Einsätze seit Ende des Zweiten Weltkrieges bis in die Gegenwart gestützt: So wird darin ausgeführt, dass solche militärischen Einsätze zunächst einmal sicherheitspolitisch aufbereitet und in ein Gesamtkonzept eingebettet sein müssen *("... these are political, not technical, exercises.")*. Des weiteren spielt ebenfalls eine geopolitische Komponente vor Beginn des eigentlichen militärischen Einsatzes eine entscheidende Rolle*("... they cannot afford to ignore the destabilizing potential of third parties that pose a serious challenge to a newly equipped military".)*.[129] Sind erst einmal die sicherheitspolitischen Rahmenbedingungen aufbereitet und geklärt, weist ein erstrebenswertes Agieren innerhalb des "sicherheitspolitischen Aktionsfensters" die folgenden Charakteristika auf: Unmittelbare Verfügbarkeit der einzusetzenden Kräfte; Rasche Wirkung im Ziel und hohe Wirkungspräzision; Wirkung unterhalb der öffentlichen Wahrnehmungsschwelle. Die wesentlichen Fähigkeitsträger innerhalb des "sicherheitspolitischen Aktionsfensters" sind die Militärdiplomatie, Informationsoperationen und der Einsatz von Spezialeinsatzkräften.[130] Basierend auf Charakteristik und Eigenart von Spezialeinsatzkräften bietet sich der Einsatz dieser Kräfte im Verlauf des "sicherheitspolitischen Aktionsfensters" aus den folgenden Gründen an:

---

[128] Vgl. *Hofer/Vorhofer*, Strategisches Denken und Handeln im sicherheitspolitischen Aktionsfenster, Österreichische Militärische Zeitschrift (9-10.)

[129] Vgl. *Mara Karlin*, Foreign Affairs 2017

[130] Vgl. *Hofer/Vorhofer*, Österreichische Militärische Zeitschrift, 11.
Die theoretische, wissenschaftlich fundierte Annäherung an diese Fähigkeitenträger innerhalb des "sicherheitspolitischen Aktionsfensters", um anwendungsorientierte Erkenntnisse zu generieren, wäre ein weiterer Forschungsauftrag (ähnlich dem Vorliegenden im Teilbereich Military Assistance), der Grundlagen für nachhaltige Friedensvorsorge schaffen könnte.

"SOF may pre-emption an adversary by neutralizing its capabilities before a fight-either independently or in support of conventional forces. The covert capabilities for pre-emption may prevent initiation or escalation to a larger conflict. SOF do this through Military Assistance efforts to build indigenous defence and intelligence capabilities and DA on an adversary's critical operational or strategic targets. Deployed SOF can often provide the strategic- or operational-level commander with the understanding and awareness regarding local population perspectives, intentions, and other information."[131]

Die beiden unten angeführten Zitate nehmen ganz konkret auf künftige sicherheitsrelevante Herausforderungen Bezug, wobei sowohl der US-, als auch der NATO- Blickwinkel beleuchtet wird. Weiters ist anzumerken, dass die beiden Zitate beinahe 50 Jahre auseinander liegen:

"It has been recognized as never before that what we in the United States are seeking in the less-developed world is not the building of military forces for their own sake, or economic development for its own sake, or pro-American propaganda for its own sake, but rather the use of all of the available resources for assisting these new nations building the kind of society and government that can maintain itself, develop in step with the modern world and, above all remain free from domination or control by Communists forces hostile to us. United States interests do not require satellits, colonies or subservience to all of our ideas. I am convinced that our interests are well served if foreign peoples and lands are truly independent, and if that remains the objective they seek for themselves. Thus we have a basis for truly mutual cooperation."[132]

"We are still using the old-age approach to our newly acquired problem, and professional competence and military knowhow are considered as the dominating factors in selecting advisors. From a strictly military viewpoint, this is a correct determination. On the other hand, empathy on the part of the advisors has seldom been formally encouraged as a need-to-have personally factor. Advisors who possess both empathy and knowledge are rare, indeed, but possessing military knowledge alone is not sufficient."[133]

---

131 *Holmstrom,* SOF Military Assistance, Unconventional and conventional expertise networked and synchronized to optimize the employment of Allied and Partner Special Operations Forces (26. Juni 2015) 10.

132 *Johnson,* Foreign Service Journal 1962, 20.
Diese wenigen Sätze, die Military Assistance aus der US Brille beleuchten, eignen sich zu einem kleinen Gedankenspiel. Ändert man nämlich den Blickwinkel der jeweiligen Aussage - *for assisting these new nations* in Verbindung mit *Communists forces hostile* - und schlüpft dabei kurz in die Rolle der ehemaligen Sowjetunion, drängt sich die Frage auf, ob das Ergebnis letztendlich dasselbe bleibt? Bei gleichem Ergebnis geht es letztendlich darum, dass beide Seiten einen womöglich gemeinsamen Standpunkt ermitteln.

133 Hudlin, Irving in: *NATO Special Operations Headquarters,* Military Assistance Handbook, 41.

Auch in der Personalauswahl von Soldaten der Spezialeinsatzkräfte, die für die militärische Einsatzart Military Assistance vorgesehen sind, sollten neue Überlegungen angestellt werden. Im Gegensatz zu den beiden anderen Einsatzarten von Spezialeinsatzkräften (SR&S und DA) bedarf ein Military Assistance Einsatz Zeit, Geduld und ein tiefgreifendes Verständnis der Kultur im Einsatzland. Für solche Einsätze sind vor allem Soldaten heranzuziehen, die einerseits erfahrener, andererseits aber auch ein breites Aufgabenspektrum militärischer und sozialer Fähigkeiten abdecken können. Ganz allgemein stellte bereits im Jahr 2002 der ehemalige US-Verteidigungsminister Donald Rumsfeld nach seinem weihnachtlichen Truppenbesuch in Afghanistan zur Charakteristik und dem Wesen des ersten Krieges der Vereinigten Staaten im 21. Jahrhundert fest:

> *"Here we were, in 2002, fighting the first war of the twenty-first century, and the horse cavalry was back and being used in previously unimaginable ways. It shows that a revolution in military affairs is about more than building new high-tech weapons, although that is certainly part of it. It is also about new ways of thinking and new ways of fighting."*[134]

Dieser im Zitat beschriebene *"new way of thinking"* charakterisiert treffend die Auseinandersetzung mit der Einsatzart Military Assistance. Das Konzept an sich muss zunächst nicht nur grundlegend erfasst und zu Ende gedacht, sondern es muss auch spezifisch dem jeweiligen Einsatzraum angepasst werden. Darüber hinaus nehmen die eingesetzten Soldaten der Spezialeinsatzkräfte durch ihren täglichen direkten Kontakt mit der einheimischen Bevölkerung bzw. den auszubildenden Soldaten eine wesentliche Brückenfunktion in der tatsächlichen Umsetzung der militärischen Ziele ein.

Ein weiteres praktisches Beispiel des Versuchs, auf die geänderten Krisenszenarien zu reagieren war der Einsatz der 1st Marine Division in der Anbar Provinz im Westen des Irak im Frühjahr 2004. Diese Provinz, die zu einem großen Teil von Sunniten bewohnt wurde, zählte zu den Hochburgen der Unterstützung von Saddam Husseins Regierung. James Mattis, der am 20. Jänner 2017 zum Secretary of Defence durch den US Senat bestellt wurde, war im Jahr 2004 kommandierender General der 1st Marine Division und wählte zur Vorbereitung seiner Marines auf den bevorstehenden Einsatz einen besonderen Zugang, einen *"new way of thinking"*:

"This was based on a study of history and of counter-insurgency doctrine. ... And a recognition that this was going to be an ethically and morally bruising environment."[135]

---

[134] *Rumsfeld*, Transforming the Military, Foreign Affairs, Vol 81, 2002 (21.)
[135] *Dexter*, James Mattis, a Warrior in Washington, The New Yorker 2017 (5.), 16.

Das Wesen dieses neuen Zuganges innerhalb der Einsatzvorbereitung lag darin, dass Mattis seinen ihm anvertrauten Soldaten in strukturierter Art und Weise unter anderem auftrug, sich mit der irakischen Geschichte zu befassen, sich mit der irakischen Kultur auseinander zu setzen und die wesentlichen arabischen Redewendungen zu erlernen. Darüber hinaus verlangte er von seinen Soldaten, dass sie Gesten der Höflichkeit im arabischen Kulturraum, wann immer möglich, zur Anwendung bringen mussten. Als Erklärungsmodell des Übergangs von vertrauensbildenden Maßnahmen gegenüber der einheimischen Bevölkerung in der Anbar Provinz hin zur Möglichkeit der Anwendung tödlicher Gewalt durch seine Soldaten verwendete Mattis einen abgewandelten Spruch des römischen Politikers und Feldherrn Lucius Cornelius Sulla[136], der wie folgt lautete:

"No better friend, no worse enemy."[137]

Die gesamte Komplexität gegenwärtiger und künftiger Krisenszenarien, heruntergebrochen auf die vor Ort eingesetzten Soldaten, sind innerhalb dieses kurzen Satzes kondensiert dargelegt. Das Verständnis, die Herangehensweise und letztendlich die tägliche militärische Auftragserfüllung jedes einzelnen Soldaten in fremden Kulturräumen steht im Brennpunkt der Bemühungen vernünftiger Konfliktlösungen. Daher sollten auch in der Personalauswahl und in der Ausbildung für einen solchen Einsatz diese *"new ways of thinking"* ihren Niederschlag finden.

Im Zuge eines Interviews stellte US General Ray Odierno (Chef des Stabes der US Landstreitkräfte im Jahr 2014) die Entwicklung der Streitkräfte wie folgt dar:

> *"What that means is you have got to be a bit more flexible, a bit more adaptable. You have to be able to get there quickly, develop new capabilities and understanding of the economic, political and cultural environments simultaneously."*[138]

Das Vorbereiten von Spezialeinsatzkräften auf Einsätze in einem solchen *comprehensive environment*, in dem es vorrangig darum geht, auf Basis einer erarbeiteten Vertrauensbasis Military Assistance erfolgreich umzusetzen, verlangt den jeweiligen Soldaten das Einlassen auf einen Perspektivenwechsel ab. Bei diesem Perspektivenwechsel[139] geht es vor allem darum, zu ver-

---

[136]Sullas Wesen und sein Lebenseinstellung ist zusammenfassend auf seinem Grabstein verewigt: *"Kein Mensch hat seinen Freunden so viel Gutes erwiesen und seinen Feinden so viel Böses angetan, dass ich, Sulla, ihn nicht noch übertroffen hätte."*

[137]*Dexter*, James Mattis, a Warrior in Washington, The New Yorker 2017 (5.), 17.

[138]*Wasserbly*, Army of adaption, Jane's Defence Weekly 2014 (1.)

[139]Dieser Perspektivenwechsel stellt ein Kulturwerkzeug dar, dessen Handhabung in interkulturellen Bereichen einer besonderen Anstrengung und Reflexion bedarf. Die Zielvorstellung

suchen, die vorherrschenden Probleme im jeweiligen Konfliktraum aus der Sicht der Betroffenen bzw. der auszubildenden Soldaten zu sehen. Dieses umfassende und tiefergreifende Verständnis für die Einsatzräume der Zukunft geht weit über interkulturelle Kompetenz hinaus, da ja nicht nur die vor Ort eingesetzten Soldaten, sondern auch die höheren militärischen Führungsebenen und die verantwortlichen Politiker einen ehrlichen Perspektivenwechsel zulassen müssen. Analysiert man die aus dem Jahr 2012 stammende "Defense Strategic Guidance of the United States", lässt sich der Schluss ziehen, dass die USA nach 13 Jahren (2001-2014) höchster außen- und sicherheitspolitischer Anstrengungen vor allem im Nahen- und Mittleren Osten in der nahen Zukunft danach streben, wo immer möglich, mit möglichst kleinen Truppenkontingenten den sicherheitspolitischen Herausforderungen zu begegnen:

"Whenever possible, we will develop innovative, low-cost, and small-footprint approaches to achieve our security objectives, relying on exercises, rotational presence, and advisory capabilities."[140]

Die Einsatzart Military Assistance unterstützt genau eine solche außenpolitische Strategie, die einerseits weniger eigene Kräfte bindet, andererseits aber eine rasche Übertragung der Eigenverantwortung auf die lokalen Militärkräfte beabsichtigt.

---

einer jeden Übertragungsleistung stellt das Verstehen dar. Diesem Bestreben sind natürliche Grenzen gesetzt, denn bei jedem Perspektivenwechsel bleibt ein unübersetzbarer Rest, so dass ein vollständiges Verstehen in der Praxis nicht existiert. Allein das Bewusstsein über das nicht Gegebensein eines vollständigen Verstehens führt zu einem besseren und tiefergreifenden Verständnis des Gegenübers.

[140] *Department of Defense, United States of America,* Sustaining U.S. Global Leadership, 3.

3. Military Assistance als Instrument der internationalen Sicherheitspolitik

„The logic behind this approach is simple. Fragile states jeopardize US interests, but large-scale interventions are costly and unpopular. By outsourcing regional security in places where US interests are not immediately threatened, Washington can promote stability without shouldering most of the burden itself. And heading off threats before they metastasize means that the United States can keep its eye on more sophisticated rivals such as China and Russia."[141]

Quelle: Pixabay 2018

Too much tactics, too less strategy?

[141] *Mara Karlin*, Foreign Affairs 2017, 2.

3.1 Strategie aus politischer Sicht

Beschränkte sich der Strategiebegriff ursprünglich auf das Militär, erfuhr dieser im 20. Jahrhundert eine inflationäre, äußerst breite und auch oftmals fälschliche Verwendung in der Wirtschaft und vielen anderen Lebensbereichen.[142] Dies rührt vor allem aus der zeitlichen und thematischen Wandlung des Begriffs. Eigentlich aus dem Militär stammend, beschrieb die Strategie eines Staates einst eine rein militärische Ambition und Kompetenz. Unter einem *strategos* war ein Feldherr, Offizier, später ein hoher Beamter zu verstehen.[143] Dieses Bild änderte sich rasant, nachdem Liddell Hart den Begriff der *grand strategy*, als jene die Strategie selbst kontrollierende Instanz, einbrachte. Durch die zunehmende Komplexität inter- und intrastaatlicher Verbindungen entstand der Bedarf nach dem Gefüge eines Staates. Dadurch ergeben sich in der Strategiediskussion zwei große Lager strategietheoretischer Denker: Obwohl auf der einen Seite noch immer jene stehen, die einen eher traditionell geprägten Strategiebegriff[144] vertreten, bezeichnet auf der anderen Seite die sehr offen gehaltene Auffassung "Strategie" einen Plan über den Mitteleinsatz zur Zielerreichung.[145]

Mintzberg versucht in seinem Buch "Strategy Safari" den Begriff der Strategie umfassend darzustellen, indem er zehn verschiedene Denkmodelle der Strategieentwicklung vorstellt.[146] Dabei bedient er sich der Metapher von sechs Blinden, die sich einen Eindruck von einem Elefanten machen wollen.

---

[142] Vgl. *Clausewitz/Kuster*, Strategie (2011) 17.

[143] Vgl. *Wagener*, Österreichische Militärische Zeitschrift 2010, 3.

[144] Die Denkansätze von Autoren wie Gray, Stupka oder Heuser basieren auf der Grundlage großer strategischer Denker, wie zum Beispiel Thukydides, Sunzu oder Clausewitz. Im Dreiklang von Politik, Strategie und Taktik stellt Strategie das Bindeglied beziehungsweise die Brücke dar, die militärische Mittel mit politischen Zwecken verbindet. Die Gesamtstrategie eines Staates beschreibt, beziehungsweise verfolgt, seine Rolle innerhalb der internationalen Staatengemeinschaft. Die Militärstrategie, die durch militärische Operationen und Taktik zur Anwendung kommt, folgt genau diesen politischen Vorgaben.

[145] Vgl. *Clausewitz/Kuster*, Strategie, 17.

[146]Mintzberg unterteilt in "Strategy Safari" zehn verschiedene Denkschulen, die sich im Laufe der Zeit im strategischen Management herausgebildet haben: Die Designschule - Strategieentwicklung als konzeptioneller Prozess; Die Planungsschule - Strategieentwicklung als formaler Prozess; Die Positionierungsschule - Strategieentwicklung als analytischer Prozess; Die Unternehmerschule - Strategieentwicklung als visionärer Prozess; Die kognitive Schule - Strategieentwicklung als mentaler Prozess; Die Lernschule - Strategieentwicklung als sich herausbildender Prozess; Die Machtschule - Strategieentwicklung als Verhandlungsprozess; Die Kulturschule - Strategieentwicklung als kollektiver Prozess; Die Umweltschule - Strategieentwicklung als reaktiver Prozess; Die Konfigurationsschule -Strategieentwicklung als Transformationsprozess (Vgl. *Mintzberg/Ahlstrand/Lampel*, Strategy safari, V-VI.).

Aber jeder der Blinden kann nur einen kleinen Teil des großen Tiers ertasten und schließt daraus auf ein anderes Tier oder einen Gegenstand. Keinem gelingt es, den Elefanten ganz zu erfassen. Für Mintzberg ist jener Elefant das Symbol für strategisches Denken, und wir alle sind die Blinden, die den Elefanten nie zur Gänze erkennen können. Diese letzte Aussage Mintzbergs, dass die allerbeste Strategie immer nur eine bestimmte Perspektive beleuchten kann, unterstreicht die enorme Bedeutung der Analyse und der Beurteilung des gesamten Umfeldes, in dem sich die strategische Perspektivenentwicklung abspielt. Dem Bewusstsein um die Wichtigkeit des strategischen Umfeldes geschuldet, wird dem aus den Politikwissenschaften stammende Strategiemodell nach Raschke und Tils gefolgt, das Strategie beschreibt:

"*Strategien sind erfolgsorientierte Konstrukte, die auf situationsübergreifenden Ziel-Mittel-Umwelt-Kalkulationen beruhen.*"[147]

Die beiden Attribute *visionär* und *koheränt* sind ebenfalls charakteristisch für Strategien. Das Kernelement dieses Strategiebegriffes (Ziel-Mittel-Umwelt-Kalkulationen) hat folgende Bedeutung: Der gewünschte Zustand (Ziel) ist richtungsgebend für alle weiteren systematisierten und berechnenden Überlegungen (Kalkulationen). Zielführende Handlungsmöglichkeiten und notwendige Ressourcen (Mittel) sind im Hinblick auf den situationsübergreifenden relevanten Kontext (Umwelt) abzustimmen.

Unbestritten und stets aktuell bleibt das ewiggültige Postulat strategischen Handelns – *vom Ende her denken* – in Verbindung mit der Notwendigkeit, strategische Herausforderungen gesamtheitlich bzw. im Ganzen zu verstehen, um die ausschlaggebenden Komponenten identifizieren zu können. Erst wenn im sicherheitspolitischen Umfeld die Tiefenstruktur von Konflikten erkannt und analysiert wurde, ist es möglich, eine geeignete und angepasste Sicherheitsstrategie zu entwickeln. Die Schwierigkeit der Ergründung der Ursachen von gesellschaftlichen/staatlichen Problemen und deren Lösungsperspektiven thematisierte Frantz Fanon, einer der Urheber postkolonialer Theorien, unter anderem an den politischen Hinterlassenschaften des Kolonialismus. Gemäß Fanons Analyse versuchen Einparteiensysteme, die ihre Macht ähnlich der vormaligen Kolonialregime auf deren Armee (unterstützt und beraten durch ausländische Experten) und deren Polizei stützen, in den meisten Fällen die interne Unterdrückung weiter Teile der Bevölkerung zu verdecken:

---

[147] *Raschke/Tils*, Politische Strategie[1] (2007) 127.

"So praktiziert also das ehemalige Mutterland eine indirekte Regierung, und zwar gleichzeitig durch die Bourgeoisie, die sie ernährt, und durch eine nationale Armee, die von ausländischen Experten aufgebaut wird und das Volk fesselt, lähmt und terrorisiert."[148]

Als Lösung bietet Fanon eine Dezentrierung der Macht und eine damit einhergehende Politisierung breiter Bevölkerungsschichten an. An Hand dieses gesellschaftspolitischen Beispieles zeigt sich recht gut, wie schwer zunächst die Ursachenforschung ausfallen würde, und welche langfristigen und zugleich umfassenden Implikationen ein lösungsorientierter Strategieansatz hätte.

Gerade gegenwärtige Konflikte[149] weltweit zeigen, dass Friedenssicherung[150] durch eine Pluralität an Strategien, im Bestfall durch eine Vernetzung von Strategien, gekennzeichnet ist. Des weiteren verdeutlichen moderne Friedensarchitekturen, wie das durch Dieter Senghaas entwickelte "zivilisatorische Hexagon"[151], dass eindimensionale Abschreckungsgleichgewichte nach

---

148 *Fanon*, Die Verdammten dieser Erde[1], Suhrkamp-Taschenbuch, Bd. 668 (1981) 149.

149 Vor allem US-geprägte Militärdokumente beschreiben gegenwärtige Phänomene und Ausprägungsformen moderner Konfliktszenarien, die nur in den seltensten Fällen mit geltendem Völkerrecht handhabbar sind, als die *Gray Zone*. Eine häufig verwendete Arbeitsdefinition dieses neuartigen Begriffes lautet:
"Competitive interactions among and within state and non-state actors that fall between the traditional war and peace duality." (Kapusta, The Gray Zone (2015) 1.)
Als Kernproblematik könne dabei die Vorzüge westlicher Demokratien angesprochen werden, da demokratische Entscheidungsfindungsprozesse, staatliche Bürokratien sowie umfangreiche Organisationsformen meist mit der Geschwindigkeit in der *Gray Zone* nicht Schritt halten können. Daher sollten Entscheidungsfindungsprozesse gerade westlich geprägter Staaten danach konzipiert werden, möglichst rasch zu einer Lösung zu kommen, so dass mehr Zeit der genaueren Abstimmung der unterschiedlichen Beitragsleistern im Comprehensive Environment eingeräumt werden kann.

150 Unter Friedenssicherung wird eine gesamte Palette an Maßnahmen verstanden. Diese erstreckt sich von diplomatischen Erfordernissen bis zu militärischen Zwangsmaßnahmen, basierend auf einer Ermächtigung der Vereinten Nationen (Kapitel VII). Die NATO unterscheidet im Bereich der friedensunterstützenden Maßnahmen nachstehende fünf Kategorien: Conflict Prevention (Sämtliche Maßnahmen, die getroffen werden können, um den offenen Ausbruch eines Konfliktes zu verhindern. Darunter fällt auch der Teilbereich "Training" der Einsatzart Military Assistance.); Peace Making (Diplomatische Vorkehrungen.); Peace Enforcement (Militärischer Kampfeinsatz mit einem Mandat der Vereinten Nationen, Kapitel VII.); Peace Keeping (Einsatz militärischer Kräfte mit einem Mandat der Vereinten Nationen, Kapitel VI.) und Peace Building (Wiederaufbau von staatlichen Institutionen, langandauernder Prozess) (Vgl. *NATO*, Allied Joint Doctrine for the military contribution to peace support (2014) 1-3.).

151 Die sechs Teilbereiche des "zivilisatorischen Hexagons" stellen aus westlicher Sicht die Voraussetzung für eine stabile, friedliche Gesellschaft dar. Es handelt sich hierbei um ein abstrakt analytisches Konzept, das auf historischen Erfahrungen der neuzeitlichen, europäischen Geschichte beruht. Die Frage der Übertragbarkeit des "zivilisatorischen Hexagons" in

Hobbes immer mehr in den Hintergrund rücken und dafür kantianische Strategien der Bildung von Sicherheitsbündnissen, Einsetzung von supranationalen Institutionen der Friedenssicherung, der ökonomischen, ökologischen und politischen Kooperation sowie der distributiven Gerechtigkeit (derzeit schwach ausgeprägt) an Bedeutung gewinnen.[152] Sowohl der erläuterte Strategieansatz nach Raschke und Tils (Ziel-Mittel-Umwelt-Kalkulation), als auch die von Senghaas entwickelte Gesellschaftstheorie bzw. Friedensarchitektur des "zivilisatorischen Hexagons" geben Zeugnis davon, dass die *"komplexen Herausforderungen in Sicherheitsfragen nur mehr durch internationale Kooperationen gelöst werden können* und dazu ein *umfassender, integriert angelegter, aktiv gestalteter und solidarisch umgesetzter"*[153] Ansatz vonnöten ist.

3.2 Streitkräfte als Teil des Ganzen

Die bisher dargestellten Überlegungen zu einer aktiven, wann immer möglich präventiven, aber vor allem nachhaltigen Krisenintervention können ausschließlich in einem strategischen, supranationalen bzw. gesamtstaatlichen Kontext gedacht und gelöst werden. Daher stellt sich bezugnehmend auf den Teilaspekt der internationalen Krisenbewältigung – Military Assistance – folgende Frage:

"Welchen Beitrag zur Sicherung der internationalen Ordnung können österreichische Spezialeinsatzkräfte im Rahmen eines europäischen Military Assistance Einsatzes leisten?"

Ganz egal, ob Maßnahmen innerhalb des *"sicherheitspolitischen Aktionsfensters"*[154] mit weitreichenden Impulsen, die die einzelnen Teilbereiche des "zivilisatorischen Hexagons" positiv beeinflussen, oder Military Assistance aus dem US Blickwinkel:

> *"Washington applied military assistance as a functionally focused, reactive instrument to deter aggression, resolve local conflicts, influence regional politics, generate economic growth in recipients and in the United States, maintain alliances, sustain military readiness, and promote American values. Washington used*

andere, nicht westlich geprägte Räume wird immer wieder gestellt und wäre eine eigene Forschungsaufgabe. Auf Grund der wechselseitigen Beeinflussung der sechs Elemente des Hexagons ist das Wissen um die entscheidenden Interdependenzen von großer Bedeutung für die eingesetzten Soldaten in der Krisenregion (Vgl. *Senghaas*, Den Frieden denken[1], Edition Suhrkamp (1995)).

[152]Vgl. Kersting in: *Chwaszcza/Kersting*, Politische Philosophie der internationalen Beziehungen[1], Suhrkamp Taschenbuch Wissenschaft, Bd. 1365 (1998) 553.

[153]*Bundeskanzleramt Österreich*, Österreichische Sicherheitsstrategie, 4-5.

[154]*Vorhofer/Hofer*, Österreichische Militärische Zeitschrift, Heft 2/2016 2016, 191-192.

military assistance to reduce the need to commit US forces by increasing recipients' military capabilities."[155]

durchgeführt werden, darf zu keinem Zeitpunkt die Vielfalt der verschiedenen Effektoren zur Krisenbewältigung aus den Augen verloren werden. Der Einsatz von Streitkräften, im hier betrachteten Fall im Rahmen von Military Assistance, muss dehalb stets im Gesamtkontext mit allen anderen zu tätigenden Maßnahmen des Konfliktmanagements beurteilt und betrachtet werden, wohlwissend, dass Streitkräfte ein klassisches Instrument der Gewährleistung von Sicherheit darstellen.[156] Genau hier schließt sich wiederum der Kreis zu Teilbereichen der bereits analysierten essenziellen Bestandteile von Military Assistance Einsätzen:

Vor allem das Wissen um die politischen Absichten und Ziele (sicherheitspolitischen Implikationen) sowie die Berücksichtigung des sozio-kulturellen Umfeldes (rechtsethische Reflexionen) sind Voraussetzungen nachhaltigen Erfolges im Teilbereich Military Assistance.[157] Bezugnehmend auf die Prä-

---

[155] *Mott*, United States military assistance, Contributions in military studies, no. 218 (2002) 19. Eine umfassende wissenschaftlich-empirische Studie, deren Kern die Entwicklung von US geführten Military Assistance Einsätzen in der Zeit des kalten Krieges darstellt, charakterisiert und skizziert die notwendige strategische Einbettung solcher militärischer Einsätze in ein staatliches Gesamtkonzept. Ganz zu Beginn der soeben angeführten Studie wird darauf hingewiesen, dass seit Beginn kriegerischer Auseinandersetzungen Military Assistance als ergänzende bzw. verstärkende Maßnahme zur Diplomatie und herkömmlichen Formen militärischer Operationen eingesetzt wurde (Vgl. *Mott*, United States military assistance, no. 218, 1.).

[156] Obwohl Sven Bernhard Gareis und Stephan Böckenförde in "Deutsche Sicherheitspolitik" das weite Spannungsfeld aktueller sicherheitspolitischer Herausforderungen Westeuropas (im Speziellen Deutschlands) analysierten, wird die wesentliche Bedeutung von projizierbaren, rasch verfügbaren und schlagkräftigen Streitkräften unterstrichen:

"Streitkräfte gehören zu den klassischen Instrumenten, welche ein Land zur Gewährleistung seiner Sicherheit bereithält und gegebenenfalls auch einsetzt. Größe, Struktur, Ausstattung und Funktionsbestimmung einer nationalen Streitmacht bilden mithin wichtige Indikatoren für die Art und Weise, in der ein Staat Risiken für seine Sicherheit im regionalen bzw. im globalen Kontext wahrnimmt und ihnen entgegentritt."

(Böckenförde, Deutsche Sicherheitspolitik, Bd. 8388 (2012) 115.)

[157] Diese enge Verbindung zwischen einem vorhandenen sicherheitspolitischen Konzept und den notwendigen rechtsethischen Überlegungen, die das tiefgreifende Verständnis gegenüber dem jeweiligen Einsatzraum unterstützen sollen, sind fundamentale Eckpunkte eines langfristigen sowie nachhaltigen Military Assistance Einsatzes. Der nachstehende Kommentar des ehemaligen US Generals McChrystal zu Amerikas längstem Krieg in Afghanistan unterstreicht diese unabdingbare Notwendigkeit des Vorhandenseins beider Seiten der selben Medaille:

"For the greatest probability of longterm success, the United States will need to create across multiple organizations a cadre of dedicated professionals who are steeped in the language, culture and poltical realities of Afghanistan and who are connected by a coordinated strategy."

(*Kosh Sadat/Stan McChrystal*, Majalla 2017, 10.)

misse, Eigenverantwortung an die auszubildenden Soldaten zu übertragen, wies der US Politikwissenschaftler Gene Sharp, der sich umfassend mit gewaltfreien Aktionen gegen diktatorische Regimes beschäftigte, darauf hin, dass es großer strategischer Fertigkeiten und vor allem Macht bedarf, um einer Gesellschaft sowohl Freiheit als auch Frieden zu verschaffen.[158] Darüber hinaus betont Sharp, dass keine Macht der Welt in der Lage ist, Freiheit von außen in ein Land zu importieren, sondern die Menschen müssen lernen, diese Freiheit sich selbst zu nehmen.[159] Abgeleitet von diesem großen politischen Ziel der Freiheit lässt sich für den Teilbereich Military Assistance festhalten, dass diese militärische Einsatzart als Unterstützer dienen kann, Eigenverantwortung der anvertrauten Soldaten sowohl im gesellschaftlichen als auch im militärischen Bereich zu fördern. Kurzum – Military Assistance kann den militärischen Anteil einer politischen Gesamtstrategie zur Konfliktlösung eines Krisenherdes darstellen.[160] Im Spiegel politischer/strategischer Überlegungen impliziert dies zweierlei für die österreichischen Streitkräfte, um überhaupt die Möglichkeit zu erhalten, frühzeitig (zumindst aber innerhalb des "sicherheitspolitischen Aktionsfensters") aufbauend und stabilisierend in Krisenregionen zu intervenieren bzw. als Puzzlestein einer gesamtstaatlichen Strategie wirksam zu werden. Diese beiden Voraussetzungen, die nachstehend näher erläutert werden, stellen einerseits die vorausschauende inhaltlich-militärstrategische Beratung und andererseits die Interoperabilität der österreichischen Spezialeinsatzkräfte dar:

---

[158] In seinem Buch *Von der Diktatur zur Demokratie - Ein Leitfaden für die Befreiung*, welches er für die Demokratiebewegung in Myanmar schrieb, geht er der Frage nach, *wie sich Diktaturen am effektivsten und mit so wenig Leid und Todesopfern wie möglich zersetzen lassen*(Vgl.*Sharp, Von der Diktatur zur Demokratie*[4]*, Beck'sche Reihe, Bd. 1837 (2014) 10.).* Die von Sharp entwickelten Methoden gewaltlosen Vorgehens wurden unter anderem beim Sturz Milosevics benutzt oder bei den Befreiungsbewegungen in Georgien, der Ukraine, in Kirgisistan und Weißrussland verwendet.

[159] Vgl. *Sharp,* Von der Diktatur zur Demokratie, Bd. 1837, 99.

[160] Gerade die USA verfolgten verstärkt seit der Zeit des Kalten Krieges das Konzept, Military Assistance als probates und wirkungsvolles Instrument der Durchsetzung ihrer außenpolitischen Ziele zu verwenden. Zahlreiche angloamerikanische Publikationen weisen auf dieses Nahverhältnis zwischen der Einsatzart Military Assistance und nachhaltiger außenpolitischer Zielerreichung unterhalb der Schwelle des bewaffneten Konfliktes hin:
"Washington applied military assistance as a functionally focused, reactive instrument to deter aggression, resolve local conflicts, influence regiontal politics, generate economic growth in recipients and in the United States, maintain alliances, sustain miliary readiness and promote American values. Washington used military assistance to reduce the need to commit U.S. forces by increasing recipients' military capabilities."
(*Mott,* United States military assistance, no. 218, 19.)

Vorausschauende inhaltlich-militärstrategische Beratung:

Militärstrategie als jene aktive Beitragsleistung des Generalstabes direkt an den Bundeminister für Landesverteidigung bzw. indirekt an politische Verantwortungsträger gerichtet, sollte – gemäß den Vorstellungen von Clausewitz – machbare militärstrategische Optionen erarbeiten und vorschlagen.[161] Auch hier sollte das Denken in verschiedenen Handlungsoptionen mit den dazugehörenden sicherheitspolitischen Risiken im Vordergrund stehen, um der inhaltlich-militärstrategischen Beratungsfunktion an der Schnittstelle zwischen Politik und militärischer Umsetzung nachzukommen. Dadurch können Streitkräfte ihren Beitrag zu einer effizienten gesamtstaatlichen Verwirklichung der außenpolitischen Ziele Österreichs leisten, da in kontextualisierter Art und Weise die konkreten Möglichkeiten des Instruments Militär eingebracht werden. Nicht "ob" (Aufgabe der Politik) sondern "wozu" und "wie" Streitkräfte, die Gesamtsituation berücksichtigend, eingesetzt werden und welchen Beitrag diese leisten können, steht im Zentrum der inhaltlich-militärstrategischen Beratung.

Das hiezu zur Verfügung stehende Hilfsmittel des Bundesministeriums für Landesverteidigung ist das sogenannte "militärstrategische Führungsverfahren", welches den prozessualen Ablauf von der ersten Idee der Beteiligung österreichischer Streitkräfte im Rahmen des internationalen Krisenmanagements, über die Planungs-, Formierungs-, Entsende- und Rückholweisung bis hin zu einem institutionalisierten "Lessons identified / Lessons learned Prozess" beinhaltet. Bei genauerer Betrachtung des "militärstrategischen Führungsverfahrens" lässt sich dieses in die bereits oben angesprochenen

---

[161] Demzufolge obliegt es dem Generalstab, die inhaltlich-militärstrategische Ebene mit Fachexpertise auszufüllen, so dass die Schnittstellenfunktion zwischen Politik und Militär umfassend (in beide Richtungen) wahrgenommen wird. Eine Beobachtung der heutigen Militärwirklichkeit widerspricht in Teilen diesem Anspruch, indem sich Militärs oftmals auf die rein taktische und operative Führungsebene beschränken. Ein US Artikel, der am weit verbreiteten Strategiemodell (Ends, Ways, Means and Risk) von Arthur F. Lykke Kritik übt, da das angeführte Modell die vorherrschenden politischen Realitäten zu sehr vereinfacht, stellt zum Thema "strategisches Denken" auf Seiten des Militärs folgendes fest:
"With this understanding, strategy practitioners recognize the military frequently does not want to address problems outside its expertise, even though its capabilities and capacities often result in it being tasked to 'do something'." (*Gregory D. Miller, Chris Rogers, Francis J. H. Park*, On Strategy as Ends, Ways and Means,ssi.armywarcollege.edu/pubs/parameters/issues/Spring_2017/15_DialogueOnStrategy.pdf (abgefragt am 10. 11. 2017)
Darüber hinaus weist Millotat in seiner Abhandlung über das "preussisch-deutsche Generalstabssystem" darauf hin, dass es die vornehme Pflicht von Generalstabsoffizieren ist, ihre Vorgesetzten zu beraten und, wo nötig, zur Entscheidung zu drängen (Vgl. *Millotat, Christian E. O*, Das preussisch-deutsche Generalstabssystem, Strategie und Konfliktforschung (2000) 68.).

zwei substantiellen Kernfragen unterteilen. Zunächst fokussiert der Prozess auf den Zweck (die "wozu" Frage ist hierbei zu stellen) einer möglichen österreichischen Beteiligung von Streitkräften, die wiederum anteilsmäßig als inhaltlich-militärstrategischer Input des politischen Entscheidungsfindungsprozesses anzusehen ist. Erst in einem zweiten Schritt befasst sich das "militärstrategische Führungsverfahren" mit konkreten Ausplanungen militärstrategischer Optionen (hierbei steht das "wie" des Einsatzes im Fokus). Auf Grund des Umstandes, dass Entscheidungsfindungsprozesse sich meist an den Bedürfnissen des Regelbetriebes orientieren, entsprechen sie den Grundprinzipien des Einliniensystems. Nachteile ergeben sich hierbei aus geringen Reaktionsgeschwindigkeiten auf Grund der Vielzahl der eingebundenen Personen und Elementen.[162] Die derzeitig vorherrschende sicherheitspolitische Situation innerhalb des Interessensbereiches der Europäischen Union kombiniert mit dem österreichischen außenpolitischen Ambitionsniveau macht es jedoch unverzichtbar, militärstrategische Entscheidungsfindungsprozesse (und hier im Speziellen die "wozu" Frage) so kurz wie möglich zu halten, um die eigene Handlungsfreiheit innerhalb des "sicherheitspolitischen Aktionsfenster" zu wahren und andererseits genügend Zeit für eine umfassende *Kulturraumanalyse* als Basis eines nachhaltigen Military Assistance Einsatzes zu erhalten. Organisatorisch müssten diese beiden inhaltlich unterschiedlichen Stränge des "militärstrategischen Führungsverfahrens" ebenfalls voneinander getrennt werden. Auf der einen Seite wird ein kleines Element benötigt, das möglichst nahe am militärstrategischen Entscheidungsträger angesiedelt ist und dem Prinzip der Auftragstaktik folgend den Zweck einer möglichen österreichischen Beteiligung von Streitkräften festlegt.[163] Andererseits bedarf es eines zweiten Elements, das nachgestaffelt gerade in Bezug auf Military Assistance Aufgaben als Beitragsleister im Rahmen der Ausplanung der militärstrategischen Option dient. Ziel sollte dabei sein, den möglichen Einsatzraum so umfassend wie möglich unter Beiziehung von Experten (Geschichtswissenschaften, Wirtschaftswissenschaften, Sozialwissenschaften, Rechtswissenschaften, Philosophie, Religionswissenschaften, ...) zu beleuchten, um den Ansprüchen des *comprehensive environment* gerecht zu werden.

---

[162] Vgl. *Vorhofer/Hofer*, Österreichische Militärische Zeitschrift, Heft 2/2016 2016, 193.

[163] Die Forderung nach einem anpassungsfähigen, flexiblen und innovativ agierenden Beratungs- und Entscheidungselement liegt ganz im Trend aktueller ziviler Führungsorganisationen. So heißt es im aus dem Jahr 2014 stammenden CEO-Report unter anderem:
"Being adaptable, resilient, flexible, and above all ready is the new normal."
(Heidrick & Struggles, Embracing the paradoxes of leadership and the power of doubt (2014) 5.)

Dabei kann die Idee einer *Comprehensive Planning Group*[164] (hauptverantwortlich für die Ausplanung der militärstrategischen Option) bzw. eines *Ethikrates*[165] (hauptverantwortlich in der Festlegung des Zwecks einer möglichen österreichischen Beteiligung von Streitkräften) weiter verfolgt werden, um möglichst viele Einflussfaktoren, die außerhalb des militärischen Kernbereiches liegen, dennoch zu berücksichtigen und dadurch den vor Ort eingesetzten Spezialeinsatzkräften eine möglichst umfassende Analyse des vorherrschenden Kulturraumes zu liefern.

Ein weiteres Indiz für die immer wichtiger und komplexer werdende Frage nach dem "wie" des Einsatzes beschreibt die sicherheitspolitische Entwicklung der letzten 15 Jahre in Deutschland. Vor allem der Druck der Alliierten im Rahmen des International Security Assistance Force (ISAF) Einsatzes in Afghanistan auf Deutschland beschleunigte innenpolitisch die Debatte um die neue Rolle in der internationalen Sicherheitspolitik. Dabei wurde die "ob" Frage durch die Kanzler Kohl bis Merkel und durch die Verteidigungsminister Rühe bis von der Leyen durch eine schrittweise Gewöhnung der Öffentlichkeit an die neuen militärischen Aufgaben beantwortet.[166]

Diese schleichende Gewöhnung der Öffentlichkeit an neuartige Wege innerhalb der Sicherheitspolitik läßt sich konkret an folgendem Umstand festmachen: Der zunächst als humanitäre Stabilisierungsmission bezeichnete Afghanistan-Einsatz der Deutschen Bundeswehr erreichte das erste Mal am 4. September 2009 durch den Luftschlag von Kundus seinen ersten Wendepunkt in der öffentlichen Wahrnehmung.[167] Letztendlich kam die stetig aktiver werdende Außenpolitik Deutschlands im Mai 2010 durch ein Inter-

---

164 Vgl. *Hofer,* Die Bedeutung der geschichtlichen Entwicklung für ein umfassendes Konfliktverständnis am Beispiel des Libanon unter besonderer Berücksichtigung der Kohlenwasserstoffe., 388-389.

165 Die Rolle eines solchen Ethikrates, bei dem es sich im Kern um ausgewählte Experten der Wissenschaft, der Zivilgesellschaft und des Militärs handelt, könnte sich im strategischen Entscheidungsfindungsprozess wie folgt darstellen: Der kritische Diskurs auf möglichst breiter Basis und die zugleich interdisziplinäre Herangehensweise an vernünftige, jedoch vordergründig vielleicht unpopulär erscheinende Maßnahmen birgt in sich die Möglichkeit, sicherheitspolitische Zwecke und deren Möglichkeiten zur konkreten Umsetzung an den Bundesminister heranzutragen. Dieser durchaus auch höchst kontroversiell geführter Diskurs innerhalb des Ethikrates zu heiklen sicherheitspolitischen Themenbereichen ermöglicht eine äußerst umfassende Beleuchtung der Thematik, die letztendlich nach vernünftigen Lösungen strebt. Der große Vorteil eines solchen Ethikrates liegt neben dem dialektischen Lösungszugang sicherlich in der Möglichkeit des jeweiligen politischen Verantwortungsträgers, seine Position mit Verweis auf die Ergebnisse des Ethikrates zu untermauern.

166 Vgl. *Böckenförde,* Deutsche Sicherheitspolitik, Bd. 8388 (2012) 132.

167 Vgl. *Böckenförde,* Deutsche Sicherheitspolitik, Bd. 8388 (2012) 133.

view mit Bundespräsident Köhler zum Ausdruck; dieses wurde durchaus kritisch kommentiert und führte schließlich zu seinem Rücktritt.[168]

Jedoch zeigt sich in der Retrospektive, dass gerade der Afghanistan-Einsatz nicht nur für Deutschland, sondern für eine Vielzahl der europäischen Staaten, gut 20 Jahre nach Ende des "Kalten Krieges", zu einer Neupositionierung der internationalen Sicherheitsbemühungen führte:

> *"In the twenty-first century, mass armies dedicated to national territorial defence against the forces of other states are being replaced by smaller, professionalised forces which are increasingly engaged in global stabilisation missions. This move to the Hindu Kush, geographically and conceptually, is central to any account of contemporary European military transformation."*[169]

Diese Beispiele zeigen den zu Beginn der 2000er Jahre einsetzenden Trend in Richtung Multilateralismus und aktivem Engagement und militärischer Beitragsleistung europäischer Staaten bei der Durchsetzung außenpolitischer Interessen. Dabei zeigt sich, dass die von der Politik zu beantwortende "ob" Frage meist im europäischen Verbund beantwortet wird, und die einzelnen Streitkräfte Konzepte ihrer nationalen Beitragsleistung im Rahmen ihrer Verbündeten zu entwickeln haben.

Das Hervorheben der Bedeutung und des gegenwärtigen Bedarfs von Spezialeinsatzkräften (Military Assistance) im Rahmen des internationalen sicherheitspolitischen Krisenmanagements zeigt sich nicht nur an den verschiedenen von der Europäischen Union geführten Trainingsmissionen in Afrika, sondern lässt sich auch wie folgt ableiten: Auf der einen Seite wurde Military Assistance am Beispiel der USA[170] seit jeher als durchsetzungsstar-

---

[168] Im Rahmen der Rückreise Horst Köhlers von einem Truppenbesuch in Afghanistan erklärte er:
"Meine Einschätzung ist aber, dass insgesamt wir auf dem Wege sind, doch auch in der Breite der Gesellschaft zu verstehen, dass ein Land unserer Größe mit dieser Außenhandelsorientierung und damit auch Außenhandelsabhängigkeit auch wissen muss, dass im Zweifel, im Notfall auch militärischer Einsatz notwendig ist, um unsere Interessen zu wahren, zum Beispiel freie Handelswege, zum Beispiel ganz regionale Instabilitäten zu verhindern, die mit Sicherheit dann auch auf unsere Chancen zurückschlagen negativ durch Handel, Arbeitsplätze und Einkommen."
(Köhler, Horst in: Zeit online, Militäreinsatz für deutsche Wirtschaftinteressen? <http://www.zeit.de/politik/deutschland/2010-05/koehler-bundeswehr-wirtschaft-2> (abgefragt am 7. 12. 2015))

[169] *King*, The transformation of Europe's armed forces (2011) 5.

[170] Gerade am Beispiel der USA nach dem Zweiten Weltkrieg in der Weiterentwicklung der geostrategischen Theorie Halford Mackinders durch Dean Achesons (Containment-Doktrin), Henry Kissinger bzw. Zbigniew Brzezinski (The Grand Chessboard) zeigte sich eindrucksvoll der äußerst hoch einzustufende außenpolitische Wert von zahlreichen langandauernden Military Assistance Einsätzen der US Streitkräfte im mittelbaren Nahbereich der Sowjetunion und Chinas.

kes, nachhaltiges politisches Instrument im Rahmen einer Gesamtstrategie gesehen, die Eskalation militärischer Konflikte zu verhindern, lokale Auseinandersetzungen zu lösen, politische Strömungen zu beeinflussen oder die wirtschaftliche Situation in bestimmten Regionen zu verbessern.[171] Auf der anderen Seite stellen Spezialeinsatzkräfte auf Grund ihrer Fähigkeiten, ihres Wesens und ihres Charakters jene Teilstreitkraft dar, die gerade im inhaltlich-militärstrategischen Kontext relativ einfach "anzupreisen" und vorzuschlagen ist:

> *"SOF are optimized for providing the preminent military contribution to a national political warfare capability because of their inherent proficiency in low-visibility, small-footprint and politically sensitive operations."*[172]

Unter dem Kapitelnamen *"The Force of Choice: Special Operations Forces"* wird in einer Publikation über die menschliche und kulturelle Dimension von Spezialeinsatzkräften diesem Umstand Rechnung getragen. Dabei kommt die Autorin zum Schluss, dass gerade Einsätze, bei denen die direkte Interaktion zwischen Soldaten verschiedenster Kulturräume (*human dimension*) vorrangig ist, Spezialeinsatzkräfte die am besten geeignetste Teilstreitkraft darstellen.[173] Eine treffende Überleitung vom hohen militärischen Wert von Spezialeinsatzkräften für die strategisch/politische Ebene zu einer zweiten Kernforderung, nämlich der Interoperabilität moderner Streitkräfte bildet nachstehendes Zitat aus einer britischen Publikation über den strategischen Wandel europäischer Streitkräfte:

> *"[...] States are concentrating their military power into a selected core of specialised professional forces. At the same time, in order to conduct current operations, European militaries have been forced to co-operate with each other even more closely. European forces are now developing transnational relations at even lower levels which would have been inconceivable during the Cold War."*[174]

Interoperabilität der österreichischen Spezialeinsatzkräfte in sämtlichen Teilbereichen der Einsatzart Military Assistance:

Diese zunächst banal klingende und auf der Hand liegende Forderung nach Interoperabilität[175] der österreichischen Spezialeinsatzkräfte sollte jedoch in

---

171 Vgl. *Mott,* United States military assistance, no. 218, 1-19.

172 *Votel,* Unconventional Warfare in the Gray Zone, Joint Force Quarterly 2016 (102.)

173 *Spencer*, Solving the people puzzle (2010) 30.

174 *King,* The transformation of Europe's armed forces, 45.

175 Ein wesentliches Element zur stetigen Weiterentwicklung der Interoperabilität der österreichischen Streitkräfte stellt der "Planning and Review Process" der NATO dar. Dieser Prozess wurde bereits im Jahr 1995 im Rahmen der NATO "Partnership for Peace" Initiative installiert und ist gerade für Nicht-NATO Vollmitglieder ein entscheidendes Element in

der öffentlichen Diskussion mehr Raum einnehmen, um das Bewusstsein der Bevölkerung und der verantwortlichen Politiker zu schärfen, dass die einseitige, rein nationale Verfügbarkeit von Streitkräften zur österreichischen Interessensvertretung gegenüber Regionen des außenpolitischen Fokus nicht möglich ist. Europaweit sind autonome Militäroperationen nur in einem sehr begrenzten Umfang machbar und daher generell immer schwerer vorstellbar. Dem nationalstaatlichen Gebrauch des Militärs zur Durchsetzung der eigenen außenpolitischen Interessen durch einzelne Regierungen sind immer engere Grenzen gesetzt.[176] Ganz im Gegenteil, der Vertrag von Lissabon und damit einhergehend eine stärkere Personalisierung der Europäischen Union durch die Ämter des Ratspräsidenten oder der Hohen Vertreterin für die Außen- und Sicherheitspolitik war ein erster Schritt zur Stärkung einer europäisch- (multilateral) ausgerichteten Außen- und Sicherheitspolitik. Mit der bloßen Implementierung von Organisationsformen in Brüssel, die der Europäischen Union eine Stimme nach außen geben sollen bzw. der Unterzeichnung neuer Vertragstexte ist es jedoch bei weitem nicht getan. Vielmehr muss Europa seinen Einwohnern als europäische Sicherheitsarchitektur näher gebracht werden, die auch in der Lage sein muss, im Anlassfall europäische Interessen mit dem Instrument des Militärs durchzusetzen. Hier schließt sich auch wieder der Kreis zur Forderung nach Interoperabilität der österreichischen Spezialeinsatzkräfte unter anderem für die Einsatzart Military Assistance, um den *"Kardinaltugenden in effektiven multilateralen Arrangements"*[177], nämlich der Leistungsfähigkeit und Zuverlässigkeit entsprechen zu können.

---

deren Fähigkeitsentwicklungen, um in künftigen internationalen militärischen Einsätzen kooperieren zu können.

[176] Vgl. *Böckenförde,* Deutsche Sicherheitspolitik, Bd. 8388 (2012) 123-124.

[177] *Böckenförde,* Deutsche Sicherheitspolitik, Bd. 8388 (2012) 419.

3.3 Sicherheitspolitischer Nutzen durch Military Assistance

> *"Also noch einmal: der Krieg ist ein Instrument der Politik, er muss notwendig ihren Charakter tragen, er muss mit ihrem Maße messen; die Führung des Krieges in seinen Hauptumrissen ist daher die Politik selbst, welche die Feder mit dem Degen vertauscht, aber darum nicht aufgehört hat, nach ihren eigenen Gesetzen zu denken."*[178]

Welche über die Jahrhunderte noch immer gültigen Inhalte kann man diesem Zitat von Clausewitz entnehmen? Die dahinter stehende zu berücksichtigende Bedeutung deutet dreierlei an:

Zunächst das Primat der Politik, weiters die Pflicht des strategischen Denkens - dies bedeutet der politischen Willensbildung zuzuarbeiten und zu guter Letzt das Phänomen des Kriegs als Instrument der Politik.

Da die ersten beiden Bedeutungen im wissenschaftlich-strategischem Diskurs in den meisten Fällen unumstritten sind, erwächst ein direkter Mehrwert aus der kritischen Auseinandersetzung mit der Feststellung "Krieg als Instrument der Politik". Die Frage nach dem politischen Nutzen durch Military Assistance, gerade unter Berücksichtigung der Entwicklung von bewaffneten Konflikten im Übergang vom 20. zum 21. Jahrhundert, stellt das zentrale Element innerhalb der sicherheitspolitischen Diskussion dar, um im Sinne einer *"vorwärtsgerichteten Resilienzstrategie"*[179] Österreichs wirksam

---

[178] *Clausewitz*, Vom Kriege (2000) 690.

[179] Im allgemeinen Empfehlungsteil der Österreichischen Sicherheitsstrategie heißt es:
"Erarbeitung eines gesamtstaatlichen Konzepts zur Steigerung der Resilienz Österreichs (Wiederherstellung der Funktionsfähigkeit von Staat und Gesellschaft nach Krisen) sowie zum Schutz kritischer Infrastrukturen."
(*Bundeskanzleramt Österreich*, Österreichische Sicherheitsstrategie, 17.)
Resilienz wird dabei als die Fähigkeit einer Organisation bzw. Staates gesehen, Krisen zu überwinden und dabei die Wirkungsfähigkeit aufrecht zu erhalten bzw. im Idealfall sogar zu verbessern. Variabilität und Widerstandsfähigkeit stellen dabei die beiden Kernforderungen dar, die resiliente Organisationen auszeichnen. Der Vergleich mit der zentralen Erkenntnis der Kybernetik (ausformuliert in Ashby's Law: Nur variablere Systeme als die variable Umwelt bleiben handlungsfähig) verdeutlicht einerseits, dass Resilienz in einer Formel verpackt die Summe von Robustheit und Agilität ergibt, und andererseits Resilienzdenken immer auch etwas mit Strategiedenken zu tun hat. Messgrößen des österreichischen Resilienzverständnisses (Hochwasser, Lawinenverschüttungen, Waldbrand, ...) sind durchwegs nach innen, rein auf Österreich bezogen. Dies täuscht hingegen über aktuelle und künftige Bedrohungsmuster hinweg, da existentielle Bedrohungen wie zum Beispiel die Terrorgefahr, transnational und immanent in Europa vorherrschen. Daher darf Resilienz nicht ausschließlich nach innen

zu werden. Normativ ergibt sich die politische Dimension bereits dadurch, dass Spezialeinsatzkräfte ein Wirkmittel neben Militärdiplomatie, Informationsoperationen, Luftstreitkräften und Landstreitkräften innerhalb des Resilienzschildes darstellen. Um jedoch den sicherheitspolitischen Mehrwert von Military Assistance Einsätzen beurteilen zu können, erscheint es sinnvoll, die militärstrategische Zielsetzung solch gearteter Operationen mit der Realitätswelt gegenwärtiger bewaffneter Konflikte zu spiegeln.

Gerade das 20. Jahrhundert ist Ausdruck für den globalen Wandel und die Änderung der Charakteristik von bewaffneten Konflikten. Durchaus widersprüchliche Zitate drücken diese rapide Änderung des Konflikt- und Kriegsgeschehens aus:

Bezeichnungen wie *"Jahrhundert der Massaker und Kriege"* (Renè Dumont) bzw. *"das gewalttätigste Jahrhundert der Menschheitsgeschichte"* (William Golding) stehen Ausdrücke wie *"Jahrhundert des wissenschaftlichen Fortschritts"* (Severo Ochoa) bzw. *"Sieg der Ideale von Gerechtigkeit und Gleichheit"* (Leo Valiani) gegenüber.[180]

Eine differenzierte Betrachtung der kriegerischen Auseinandersetzungen des 20. Jahrhunderts zeigt, dass bis zum Ende des Zweiten Weltkrieges "Krieg" ein zulässiges Mittel der internationalen Sicherheitspolitik darstellte.[181] Mit der Gründung der Vereinten Nationen am 25. April 1945 in San Francisco und damit einhergehend der Verfestigung des Gedankens der *"Erhaltung des Weltfriedens und der internationalen Sicherheit"* (Artikel 1(1) UN-Charta)[182] kam es zu einer zunehmenden Verrechtlichung bewaffneter Konflikte. Dadurch wurde der Übergang vor allem in westlichen Demokratien von der *traditionellen nationalstaatlichen Machtpolitik* hin zur *kooperativen Verhandlungspolitiker* möglicht.[183] Der Kosovo-Krieg 1998/1999[184], die Ukraine-Krise seit 2014 und

---

betrachtet werden, sondern muss den mannigfaltigen Bedrohungsszenarien, die von außen kommen, gerecht werden. Abgeleitet davon halten Vorhofer und Hofer fest, dass im sicherheitspolitischen Bereich von einer vorwärtsgerichteten Resilienz, die auch außerhalb Österreichs in Krisenräumen wirksam werden muss, auszugehen ist. Zur Verdeutlichung dieses Umstandes entwickelten die beiden den sogenannten Resilienzschild, der ähnlich einer Zwiebelschale Österreich umhüllt und bei entsprechender gesamtstaatlicher Beitragsleistung gegenüber einer Vielzahl der Bedrohungen optimalen Schutz liefert. Vier Schichten bilden den Resilienzschild: Informations- und Wirkungsring, äußerer Ring, innerer Ring und das nahe Umfeld mit seinen regionalen Kooperationen. Aus militärischer Sicht sind fünf Fähigkeitsträger (Informationsoperationen, Militärdiplomatie, Spezialeinsatzkräfte, Luftstreitkräfte und Landstreitkräfte) samt deren Einsatzbereichen dem Resilienzschild zugeordnet (Vgl. *Vorhofer/Hofer*, Österreichische Militärische Zeitschrift, Heft 2/2016 2016, 189-191.).

[180] Vgl. *Hobsbawm*, Das Zeitalter der Extreme[7], Dtv-Taschenbücher, Bd. 30657 (2004) 15-20.

[181] Vgl. *Voigt*, Krieg, Instrument der Politik?[1] (2002) 25.

[182]*Beham/Fink/Janik*, Völkerrecht verstehen (2015) 122-125.

[183] Vgl. Pfetsch, Frank R. in: *Voigt*, Krieg, Instrument der Politik? 235.

die Terroranschläge in Paris 2015 sind neuartige Erscheinungsformen kriegerischer Auseinandersetzungen im Herzen bzw. an der Peripherie Europas, die nicht nur kontroversiell diskutiert werden, sondern auch aktuell vor Augen führen, dass sich vorherrschende Machtverhältnissse und damit einhergehend die internationale Sicherheitspolitik im Wandel befinden.

Gerade am Modell des "zivilisatorischen Hexagons" in Verbindung mit dem "sicherheitspolitischen Aktionsfenster" zeigt sich, dass der große Nutzen der Einsatzart Military Assistance in seinem präventiven, das Gewaltmonopol des Staates unterstützenden Charakter liegt. Dabei müsste aber zumindest der richtige Zeitpunkt der Operation gewährleistet werden, um den *"Wendepunkt im Kräfteerfordernis"*[185] nicht zu versäumen und dadurch im "konventionellen Reaktionsfenster" zu landen.

Der politische Wille zum frühzeitigen Einsatz von Spezialeinsatzkräften stellt aus mehreren Gründen die Kernforderung eines erfolgsversprechenden Military Assistance Einsatzes dar:

Das Operieren in einem mehr oder weniger funktionierenden Staat ermöglicht die gesamte Bandbreite der Ausbildungsunterstützung einer fremden Streitkraft ohne Feindeinwirkung. Darüber hinaus kann gewährleistet werden, dass im Sinne des "comprehensive approach" auch andere Akteure des staatlichen, wirtschaftlichen und zivilen Lebens ihren Beitrag zu einer Zivilisierung des Zusammenlebens der zu unterstützenden Gesellschaft gemäß Senghaas beitragen. Außenpolitisches Engagement, aber ebenso nationale Resilienzvorsorge aus dem Blickwinkel machtpolitischer Ambitionen kann unter der Prämisse von "Kooperationsvektoren" verstanden werden. Dabei stellen diese "Kooperationsvektoren" Wertschöpfungsketten für künftige Entwicklungen dar. Je länger diese Vektoren sind und je mehr sie Bedrohungen und Herausforderungen berücksichtigen, desto höher ist ihr Wert im Rahmen der nationalen Resilienzvorsorge. Um diese Idee einer nationalen Resilienzvorsorge gerade in einer Zeit der unsicheren geopolitischen Lage bzw. des transnationalen Terrorismus aus österreichischer Sicht weiter zu verfolgen, muss zunächst die Frage "Sicherheitswille" versus "Sicherheitswunsch" beantwortet werden. In Anlehnung an Kants Kriterium mora-

---

[184] Der Kosovo-Krieg stellt dahingehend eine Zäsur dar, da er ohne UN-Mandat geführt wurde, hingegen oftmals seine moralische Qualität herausgestrichen und betont wird. Vor allem Jürgen Habermas argumentierte in Richtung einer moralischen Legitimität der Intervention der NATO, die aus seiner Sicht in letzter Konsequenz zu einer völkerrechtlichen Legitimität führte. Darüber hinaus charakterisierte Habermas den Kosovo-Krieg als *"Sprung auf dem Wege des klassischen Völkerrechts der Staaten zum kosmopolitischen Recht einer Weltbürgergesellschaft" (Habermas, Bestialität und Humanität, Die Zeit 1999).*

[185] *Vorhofer/Hofer*, Österreichische Militärische Zeitschrift, Heft 2/2016 2016, 192.

lischen Handelns, "dem guten Willen", sollte auch in Österreich verantwortungsvolle und weitsichtige Sicherheitspolitik im "Sicherheitswillen" (kantianisch gedacht) gipfeln. Bereits im ersten Satz "Grundlegung zur Metaphysik der Sitten" stellt Immanuel Kant die These auf:

"Es ist überall nichts in der Welt, ja überhaupt auch außer derselben zu denken möglich, was ohne Einschränkung für gut könnte gehalten werden, als allein ein guter Wille."[186]

Im weiteren Verlauf der Ausführungen merkt er an, dass *"der gute Wille das höchste Gut sei."*[187] Daraus ergibt sich bereits der fundamentale Unterschied zum reinen Wunschgedanken, der sich als blass, phantasielos und passiv darstellen lässt. Beim Übereinanderlegen beider Begrifflichkeiten ergibt sich gemäß Kant das folgende Bild: Der Wille (Sicherheitswille) ist dann gut, wenn der Wunsch mit aller Kraft (mit allen gebotenen Mitteln) verfolgt wird. Bleibt nur mehr eine Frage offen – reicht wirklich der Einsatz aller verfügbaren Kräfte, auch wenn mit diesen im Vorfeld verantwortungslos umgegangen wurde? Die Antwort auf diese Frage kann nur mit "nein" beantwortet werden, da vernunftbasiertes Denken und Handeln den verantwortungsvollen Umgang mit Kräften der unmittelbaren staatlichen Sicherheitsvorsorge beinhaltet.

Die weiter gefasste, europäische Dimension des politischen Nutzens von Military Assistance ergibt sich aus der Wirtschafts-, Politik- und vor allem auch der Sicherheitsgemeinschaft der Europäischen Union. Zumindest seit den Anschlägen vom 13. November 2015 in Paris gelangen für viele Europäer zunächst abstrakt klingende Begrifflichkeiten wie der "Vertrag über die Europäische Union" ("Vertrag von Lissabon") mit seiner sogenannten "Solidaritätsklausel"[188] immer mehr ins Bewusstsein. Doch was alles Solidarität im sicherheitspolitischen Umfeld bedeuten kann – über diese Frage sind

---

186 *Kant,* Grundlegung zur Metaphysik der Sitten, Universal-Bibliothek, Bd. 4507 (2008) 18.

187 *Kant,* Grundlegung zur Metaphysik der Sitten, Bd. 4507, 22.

188 Innerhalb der Bestimmungen über die gemeinsame Außen- und Sicherheitspolitik des Vertrages über die Europäische Union heißt es in Artikel 42 Absatz 7:
"Im Falle eines bewaffneten Angriffs auf das Hoheitsgebiet eines Mitgliedstaats schulden die anderen Mitgliedstaaten ihm alle in ihrer Macht stehende Hilfe und Unterstützung, im Einklang mit Artikel 51 der Charta der Vereinten Nationen. Dies lässt den besonderen Charakter der Sicherheits-und Verteidigungspolitik bestimmter Mitgliedstaaten unberührt.
Die Verpflichtungen und die Zusammenarbeit in diesem Bereich bleiben im Einklang mit den im Rahmen der Nordatlantikvertrags-Organisation eingegangenen Verpflichtungen, die für die ihr angehörenden Staaten weiterhin das Fundament ihrer kollektiven Verteidigung und das Instrument für deren Verwirklichung ist."
(*Europäische Union*, Konsolidierte Fassung des Vertrags über die Europäische Union und des Vertrags über die Arbeitsweise der Europäischen Union (2010) C 83/39.)
Nach den Terroranschlägen von Paris im November 2015 machte der französische Präsident auch erstmals von diesem Artikel Gebrauch und fragte bei den einzelnen Mitgliedsstaaten um Unterstützung beim Kampf gegen den transnationalen Terrorismus an.

sich die 28 Mitgliedsstaaten der Europäischen Union, gerade in Anbetracht der 70-jährigen Friedenszeit am europäischen Kontinent, uneins. Der Prozess einer Neuausrichtung der europäischen Sicherheitsdimension und die Anpassung an geänderte Bedrohungsmuster steckt gerade in den Kinderschuhen. Klar ist, dass den Bedrohungsszenarien der Zukunft nur durch einen weiteren gemeinsamen Schritt erfolgreich begegnet werden kann, der den sicherheitspolitischen Vorstellungen der 2000er Jahre an Initiative und proaktivem Engagement überlegen ist. Noch im Jahr 2007 stellte der damalige Deputy Supreme Allied Commander Europe, General Sir John Reith, fest:

> *"The EU has no real appetite for combat; it is not structured for it. The EU is better at dealing with the next level down: beyond the combat phase providing assistance in order to accelerate reconstruction. The EU can come in with military capabilities to provide a safe and secure environment. It can guarantee security with police missions. We need the rule of law. We need to train the police. In Bosnia, its judical and penal system needed reform. The advantage of the EU is that you also have the political and economic power of the EU. Linking with police and law and order and the military: the BiH operation is probably the best example of this co-ordinated approach."* [189]

Die neuesten Entwicklungen im Nahen- und Mittleren Osten (Syrien, Irak, Afghanistan, ...), aber auch die sicherheitspolitischen Entwicklungen in Afrika (Mali, Somalia, ...) zeigen immer deutlicher den wichtigen Stellenwert von Military Assistance Operationen in beinahe jeder Phase der Einsatzführung:

Das Einsatzportfolio reicht von der stabilisierenden Präventivmaßnahme bis zur post-war Begleitung befreundeter Streitkräfte. Lässt man die tiefe Betroffenheit vieler europäischer Bürger unmittelbar nach den Terroranschlägen außer Acht und versucht zentrale europäische Wertefragen, wie die Frage nach Gerechtigkeit und Solidarität im Lichte vorab zu reflektieren, kann man zu nachstehenden Überlegungen kommen:

> *"Die Werte, auf die sich die Union gründet, sind die Achtung der Menschenwürde, Freiheit, Demokratie, Gleichheit, Rechtsstaatlichkeit und die Wahrung der Menschenrechte einschließlich der Rechte der Personen, die Minderheiten angehören. Diese Werte sind allen Mitgliedsstaaten in einer Gesellschaft gemeinsam, die sich durch Pluralismus, Nichtdiskriminierung, Toleranz, Gerechtigkeit, Solidarität und die Gleichheit von Frauen und Männern auszeichnet."* [190]

---

[189] *King*, The transformation of Europe's armed forces, 62.

[190] Artikel I-2, Die Werte der Union in: *Prange*, Werte (2006) 731-732.

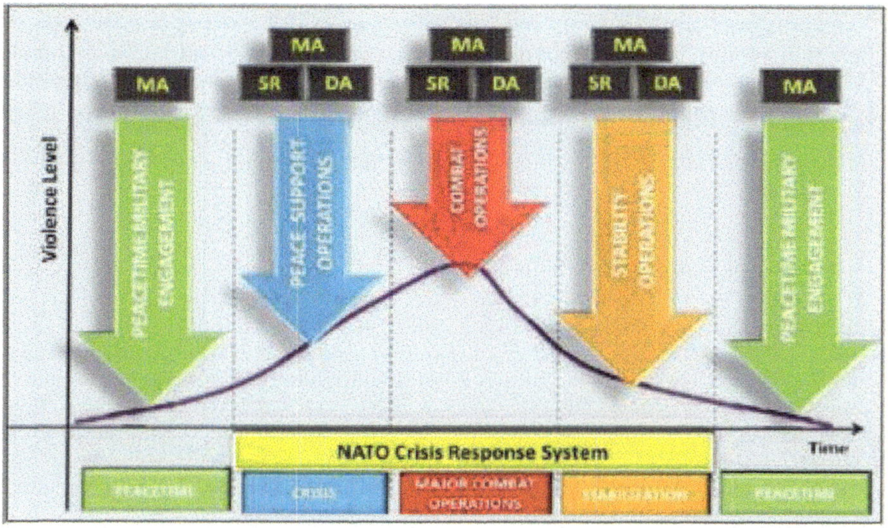

Einsatzmöglichkeiten von Spezialeinsatzkräften während Krisen[191]

Gerechtigkeit und Solidarität, diese seien exemplarisch näher angesprochen, stellen auf den ersten Blick zwei elementare Eckpfeiler europäischen Denkens dar, die in den meisten Fällen reflexionsfrei übernommen werden, ohne dass man deren tiefere Bedeutung ergründet. Ein Grund dafür liegt sicherlich in der tradierten Übernahme der Begrifflichkeiten[192], ein anderer Grund wiederum liegt womöglich in der seit 1945 herrschenden und so noch nie dagewesenen langanhaltenden Friedenssituation in Mitteleuropa. Doch in Zeiten sinkender Wirtschaftsleistungen, Währungskrisen, Terrorismus, neuartiger hybrider Bedrohungen an der Peripherie und eines kaum vorstellbaren Flüchtlingsaufkommens aus dem Nahen- und Mittleren Osten sowie Afrika in Richtung Europa eröffnet sich ein anderer Blickwinkel auf klassische europäische Wertbegriffe wie Gerechtigkeit und Solidarität. Bereits im Jahr 2006 wies Peter Koller darauf hin, dass das derzeit bestehende System des Völkerrechts Ungleichheiten fördert. Er argumentierte dieses Postulat einer nicht existierenden globalen Gerechtigkeit an Hand dreier Elemente: Faire Märkte, internationale politische Gerechtigkeit und globale

---

[191]*Holmstrom,* SOF Military Assistance, 9.

[192]Gerechtigkeit als Beispiel wurde bereits bei Aristoteles als wichtigste Tugend des politischen Lebens angepriesen (*MacIntyre*, Der Verlust der Tugend, Suhrkamp-Taschenbuch Wissenschaft, Bd. 1193 (1995) 325.).

Verteilungsgerechtigkeit.[193] Zieht man dazu noch die persönliche Betroffenheit (Euro- und Flüchtlingskrise, transnationaler Terrorismus) jedes Einzelnen ins Kalkül, gelangt man recht leicht – durch folgendes Wortspiel – zu der zentralen Frage transnationaler Solidarität:

Solidarität und Gerechtigkeit – Ist Solidarität gerecht? Wie gerecht ist Solidarität?

---

[193] Vgl. *Koller Peter*, Internationale Ordnung und globale Gerechtigkeit, Die politische Herausforderung des Kosmopolitismus (2006).
In der philosophischen Zeitschrift "Information Philosophie. Die Zeitschrift, die über Philosophie informiert" betrachtet Koller den Wertebegriff *Gerechtigkeit* kritisch. Ausgangspunkt seiner Fragestellung stellt die grundlegende Kontroverse dar, welche Gebote der Gerechtigkeit innerhalb der Beziehung zwischen den einzelnen Nationen und somit für die *globale Ordnung/Gerechtigkeit* ausschlaggebend seien. Koller führt vier grundlegende Arten der Gerechtigkeit an, die verschiedene elementare Sozialverhältnisse aufweisen und mit bestimmten Erfordernissen der Gerechtigkeit verbunden sind:
Tauschgerechtigkeit: Mit diesem Begriff werden Tauschverhältnisse beschrieben, bei denen sich zumindest zwei Personen durch freiwillige Übereinkunft zur wechselseitigen Übertragung bestimmter Güter bzw. Leistungen verpflichten. Dabei stellen Freiwilligkeit und Zwanglosigkeit die Voraussetzungen einer tauschgerechten vertraglichen Transaktion dar.
Politische Gerechtigkeit nimmt auf Herrschaftsverhältnisse Bezug, die immer dann vorhanden sind, wenn bestimmte Personen die Macht und Befugnis besitzen, über das Handeln oder die Handlungsumstände anderer verbindlich zu bestimmen, nötigenfallls mit Zwangsmaßnahmen. Da Herrschaft kein Selbstzweck ist, muss sie den nachstehenden beiden Zwecken dienen: Sicherung der legitimen Rechte von Menschen und die Ermöglichung allgemein nützlicher sozialer Kooperation. Herrschaft gilt immer nur dann als gerecht, wenn sie allgemeinen Regeln folgt, deren Einhaltung im Interesse aller Betroffenen liegt (unparteiisch).
Verteilungsgerechtigkeit: Die normative Grundannahme, die die Basis der Verteilungsgerechtigkeit ist, stellt die Gleichbehandlung dar: Alle Menschen werden als gleich angesehen. Dieser zunächst abstrakte Begriff dient in Verteilungsdebatten als Begründungsregel für alle ungleichen Verteilungen gemeinschaftlicher Güter und Lasten. Gründe, die geeignet sind um Ungleichheiten zu rechtfertigen, nehmen stets auf die Besonderheiten der Gemeinschaftsmitglieder Bezug: Beiträge, Leistungen und Verdienste; berechtigte Ansprüche und Erwartungen; Grundbedürfnisse, deren Berücksichtigung dem Zweck der Gemeinschaft entspricht.
Korrektive Gerechtigkeit basiert auf sozialen Konstellationen und wird immer dort schlagend, wo Personen gegen soziale Normen verstoßen bzw. ihre Pflichten gegenüber anderen verletzen. Um die soziale Ordnung wieder herzustellen, Vergehen zu ahnden oder Schäden wiedergutzumachen bedarf es zweierlei Maßstäbe der Gerechtigkeit: Wiedergutmachung von Unrecht durch die Entschädigung der in ihren Rechten verletzten Personen; Bestrafung von Verstößen gegen die öffentliche Ordnung.
Das derzeit bestehende internationale System erfüllt gemäß Koller nur in Teilbereichen den Anspruch *gerecht* zu sein. Mehr noch stellt er fest, dass das bestehende System des Völkerrechts Ungleichheiten fördert. Politische Reformen, die sich zum Ziel setzen, gegen diese Ungerechtigkeit anzukämpfen, können in drei Kategorien unterteilt werden: Maßnahmen zur Beseitigung der ungerechten Praktiken des internationalen Handels- und Kreditsystems; Maßnahmen zur Reform der globalen Wirtschaftsordnung; Maßnahmen zur Erneuerung der globalen politischen Ordnung.

Gerechtigkeit und Solidarität stellen ihrem Wesen nach zwei zueinander komplementäre Prinzipien dar. Der Anspruch der Gerechtigkeit ist es nämlich, die Möglichkeiten für eine gelingende Selbstverwirklichung egalitär sicher zu stellen. Die Bedeutung der Solidarität hingegen besteht darin, die gelingende Selbstverwirklichung aktiv zu unterstützen. Daher kann man sagen, dass Solidarität dazu beiträgt, die gemeinsamen Ziele in einer sozialen Welt zu verwirklichen.[194] Gerechtigkeit postuliert gleiche Rechte und gleiche Achtung für jeden Einzelnen, während Solidarität die Fürsorge für den anderen fordert. Jürgen Habermas bringt die tiefe Verankerung von Solidarität in das soziale Umfeld im Hier und Jetzt ein, die jedoch auch in die Zukunft projiziert werden kann (Zukunftsperspektive). Die zwischenmenschliche Verständigung, als Kern der Rationalität, wird als *"soziales Band"*[195] bezeichnet, das die Individuen miteinander verbindet. Diskurse und Reflexionen innerhalb der Primärgruppen der Zusammengehörigkeit führen zu einer stetigen Öffnung bis hin zu einer universalen Rechtsgemeinschaft, die für die Unversehrtheit aller sensibel ist. Dabei folgt Habermas Georg Herbert Meads, der die Wertorientierung der Menschen aus dem Verhaftetsein in einer konkreten Gemeinschaft hin zur Anerkennung des Universalisierungsprinzips beschreibt.[196] Das hierzu maßgebliche Prinzip der Perspektivenübernahme mündet in Solidarität mit einer idealen Kommunikationsgemeinschaft, die alle Menschen umfasst.[197] Dadurch wird das Universalisierungsprinzip, das bereits bei Kant in Fragen der Moral und des Rechts bestimmend war, kommunikativ umgesetzt. Dieses Prinzip realisiert sich in Diskursen aller Teilnehmer und gewährleistet dadurch, dass man sich auch in die Lage derer versetzt[198], die von der Ausführung einer problematischen Handlung oder der Implementierung einer problematischen Norm betroffen sind. Dadurch entsteht eine besondere Pflicht, zu der man sich zunächst diskursiv durchringen muss, die sogenannte "Solidaritätspflicht". Solidarität als *"der vielschichtige Kitt gesellschaftlichen Zusammenlebens"*[199] im Sinne einer kohäsiven Kraft meint zunächst die Tatsache menschlicher Verbundenheit und mitmenschlicher Schicksalsgemeinschaft. Wenn Menschen aufgrund

---

[194] Vgl. *Zürcher*, Transnationale Solidarität - Grundlage für ein soziales Europa (2000) 10.

[195] *Habermas*, Erläuterungen zur Diskursethik[1], Suhrkamp Taschenbuch Wissenschaft, Bd. 975 (1991) 72.

[196] *Joas/Mead*, Praktische Intersubjektivität[1], Suhrkamp-Taschenbuch Wissenschaft, Bd. 765 (1989) 133.

[197] Vgl. *Habermas*, Erläuterungen zur Diskursethik, Bd. 975, 157.

[198] Vgl. *Kant*: Was ist Aufklärung? Selbst denken – an Stelle eines jeden anderen denken – mit sich selbst konsquent denken.

[199] Prisching, Manfred in: Lessenich, Wohlfahrtsstaatliche Grundbegriffe, Theorie und Gesellschaft, Bd. 56 (2003) 157.

von Gemeinsamkeiten, Ähnlichkeiten oder wechselseitigen Abhängigkeiten entdecken, dass sie trotz vielfältiger Unterschiede dennoch ein „wir“ bilden, kann daraus ein Impuls zu solidarischem Handeln entstehen. Menschen, die sich solidarisch verbunden wissen, erkennen und verfolgen gemeinsame Interessen und verzichten auf eigennützige Vorteilssuche, wenn diese zu Lasten Dritter oder der Gemeinschaft geht.[200]

Demzufolge ist Solidarität immer dann gerecht, wenn sie sich vernünftig begründen lässt und das Resultat der diskursiven Interaktion von Individuen darstellt, die ein gesellschaftliches Ganzes ausmachen.

Ein verantwortungsvoller und zugleich vernünftiger Umgang der einzelnen Mitgliedsstaaten der Europäischen Union kann im Lichte von Gerechtigkeit und Solidarität, gerade in Zeiten der Krise, zu einer stärkeren Ausprägung und Betonung von "Solidaritätspflichten" führen. *"Du bist nicht allein"* – so könnte man den Begriff der Solidarität in aller Kürze fassen. Sie ist die Bereitschaft der Menschen, füreinander einzustehen und sich gegenseitig zu helfen. Solidarität schafft Macht zu Veränderung.[201] Auf Grund der mannigfaltigen Variationen, aber vor allem auf Grund der Möglichkeit, bereits präventiv nachhaltig wirksam zu werden, erscheint die Einsatzart Military Assistance als ein probates militärisches, aber wie bereits ausgeführt, auch politisches Instrument, innerhalb des europäischen Verbundes Österreichs Solidaritätsverpflichtungen nachzukommen.

3.4 Aufbereitung von Einsatzräumen – nachhaltig gedacht

"Alles Alte, soweit es Anspruch darauf hat, sollen wir lieben, aber für das Neue sollen wir recht eigentlich leben. Und vor allem sollen wir [...] den großen Zusammenhang der Dinge nie vergessen."[202]

Dieses Zitat aus Fontanes letztem Roman *"Der Stechlin"* verdeutlicht die Bedeutung des Verständnisses der großen Zusammenhänge im Allgemeinen und in Bezug auf die vorliegende Arbeit – tiefgreifendes Wissen über kulturelle Zusammenhänge von möglichen Einsatzräumen – im Speziellen. Ge-

---

[200] Vgl. *Kirchenamt der evangelischen Kirche in Deutschland*, Für eine Zukunft in Solidarität und Gerechtigkeit (1997) 48.

[201] Vgl. *Friedrich-Ebert Stiftung*, Die Grundwerteforen 2015: Freiheit, Gerechtigkeit, Solidarität, fes.de/de/die-grundwerteforen-2015/ (Stand 30. 11. 2015)

[202]*Fontane/Lehmann*, Der Stechlin, Hamburger Lesehefte, H. 215 (2005)

rade in Zeiten, in denen *"Sicherheitspolitik mit ständig wechselnden Formen einer Rationalisierung des Irrationalen zu rechnen hat"*[203], kommt der militärstrategischen Führungsebene eine verantwortungsvolle Aufgabe zu. Ein wirkungsvolles Denken, das sowohl in seiner Analyse, als auch in der darauffolgenden Tat einer neuen Art der Komplexität entsprechen sollte und schlussendlich seinen Niederschlag in der richtigen Einsatzraumaufbereitung findet, sollte organisatorisch innerhalb des Bundesministeriums für Landesverteidigung – unter Abstützung auf externe Experten – abgebildet sein.[204] Dazu ist gerade neben dem deutschen auch der österreichische Generalstab auf Grund seiner geschichtlichen Entwicklung, seiner Ausbildung und seines Selbstverständnisses prädestiniert – beruhend auf einem umfassenden Verständnis der verschiedenen Führungsebenen (beginnend mit der politisch-strategischen bis zur taktischen Dimension) - seiner Verpflichtung nachzukommen, Beratung in sämtlichen Belangen militärstrategischer Herausforderungen durchzuführen.[205]

Das nachstehende Kapitel (Military Assistance und ihre rechtsethischen Voraussetzungen) beschäftigt sich mit einer wirkungsvollen Implementierung einer *hermeneutischen Kulturraumanalyse* innerhalb des Österreichischen Bundesheeres, die den Gedanken von Clausewitz nämlich, dem Anspruch von Streitkräften als Mittel der Politik und deren Einbettung innerhalb des Staatsgefüges, folgt.[206]

Wie bereits dargelegt, verlangt die gegenwärtige und auch die künftige sicherheitspolitische Situation Europas vernünftige Konzepte zur Stabilisierung des Krisenbogens in unmittelbarer räumlicher Nähe des Unionsgebie-

---

[203] *Mittelstrass*, Wissenschaft und Militär (20. Oktober 2015) 4.

[204] Vgl. *Mittelstrass,* Wissenschaft und Militär, 9.

[205] Diese aktive Beratungsrolle des deutschen und österreichischen Generalstabsoffiziers läßt sich darüber hinaus auch durch dessen Wesen beschreiben: Millotat weist in seiner Abhandlung über das *Preußisch-Deutsche Generalstabssystem* auf jene Besonderheit der doppelten Funktion des Generalstabsoffiziers hin:

"Wie in anderen Armeen entlastet der Generalstabsoffizier seinen Truppenführer und Vorgesetzten in Ämtern, Kommandobehörden und im Ministerium auf allen Feldern der Stabsarbeit. Nach deutscher Auffassung liegt seine Hauptaufgabe aber darin, seinen Vorgesetzten in allen Angelegenheiten mit dem Recht auf Gehör zu beraten. Für die Sachgemäßheit seines Rates trägt der Generalstabsoffizier seinem Vorgesetzten gegenüber die volle Verantwortung. [...] Der Generalstabsoffizier berät sie kraft seines Amtes in allen Angelegenheiten und ist befugt, sie zur Entscheidung und Tat zu drängen. Der Vorgesetzte soll ihn anhören. Der Generalstabsoffizier hat die Pflicht, abweichendeAuffassungen vorzubringen."

(*Millotat, Christian E. O,* Das preussisch-deutsche Generalstabssystem, 26.)

Auf Grund dieser geschilderten Charakteristik des Generalstabsoffizieres darf diese aktive Beratungsfunktion nicht bei der militärstrategischen Ebene enden, denn gerade an dieser entscheidenden Schnittstelle zwischen Politik und Militär ist sie von ganz besonders großer Bedeutung.

[206] Vgl. *Millotat, Christian E. O,* Das preussisch-deutsche Generalstabssystem, 61.

tes zu entwickeln. Ausgehend von einer solchen Gesamtstrategie obliegt es der militärstrategischen Führungsebene innerhalb solch vernünftiger Konzepte, den militärischen Anteil erfolgsversprechend auszuplanen und in die Tat (militärische Operation) umzusetzen. Von Anbeginn der militärischen Planungen darf der zu erzielende politische Endzustand nie aus den Augen verloren werden, da sich darin natürlich auch der militärische Endzustand wiederfinden muss. Gerade die Erfahrungen der vergangenen 15 Jahre des militärischen Engagements des Westens im Nahen- und Mittleren Osten geben Zeugnis davon, wie entscheidend eine weitsichtige und frühzeitige Planung der so genannten "Nachkriegsordnung" ist:

> *"Western states should get into hostilities of choice only if they have a clear about who will replace them and how they will be replaced, after the initial phase of armed struggle but before they get bogged down in a protracted counterinsurgency."*[207]

Gerade in Zeiten, in denen das Militär in aufgeklärten, demokratischen Gesellschaften im ewigen Ringen um Krieg und Frieden die Seiten gewechselt hat und nicht länger primär dazu verwendet wird, um Kriege zu führen, sondern um diese zu verhindern,[208] kommt der richtigen Vernetzung der Vielzahl an vorhandenen Informationen eine enorme Bedeutung zu.

Zur Unterstützung der militärstrategischen Aufbereitung von Einsatzräumen[209] wird die Idee der *Comprehensive Planning Group*[210], die im Rahmen der

---

[207] *Angstrom/Duyvesteyn,* Understanding victory and defeat in contemporary war, 183.

[208] Vgl. *Mittelstrass,* Wissenschaft und Militär, 1.

[209] *"Welche wesentliche Merkmale sind bei der Einsatzraumaufbereitung für einen Military Assistance Einsatz auf militärstrategischer Ebene zu berücksichtigen?"*

[210] Unter der Bezeichnung *Comprehensive Planning Group* versteht Hofer eine Gruppe von Experten aus verschiedenen Bereichen, die zur Bearbeitung eines spezifischen Problemfeldes zusammengezogen werden. Als Beispiel für eine solche Planungsgruppe führt er folgende Bereiche exemplarisch an:
Geschichte, bestehend aus: Globalgeschichte, Alte Geschichte, Mittelalter, Neuere Geschichte, Zeitgeschichte und Militärgeschichte;
Wirtschaft, bestehend aus: Wirtschaftsgeschichte, Bundesministerium für Wissenschaft, Forschung und Wirtschaft, betroffene Unternehmen, Ressourcen, Marketing und Wirtschaftskammer;
Akteure, bestehend aus: Bundesministerium für Europa, Integration und Äusseres, Bundesministerium für Inneres, Multinationale Streitkräfte, Internationale Organisationen, Nichtstaatliche Organisationen, Sicherheitspolitik und Politikwissenschaft;
Soft-skills, bestehend aus: Sprachen des Raumes, Soziologie, Philosophie, Ethnologie, Psychologie und Theologie.
Anlassbezogen sollten solche Planungsgruppen zusammengezogen werden, die jene Akteure zu integrieren haben, die für die Bearbeitung der anstehenden Herausforderung am Geeignetsten erscheinen (Vgl. *Hofer,* Die Bedeutung der geschichtlichen Entwicklung für ein um-

Dissertation des österreichischen Generalstabsoffiziers Peter Hofer ausführlich dargelegt wurde, aufgegriffen und um die Facette der hermeneutischen Tiefe des Kulturbegriffes ergänzt.

Im Rahmen der militärstrategischen Entscheidungsfindung sind zwei konkrete Beitragsleistungen einer *Comprehensive Planning Group* vorstellbar. Zunächst in jener Phase, in der noch keine Entscheidung zu einem konkreten Einsatz getroffen wurde, jedoch bereits mannigfaltige Informationen über einen möglichen Einsatzraum gesammelt werden müssen (*"Knowledge Development"*[211]). Des Weiteren wäre eine *Comprehensive Planning Group* ein wichtiger Beitragsleister in jener Phase des militärstrategischen Führungsverfahrens, in dem militärstrategische Optionen ausgeplant werden. Effiziente Zuarbeit im Rahmen auszuplanender Optionen ermöglicht das vorhandene Fachwissen bestmöglich in einen Gesamtkontext einzubringen. Die Frage nach dem "wie" des militärischen Einsatzes steht hierbei im Vordergrund der gemeinsamen Bemühungen.

Die Erweiterung des strategischen Lagebildes um den Kulturraumspezifischen Aspekt der Werte müsste der Idee der *Comprehensive Planning Group* folgend, in einer solchen auch organisatorisch abgebildet werden. Als Arbeitsbegriff für eine solche Säule könnte die Bezeichnung *Kulturraumspezifika* dienen.

---

fassendes Konfliktverständnis am Beispiel des Libanon unter besonderer Berücksichtigung der Kohlenwasserstoffe., 387-389.).

[211] *NATO*, Comprehensive Operations Planning Directive V2.0, 2-10.

Quelle: AUT MTT, Nvember 2017

Afghanische Soldaten bei der Kampfmitelbeseitigungsausbildung

4. Military Assistance und ihre rechtsethischen Voraussetzungen

„Der Krieg wird von Menschen geführt. Wer den Krieg verstehen will, muss daher vor allem den Menschen in seinen Reaktionen gegenüber physischen und seelischen Einflüssen kennenlernen.“

Conrad von Hötzendorf, Feldmarschall

Quelle: AUT MTT, November 2017

Oberste Devise: Hilfe zur Selbsthilfe

Die Aufgabe, die militärische Einsatzart Military Assistance im Lichte einer rechtsphilosophischen Betrachtungsweise darzustellen, zielt in drei Richtungen, die in Summe die hermeneutische Kompetenz von Spezialeinsatzkräften darlegt.

Zum einen ist, Wilhelm Dilthey folgend, ein umfassendes, ganzheitliches Menschenbild die Basis für ein tiefergreifendes Verständnis des gesamten Lebens (nicht nur Vernunft, sondern auch Emotionen), eingebettet in das vorherrschende sozio-kulturelle Umfeld.

Zum anderen orientiert sich das Thema am argumentativen Teilsegment der Werteanalyse, die sich ausgehend von Max Scheler über Wolfgang Kersting auf die zu erfassende europäische Wertetradition stützt. Diese durchzuführende Werteanalyse zielt darauf ab, einerseits sich der eigenen, westlich geprägten Werte bewusst zu werden, andererseits stellt sie die Basis des Erfassens der Tiefenstruktur eines Konfliktes dar.

Diese beiden ersten Aspekte stehen jedoch nicht nebeneinander, sondern in einem engen, voneinander abhängigen, systematischen Zusammenhang und führen in letzter Konsequenz zum dritten rechtsphilosophischen Teilaspekt, nämlich der zu erreichenden Kulturkompetenz von Spezialeinsatzkräften. Die bereits erwähnte Analyse der Tiefenstruktur von Konflikten wird durch die wissenschaftlichen Arbeiten von Clifford Geertz „Dichte Beschreibung“ und „Welt in Stücken. Kultur und Politik am Ende des 20. Jahrhunderts“ aufgegriffen und um den Bereich der Qualität der Deutung und dem Zurechtfinden zwischen den Kulturen erweitert.

4.1 Umfassendes Verständnis der Lebenswelt

Die Herausforderungen der hermeneutischen Kompetenz von Streitkräften, die außerhalb ihres Kulturhorizontes zu spezifischen, friedensunterstützenden militärischen Einsätzen gerufen werden, sind mannigfaltig und durchwegs komplex. Ein großer und wichtiger Anteil des Erfolges in der Einsatzart Military Assistance beruht auf dem Grundsatz *"man muss die Leute kennen, um mit ihnen zu können"*.[212] Daher stellen die folgende Beispiele eine Auflis-

[212] Ähnlich verhält es sich mit nachstehender "Führungsformel", die zwar dem militärischen Bereich entspringt, jedoch genausogut in einem rein zivilen Umfeld zur Anwendung kommen kann. Dabei handelt es sich um vertrauensbildende Maßnahmen, die eine konsequente Zielverfolgung unterstützen. Abgekürzt läßt sich diese "Führungsformel" wie folgt darstellen: $K_4M_4H_4V$; Im Volltext bedeutet dies: Kommandieren, Kontrollieren, Korrigieren, Konse-

tung verschiedener Herausforderungen dar, die Spezialeinsatzkräfte in Auslandseinsätzen, speziell in der Einsatzart Military Assistance, erst einmal zu verstehen haben, um diese anschließend bewältigen zu können: Es geht dabei nicht nur um Fragen des Tagesablaufes, Lebensrhythmusses oder von Bräuchen, sondern auch um Sprache und Kultur bis hin zu fundamentalen Gegebenheiten wie Werte, Religion, Recht und Moral. Um sich dem Ziel des *Verständnisses*, dem intellektuellen Erfassen der Zusammenhänge all dieser Lebensbereiche anzunähern, wird das Leben des *ganzen Menschen* in das Zentrum des Verstehens gestellt - im Kern geht es dabei um eine umfassende Betrachtungsweise.

Aber was bedeutet *Verstehen* im Angesicht einer komplexen, unserem Kulturkreis fremden Lebenswirklichkeit? Dieser Frage soll auf den Grund gegangen werden, um die wesentlichen Schlussfolgerungen des komplexen Vorganges des Verstehens, also der Verbindung von Phänomen und Realität, ziehen zu können.[213]

Die philosophische Basis des folgenden Unterabschnitts ("Die Natur erklären wir, das Seelenleben verstehen wir") stellt die *Lebensphilosophie* Wilhelm Diltheys dar, der nach Sinn, Ziel und Wert des Lebens fragt[214] und Elemente wie *Denken, Wollen* und *Fühlen*[215] zentral in seine Betrachtungen aufnimmt. Dazu soll der historisch-hermeneutische[216] Zugang Wilhelm Diltheys, der unter anderem das *Leben des ganzen Menschen* in das *Zentrum des Verstehens* stellt, nützlich sein, um eine Verständnisbasis fremder Einsatzräume für die österreichischen Streitkräfte zu erlangen.

Die *Lebensphilosophie* bietet sich gerade deswegen als Erklärungsmodell menschlicher Interaktion an, da Dilthey neben dem menschlichen Verstand noch eine Ebene tiefer ansetzt, um *Verständnis* in einem umfassenden Ansatz zu generieren. Emotionale Abläufe und Erkenntnisse bzw. das in sein

---

quenz / Man muss Menschen mögen / Herz, Hirn, Härte, Humor / Vertrauen; (Führungsformel modifiziert durch *Hofer*, Peter).

213 Vgl. *Dilthey/Pöggeler*, Das Wesen der Philosophie, Philosophische Bibliothek, Bd. 370 (1984) XVII.

214 Vgl. *Joisten*, Philosophische Hermeneutik, 110.

215Vgl. *Ehrenmüller*, Wilhelm Diltheys Philosophie der Philosophie, <http://www.jp.philo.at/texte/EhrenmuellerJ1.pdf> (abgefragt am 7. 6. 2015)

216 Die Aneinanderreihung der beiden Adjektive historisch und hermeneutisch soll auf die enge Verknüpfung und gegenseitige Abhängigkeit im Prozess des geschichtlichen Verstehens von kulturellem Sinn hinweisen. Diese systematisch zu erlangende Vernunft ist für Dilthey stets historisch, da ihr Gebrauch eine soziale Geschichte aufweist und in Wirkungszusammenhängen verläuft. Der Mensch wiederum, im Speziellen die menschliche Rationalität, hat die Fähigkeit sich auf sich selbst zurückzuwenden und dadurch die eigene Bedingtheit zu realisieren (Vgl. *Jung*, Wilhelm Dilthey zur Einführung[2], Zur Einführung (2014) 12-13.).

Gegenüber Hineinversetzen stellen notwendige militärische Beurteilungsgrundlagen dar, die durch eine ausschließlich naturwissenschaftliche Herangehensweise bzw. Einheitsmethodologie nicht adäquat abzudecken sind. Militärisches, einsatzraumspezifisches, tiefgreifendes *Verständnis*, welches den Konfliktursachen auf den Grund gehen möchte, benötigt Diltheys Denk- und Herangehensweise in Bezug auf seinen *Lebensbegriff* (Erlebnis, Ausdruck, Bedeutung und Verstehen stellen in diesem Zusammenhang untrennbar verbundene Systeme dar) und seiner *Lebenskategorie*[217], um eine hermeneutische Herangehensweise an den Faktor Mensch zu ermöglichen. Auf der anderen Seite läßt sich an Hand Diltheys philosophischer Überlegung der Bogen von Platons Begriff *Mythos* über Spinozas dritte Erkenntnisebene – die der intuitiven Erkenntnis – zu einer gesteigerten und effizienteren militärischen Entscheidungsfindung spannen. Sowohl der platonische *Mythos* als auch die intuitive Erkenntnis nach Spinoza führen in letzter Konsequenz zu einem, über die reflektierende Erkenntnisart der *Vernunft* (Ratio) hinaus gehenden *Verständnis*.

Zur präziseren Einordnung von Diltheys *Lebensphilosophie* und derem umfassenden Verständnis scheint es zweckdienlich zu sein, die strukturelle Nachvollziehbarkeit der Gedanken Diltheys in Bezug auf den menschlichen Verstehensprozess dreizuteilen:

1. Ausgangspunkt der nachstehenden Betrachtungen stellt die Philosophie Friedrich Wilhelm Joseph Schellings dar, die, gemäß Richard Kroner, als Zwischenschritt[218] des Denkens im deutschen Idealismus zwischen Kant und Hegel angesehen werden kann.
2. Darauf aufbauend folgt die philosophische Verdichtung der Gedanken Schellings durch die Ideen Friedrich Asts. Der Gegenstand des Verstehens stellt hierbei der Geist dar, der sich in der Lebenswirklichkeit zum Ausdruck bringt.
3. Im dritten Schritt wird versucht, die Verbindung zwischen *objektivem Geist* und *subjektivem Geist* zu erreichen. Dafür bietet sich das Modell

---

217 Vgl. Oehler in: *Flashar/Gründer/u.a.*, Philologie und Hermeneutik im 19. Jahrhundert (1979) 197.

218 Diese Interpretation von Kroner wird jedoch in der aktuellen Schellingforschung nicht mehr zur Gänze geteilt. So werden zum Beispiel die Spätschriften Schellings als philosophisch bedeutende Werke für die weitere Entwicklung des Deutschen Idealismus angesehen (Vgl. *Gabriel*, Sein, Mensch, Bewußtsein. Tendenzen der neueren Forschung zur Spätphilosophie Schellings, Philosophische Rundschau 2005, 271 (271-301.)). Wolfgang Janke setzt die Spätphilosophie Schellings auf eine Stufe mit der Philosophie Hegels und Fichtes (Vgl. *Janke*, Die dreifache Vollendung des Deutschen Idealismus, Fichte-Studien-Supplementa, 22 (2009)).

des Verstehens (Trias) gemäß Dilthey an. Ohne die Einsicht in die spezifische Ausprägung des objektiven Geistes in einer Gesellschaft sowie die spezifische Subjektivwerdung des objektiven Geistes in den Menschen kann letztlich weder Handeln überhaupt, noch militärisches Handeln im Besonderen jemals gelingen.

4.1.1 Die Natur erklären wir, das Seelenleben verstehen wir

Philosophische Aspekte Schellings

Der Deutsche Idealismus in der Zeit um die Wende des 18. zum 19. Jahrhundert stellt die Abfolge aufeinander aufbauender, aber dennoch unterschiedlicher Ideenkonstellationen dar, die ihren Ausgangspunkt bei Kant nehmen, weiter über Reinhold zu Fichte und Hölderlin und weiter zu Schelling sowie Hegel führen. Bemerkenswert dabei ist die philosophische Dichte unterschiedlicher Gedankengänge, abwechselnder Philosophien und Systemansätzen. Die Jahreszahlen 1781 (Erscheinen der 1. Auflage von Kants Werk *"Kritik der reinen Vernunft"*) und 1831 (Todesjahr Hegels) stellen den zeitlichen Rahmen dieser besonderen philosophiegeschichtlichen Epoche dar. In diesem 50 Jahre dauernden Zeitraum, der auch als *"die große Stunde der deutschen Philosophie"*[219] genannt wird, spielten bestimmte philosophische Problemaufwürfe und Fragestellungen eine zentrale Rolle. Zweifelsohne stellt die Frage nach der Struktur des Selbstbewusstseins bzw. des Ichbewusstseins einen solchen roten Faden dar, der idealistischen Theorien Kontinuität brachte. Diese Frage wurde von den Hauptvertretern des Deutschen Idealismus durchgängig und durch tiefgreifende Begründungszusammenhänge erläutert. Daher ist der Deutsche Idealismus als philosophische Bewegung zu sehen, seine Vertreter

> *„[...] haben ihre Philosophien bewußt und explizit in Interaktionen entwickelt und wahrgenommen – mit den zeitgenössischen, teilweise nicht weniger tiefgreifenden Veränderungen in Kunst und Religion, Naturforschung und Naturwissenschaften, Recht und Politik sowie mit den entsprechenden Theorien.'*[220]

Ausgangspunkt der Philosophie Schellings, der zu Beginn seines Schaffens unter dem Einfluss von Fichte stand, bildete Kants "Kritik der reinen Vernunft". Die Befreiung des Menschen von der Übermacht der umgebenden Dinge, die souveräne Freiheit des Ich stand hierbei im Fokus der Betrachtung. Nachdem Fichte und Schelling über Kants Philosophie hinausschritten und es zu Gültigerem weitertrugen, wird das schöpferische Ich von

---

[219]*Schelling, Friedrich Wilhelm Joseph von/Fuhrmans,* Über das Wesen der menschlichen Freiheit, Universal-Bibliothek, Nr. 8913-15 (1964) 3.
[220]*Sandkühler/D'Alfonso,* Handbuch Deutscher Idealismus (2005) 3.

Schelling als allgemeines oder absolutes angesehen. Hierbei stellen die bewusstlos schöpferische Produktion, die reale Natur bzw. die bewusst schöpferische Produktion, die ideale Geisteswelt die beiden Elemente des absoluten Ich dar. Sowohl das Ideale als auch das Reale sind als verschiedene Seiten desselben Ich (das Absolute) in ihrem Ursprung ident. In letzter Konsequenz versteht Schelling das Ich als eine allem Bewusstsein vorgängige Selbstkonstitution.[221] Schelling versteht das Ich (das Absolute) wie Spinoza seine Substanz[222] verstanden hat.

Die Grundidee in Schellings Philosophie stellt der objektive Idealismus dar:

> *"Natur ist nicht bloße, materielle Natur, ungeprägt von allem Geist, und das Ich ist nicht bloßes Ich ohne alle Natur, sondern Natur ist vom Geist geprägt und vom Geist durchdrungen. Geist ist nicht Geist im Menschen allein, sondern ist in allem 'materiellen' Sein prägende Form. Geist ist in allem Wirklichen waltende Macht, ist "objektiver" Geist, ehe er im Menschen subjektiver Geist wird [...]. Die Dinge außer uns sind niemals nur materielle Dinge. Sie können nur Geschöpfe, nur Produkte eines Geistes sein. Geist waltet im Sein. Geist waltet in Welt."*[223]

Mit dem Aufsatz *Darstellung meines Systems* löste sich Schelling vom Fichteschen Idealismus und dachte eine neue Verbindung zwischen Natur und Geist (der Mensch als Geistwesen entspringt allererst aus der geisterfüllten Natur). Schellings System beginnt mit dem Absoluten, dabei sind die Natur (Reales) und der Geist (Ideales) die beiden großen Mächte des Seins, die im göttlichen Sein gründen. Das Absolute muss beides sein (real-ideales Sein), also der Schoß allen Seins. Gott ist die absolute Indifferenz, Seiendes, in dem die Grundmächte unakzentuiert sind. Die Welt aber kommt aus deren Akzentuiertheit. Sie hat zwei große Felder: Den Raum der Natur als das reale Reich und den Raum der Menschenwelt als das ideale Reich. Andere Akzentuierung der Philosophie der absoluten Identität allen Seins:

Fuhrmans hebt hervor, dass das Christliche plötzlich an Faszination gewann, dadurch wurde die Sicht des Realen verändert. Das Reale wird als

---

[221] Vgl. *Merk*, Selbstbewusstsein im Deutschen Idealismus (2010) 68.

[222] Schelling versteht Körper (Ausdehnung) und Geist (Denken) nicht wie Spinoza als zwei Attribute einer einzigen Substanz (für Spinoza ist Gott die erste Substanz=Natur=Gott). Hingegen nähert er sich diesem Phänomen (Identität von Körper und Geist) unter Zuhilfenahme einer reflexiven Einstellung an, mit der ein ursprünglich Vollzugsidentisches in zwei Gegenstände gespalten wird. Im tatsächlichen Vollzug sind diese beiden Gegenstände jedoch nicht voneinander getrennt. (Vgl. *Blamauer*, Zu Fragen der Materialität des Bewusstseins in Schellings Naturphilosophie - Kritik und Aktualität (1-2.)).

[223] *Schelling, Friedrich Wilhelm Joseph von/Fuhrmans*, Über das Wesen der menschlichen Freiheit, Nr. 8913-15, 8-9.

kontrahierendes Prinzip, demgegenüber das Ideale als expandierendes Prinzip aufgefasst. Das kontrahierende Prinzip schafft den Grund der Existenz, die Grundlage der Eigenexistenz, den Untergrund, die Basis des Seins in sich selbst, es schafft den Untergrund des individuellen Seins, den Grund, auf dem alles individuelle Sein ruht. Alles Seiende bedarf des kontrahierenden Prinzips und wird durch dieses allererst ermöglicht. Da alles Seiende des kontrahierenden Prinzips bedarf, ist alles Seiende zugleich auch von da aus (von Grund auf) gefährdet. Das Prinzip der reinen Kontraktion führt, sich selbst und seiner Bewegtheit überlassen, zum Zerbrechen aller Gemeinschaft, zum Zerreißen aller Verbundenheit, zur Zerstörung aller Ganzheit. Dasein ist überhaupt nur möglich aus der Gegenwirkung eines zweiten Prinzips. Das Reale bedarf notwendigerweise der Gegenmacht des Idealen. Nur das Ideale, als Macht der Liebe, kann das Sein dem Dunkeln und der verschließenden Egoität entreißen. Dasein ist nur möglich in der Auseinandersetzung der Macht des Realen und der Macht des Idealen.

Sein als Ganzes lebt aus Drang und Geist, aus Wille und Verstand, aus Blut und logos, aus Bewegtheit und Besonnenheit, aus irratio und ratio, aus dynamis und ordo, ... Beide Mächte sind göttliche Mächte. Sie bauen das Sein und sie gefährden es zugleich. Dasein stirbt und wird starr, wenn es Geist sein will ohne Blut, Verstand ohne Wille, und es wird zerstört, wenn man die ratio missachtet und das Irrationale allein feiert und erhebt. Dasein ist nur im Miteinander möglich.[224]

Dabei zeigt sich, welche spinozistische Dimension[225] das Denken Schellings aufweist und worin die Weiterentwicklung besteht – in der Dynamisierung

---

224Vgl. *Schelling, Friedrich Wilhelm Joseph von/Fuhrmans,* Über das Wesen der menschlichen Freiheit, Nr. 8913-15, 27.

225 Hier zeigt sich ebenfalls die Weiterentwicklung bzw. Rückführung zu Spinoza im Teilbereich der theoretischen und praktischen Vernunft innerhalb der Philosophie des deutschen Idealismus. Kant unterscheidet noch die *theoretische* von der *praktischen Vernunft,* indem er die folgenden Fragen stellt:

Theoretische Vernunft fragt: Was kann ich wissen? Hier geht es um "Metaphysik" oder "Ontologie" (Kant: Kritik der reinen theoretischen Vernunft) - Wissen.

Praktische Vernunft fragt: Was soll ich tun? Hier geht es um "Ethik" oder "Gerechtigkeit" (Kant: Kritik der reinen praktischen Vernunft) - Handeln.

Es war Fichte, der das Wissen als Handlungsvollzug und das Handeln als Wissensvollzug aufgefasst hat und damit den Weg zurück zur Einheit Spinozas beschritten hat. Fichte verortete all diese Dinge jedoch noch immer im menschlichen Geist und betrachtete sie dadurch überwiegend subjektiv (Subjektiver Idealismus).

Schelling machte dann noch einen Schritt weiter zurück zu Spinoza und betrachtete Wissen sowie Handeln als Geistesvollzug. Der Vollzug jenes Geistes, der sowohl die reflexive als auch die non-reflexive Natur im Kern ausmacht: in der reflexiven Natur ereignet sich Dialektik reflektiert (in der Form der erkannten Polemologie), in der unreflexiven Natur ereignet der All-Einen-Gott-Natur-Substanz-Einheit – diese weist jetzt eine antagonistische Tendenz auf. Diese antagonistische Tendenz, Kontraktion versus Expansion bzw. Real versus Ideal in den philosophischen Gedanken Schellings, spricht zweierlei an:[226]

Die *dialektische Dimension*[227], die einem "theoretischen" bzw. "ontologischen" Wesen entspricht und als Lehre von den Gegensätzen in den Dingen angesehen wird, ist der Kern dessen, was den Deutschen Idealismus ausmacht.

Die *polemologische Dimension*, als die "praktische" Erscheinungsweise des Dialektischen, durch die man derartige Spannungen, Heraklit[228] folgend, als das Wesen des "Polemos", des spannungsreichen Urkonfliktes, ansehen kann.

---

sich Dialektik unreflektiert - in der Natur wirkt der Geist unreflektiert, im Menschen wirkt der Geist reflektiert.

[226]Schelling identifiziert im absoluten Ich das Subjektive und das Objektive. Spinoza bestimmt das Unbedingte als das absolute Objekt, welches wiederum für Schelling bedingt ist. Er unterscheidet sein absolutes Ich von dem absoluten Objekt Spinozas, insofern dass er es als Freiheit bezeichnet. Das absolute Ich bedeutet die Unabhängigkeit Schellings von Spinoza.

[227]Die neuzeitliche Philosophie, die sich unter anderem auch mit der Form von Satz und Gegensatz auseinandersetzte, trat im 17. Jahrhundert zeitgleich in Gestalt des französischen Rationalismus (Rene Descartes) und des englischen Empirismus (Francis Bacon) auf. Descartes versuchte aus den metaphysischen Prinzipien, den ausgedehnten Dingen, die Welt der Physis zu deduzieren. Im Gegensatz dazu verfuhr Bacon umgekehrt. Ausgangspunkt für ihn waren durch Experimente gewonnene, sinnlichgeistige Erfahrung der subjektiven, göttlichen Natur, die durch Induktion zum Allgemeinsten aufsteigt. Dieser Gegensatz von Deduktion und Induktion wurde durch den deutschen Idealismus aufgehoben, weitergedacht und letztendlich zu einer tiefer liegenden Einheit zusammengeführt - der Dialektik. Sie nahm bei Kant ihren Anfang und überwand bei Hegel die Formen von Induktion und Deduktion, einseitigen Rationalismus und Empirismus bzw. Denken und Natur und führte in der Entdeckung des Gegensatzes und dessen Einheit zum selbstbewussten Ich (Vgl. *Stapelfeldt*, Widerspruchsgeist (2012) 2-3.).

[228] Heraklit von Ephesos (535-475 v. Chr.) war einer der ersten Philosophen, die fragten, was hinter den Phänomenen, abseits der unmittelbaren sinnlichen Wahrnehmung, wirkt. Seine Überlegungen sind als der Anfang der Metaphysik, des Ursprungs europäischen Denkens anzusehen (Vgl. *Stadler*, Krieg[1], Grundbegriffe der europäischen Geistesgeschichte, Bd. 3234 (2009) 15.).

Das heraklitische Bild der Politik wird durch das Feuer des Krieges geprägt:

"Krieg ist aller Dinge Vater, aller Dinge König. Die einen erweist er als Götter, die anderen als Menschen, die einen macht er zu Sklaven, die anderen zu Freien."

(*Heraklit von Ephesos*, Fragmente[14], Sammlung Tusculum (2007) Fragment 53.)

Abgesehen von der politischen Kategorie des Begriffes des Krieges erläutert Heraklit damit das anthropologische Prinzip des Seins und des Daseins. Der Krieg (Polemos) stellt den immanenten Ursprung der gesellschaftlichen Ordnung dar und hat eine essenzielle Bedeutung für das Sein und Dasein der Menschen (Vgl. *Stadler*, Krieg, Bd. 3234, 18-19.). Die einzige Einheit, die die Welt kennt, ist die Unüberwindbarkeit der Gegensätze, die einander dauernd herausfordern. Dieser stetige, immer vorkommende Gegensatz des Seins (Widerstreit,

Beide hier angeführten Dimensionen (dialektische und polemologische) der Gedankenwelt Schellings nähern sich an, betrachtet man den dialektischen Charakter des Wirkens des Geistes und dass sich die Dialektik wiederum in der Wirklichkeit als Polemos materialisiert. Dadurch wird der Polemos (Spannung, Streit, Konflikt, Krieg) eine reflektierte Erscheinungsweise des Dialektischen. Beide Ausprägungen der philosophischen Gedanken Schellings bilden die Anknüpfung und den Ausgangspunkt der hermeneutischen Verdichtung (hermeneutische Methode des Verstehens) durch Friedrich Ast.

Hermeneutische Verdichtung Schellings durch Ast

"Dass ich erkenne, was die Welt im innersten zusammenhält."[229]

Goethes Faust klagt im Zuge eines Selbstgesprächs über die Eingeschränktheit seines Wissens und drückt dadurch den menschlichen Wunsch aus, tiefer in Probleme einzudringen, grundlegendere Erkenntnisse zu generieren oder komplexere Vorgänge zu verstehen. Genau hier versucht Friedrich Ast, die Einsichten Schellings verdichtend, zu einer hermeneutischen Methode des Verstehens zu gelangen, die nicht sinnliche Phänomene als Gegenstand des Verstehens wählt, sondern den zugrundeliegenden Geist selbst reflexiv erfasst, um ein tiefergreifendes Verständnis zu erlangen.

Ast sieht den Geist als die ursprüngliche Einheit aller Dinge und in der Geistigkeit den entscheidenden Gegenpol zu der durchwegs zerrissenen Gegenwartswelt. Die Methode, die hinter dem Verstehensprozess des menschlichen Geistes steht, ist der so genannte *hermeneutische Zirkel*[230]. Für ihn steht im Zentrum des Verstehens nicht mehr eine Sache, sondern ein Autor. Die Auslegung einer kanonischen Schrift (die Bibel oder das kodifizierte Recht) wird durch das Erfassen der Gedanken eines anderen (Autor eines Textes) abgelöst. Der ambitionierte Anspruch, den sowohl Ast als auch Friedrich August Wolf[231] hierbei erheben, liegt darin, einen Autor bes-

---

Kampf, Krieg) wird durch die zusammenhaltende Kraft (der Logos) in ihren Gegensätzen vereinigt. Das immerwährende Wechselspiel gegensätzlicher Kräfte ist die Voraussetzung der Vielfalt der Phänomene.

229 *Goethe, Johann Wolfgang von,* Faust (1997) Tragödie erster Teil. Szene Nacht.

230 Friedrich Ast war der Erste, der auf die Zirkelhaftigkeit des Verstehensprozesses hinwies: *"Aus dem Einzelnen den Geist des Ganzen zu finden, und durch das Ganze das Einzelne zu begreifen" (Ast, Grundlinien der Grammatik, Hermeneutik und Kritik (1808) 178.).* Denn das Ganze kann ohne das Einzelne und das Einzelne nicht ohne das Ganze gedacht und damit verstanden werden.

231 Obwohl Friedrich August Wolf und Friedrich Ast der älteren Tradition der Hermeneutik zuzuordnen sind, bereiteten sie unabhängig voneinander methodisch-hermeneutische Ansätze vor, die dann im 19. Jahrhundert wieder aufgegriffen wurden und ihre Fortsetzung fanden. Der Theologe Friedrich Schleiermacher beschäftigte sich kritisch im Jahr 1829 in seiner

ser zu verstehen, als er sich selbst verstanden hat. Um dieses bessere und tiefergehende Verständnis zu erlangen, begründete Ast drei Stufen des Verstehens: die grammatische Interpretation, die historische Interpretation und das geistige Verstehen. Doch bevor noch dieser Verstehensprozess gestartet werden kann, stellt ein Sich-Hineinversetzen in den zu erfassenden Autor die Grundvoraussetzung dar. Die drei Stufen des Verstehens beinhalten zunächst die Sprachbeherrschung, darüber hinaus den jeweiligen Umfang der Kenntnisse des Autors, das historische Wissen über die Schaffenszeit des Autors und die Vorstellung von der Einheit des Geistes und der daraus ableitbaren Erkenntnismöglichkeiten.[232] Da dieser Prozess stets in Verbindung mit dem *hermeneutischen Zirkel* gedacht werden muss – einzelne Teile können nur aus dem Ganzen erkannt werden, das wiederum aus den einzelnen Teilen besteht – kommt Ast zum Schluss, dass in jedem einzelnen Element schon der Geist des Ganzen steckt.[233] Geht es also um den Prozess des Verstehens, bedingen einander Teilbedeutung und Gesamtbedeutung wechselseitig, keines der beiden Elemente ist früher als das andere. Weiters verneint Ast den Gedanken, der Geist als die ursprünglichste Einheit entstünde erst als Folge von Einzelerscheinungen. Auf Grund der Tatsache, dass der Gesamtsinn immer schon da ist, ergibt sich dieses Zirkelproblem nur für das menschliche Erkennen.

Verstehen umfassend gedacht

Einen etwas anderen Blickwinkel des Verstehens-Begriffs eröffnet sich in Diltheys triadischem Zusammenhang von Erleben, Ausdruck und Verstehen. Er denkt Verstehen umfassend, denn im Verstehen tut sich "gegenüber der Subjektivität des Erlebnisses die Objektivierung des Lebens auf".[234] Diltheys lebenslanger Drang, die Philosophie zu einer Einheit zu führen und dabei den geisteswissenschaftlichen Bereich[235]von den expandierenden Na-

---

ersten Akademie-Abhandlung "Über den Begriff der Hermeneutik in Bezug auf F.A.Wolfs Andeutungen und Asts Lehrbuch" mit den philosophischen Gedanken zur Hermeneutik Asts und Wolfs.

232 Vgl. *Flashar/Kraus*, Eidola (1989) 21-27.

233 Vgl. *Flashar/Kraus,* Eidola, 29.

234Vgl. *Joisten,* Philosophische Hermeneutik, 109-122.

235 Die Bedeutung des philosophischen Schaffens Diltheys liegt sicherlich in seiner Philosophie der Geisteswissenschaft: Die philosophische Begründung der Geisteswissenschaft als eine von den Naturwissenschaften unabhängige Gruppe von Wissenschaften (Vgl. *Lessing,* Wilhelm Dilthey, Bd. 3486, 14.). Desweiteren konkretisiert Dilthey das Verhältnis der empirischen Philosophie zu den Naturwissenschaften indem er festhält, dass die Struktur und innere Logik der naturwissenschaftlichen Begriffe durch die Einzelwissenschaften (Axiome und Begriffe der Naturwissenschaften gelten als Annahmen a priori) zu erschließen ist. Die Philosophie hingegen verwendet in ihrer Analyse die Begriffe der Naturwissenschaften ins Empirische und analysiert sie mit den Methoden der Soziologie, der Psychologie und der

turwissenschaften abzugrenzen bzw. aneinander heranzuführen ("Autonomie der Geisteswissenschaften")[236], zeigt sich eindrucksvoll in der von ihm stammenden Feststellung:

"*Die Natur erklären wir, das Seelenleben verstehen wir.*"[237]

Nicht die Erklärung im Sinne experimentell überprüfbarer und empirisch/naturwissenschaftlich darstellbarer Gesetzmäßigkeiten oder einer quantitativen Erfassung, sondern das Verstehen des Sinns und der Bedeutung menschlichen Handelns stehen im Vordergrund. Das Verstehen von menschlichen Bedeutungen, Sinngebungen und Interessen stellt den Gegenstand der Überlegungen Diltheys dar. Da diese zutiefst sozio-kulturellen Bedeutungs- und Wirkungszusammenhänge nicht direkt greifbar oder erkennbar sind, müssen sie indirekt erschlossen werden (Geschichte, Kultur, Bräuche, Sitten, Institutionen, Texte, soziale Situation, ...).

Wir Menschen haben gemäß Dilthey zum eigenen Seelenleben einen *direkten* Zugang, hingegen kennen wir die Natur nur *hypothetisch*.[238] Die geisteswissenschaftliche Methode des Verstehens stellt das Hilfsmittel dar, diesen direkten Zugang zu erhalten. Im Gegensatz zur naturwissenschaftlichen Methode, die durch die Aufstellung von Gesetzeshypothesen geprägt ist, geht die geisteswissenschaftliche Methode rein deskriptiv-beschreibend vor. Deshalb prägte am Ende des 19. Jahrhunderts, zeitgleich zum Wirken Diltheys, der deutsche Philosoph und Vertreter des Neukantianismus Wilhelm Windelband folgende Gegenüberstellung:

Nomothetische Methode der Naturwissenschaft (Suche nach allgemeinen Gesetzmäßigkeiten) versus *idiographische Methode* der Geisteswissenschaft (Beschreibung der Individualität).[239]

Geschichtswissenschaften (Vgl. *Damböck*, Wilhelm Diltheys empirische Philosophie und der rezente Methodenstreit in der analytischen Philosophie (2012)). Mit dem ins philosophische Zentrum seiner Überlegungen rückenden Begriffes des *Lebens* hat Dilthey biologische und kulturelle Prozesse in einen sehr engen Zusammenhang gebracht.

[236] Vgl. *Lessing*, Wilhelm Dilthey, Bd. 3486, 33.

[237] *Dilthey/Gründer*, Wilhelm Diltheys gesammelte Schriften[6] (1974) 144.

[238] Vgl. *Schurz*, Erklären und Verstehen: Tradition, Transformation und Aktualität einer klassischen Kontroverse (2002) 2.

[239] Im Zuge seiner Antrittsrede zum Rektor der Universität in Straßburg traf Wilhelm Windelband im Jahr 1894 die wissenschaftstheoretische Unterscheidung zwischen nomothetischer und idiographischer Forschung. Gemäß Windelband suchen die Wissenschaften die Erkenntnis des Wirklichen entweder im Allgemeinen, also in einem allgemeinen gültigen Naturgesetz, oder sie betrachten das Einzelne, Einmalige in einem historischen Kontext. Daher unterteilt Windelband die Wissenschaften in Gesetzeswissenschaften und Ereigniswissenschaften. Die Erkenntnisgewinnung ist in diesen Fällen entweder nomothetisch oder idiographisch. Windelband spricht in diesem Zusammenhang von naturwissenschaftlichen und historischen Disziplinen. Als prägnantes Beispiel nennt Windelband die Ursache einer

Nur einige Jahrzehnte davor hatte Johann Gustav Droysen eine ähnliche Verstehens-Erklärungs-Dichotomie für die Methodologie der Geschichtswissenschaften aufgestellt. Der Unterschied zwischen naturwissenschaftlichem Erklären und geisteswissenschaftlichem Verstehen kennzeichnet sein Lebenswerk, die *Historik*. Die beiden Adjektive *verstehend* und *hermeneutisch* sind seit damals zum äußeren Kennzeichen geisteswissenschaftlichen Denkens geworden. Der Begriff *Verstehen* ist gemäß Droysen durch die wechselseitige Erhellung eines Sinngebildes und seines historischen Kontexts geprägt.[240]

Die Zuspitzung dieses Methodendualismus (Naturwissenschaften versus Geisteswissenschaften) der deutschen Philosophen Droysen-Dilthey-Windelband, der bis in die Gegenwart[241] nachwirkt, zeichnet folgendes Bild:

Naturwissenschaftliches Erklären benötigt und sucht nach allgemeinen Gesetzeshypothesen, während geisteswissenschaftliches Verstehen weder solche Gesetze benötigt (Verstehen hat den direkten Zugang zum menschlichen Geist), noch solche Gesetze möglich sind (Geistig-seelische Vorgänge unterliegen keinen strengen Gesetzesmechanismen).[242]

Explosion: Die Ursachen sind in der nomothetischen Bedeutung die chemischen Eigenschaften des betreffenden Sprengmittels sowie die ewig geltenden chemisch-physikalischen Naturgesetze.

In der idiographischen Bedeutung liegt die Ursache in einem einzelnen, besonderen Ereignis, z. B. in einem Funken oder einer Erschütterung. Erst beides zusammen erklärt hinreichend das Geschehen, also die Explosion. (*Windelband*, Geschichte und Naturwissenschaft (1894).

Zusammengefasst lässt sich daher festhalten: Nomothetisch vorgehende Wissenschaften erforschen das Gesetzmäßige und Regelmäßige. Erkenntnisziel ist dabei, das Allgemeine zu erkennen und zu beschreiben. Die Naturwissenschaften arbeiten auf Basis von nomothetischen Grundlagen.

Idiographisch vorgehende Wissenschaften werden auch Ereigniswissenschaften genannt, weil sie Phänomene in ihrer Besonderheit und Einmaligkeit verstehen wollen. Erkenntnisziel ist es, das historisch gegebene, wie es in der Erfahrung wahrgenommen wird, zu beschreiben. Die Geisteswissenschaften bedienen sich vorwiegend idiographischer Grundsätze.

240 Vgl. *Noetzel*, Die Bedeutung der Geschichte bei Droysen (2007) 80-81.

241 Diltheys Abgrenzung der Geisteswissenschaften von den Naturwissenschaften hat es seit damals immer wieder gegeben. Der US-amerikanische Biologe Edward Wilson zum Beispiel versuchte Ende des 20. Jahrhunderts den oben beschriebenen Dualismus zwischen Körper und Geist, Natur und Kultur oder Materie und Idee wissenschaftlich aufzuheben. Sein vorgetragenes Projekt "Einheit des Wissens" zielte 100 Jahre nach der Schaffenszeit Diltheys auf eine Zusammenführung bzw. Annäherung der Natur- und der Geisteswissenschaften ab (Vgl. *Wilson*, Die Einheit des Wissens, Goldmann, 15079. (2000)).

242 Vgl. *Schurz*, Erklären und Verstehen: Tradition, Transformation und Aktualität einer klassischen Kontroverse, 3.

Nach dieser ersten Abgrenzung der Geisteswissenschaften von den Naturwissenschaften und der groben Einordnung des Begriffes *Verstehen* stellt sich nun die Frage nach dem tieferen Sinn des Verstehens nach Dilthey:

"Wir nennen den Vorgang, in welchem wir aus Zeichen, die von außen sinnlich gegeben sind, ein Inneres erkennen: Verstehen."[243]

Dieser programmatische Ausgangspunkt – der erstmalige Versuch Diltheys in einer seiner frühen Studien *"Die Entstehung der Hermeneutik"* (1900) – legt jedoch bereits sein philosophisches Ziel fest, den *Verstehensprozess* weiter fortzuentwickeln.

Diltheys Modell des Verstehens nimmt unmittelbar auf die innere Erfahrung (*"Methode der Einfühlung"*[244]) Bezug. Dies lässt den Schluss zu, dass es in den Geisteswissenschaften darauf ankommt, sich in die Innenperspektive der Handelnden hinein zu versetzen. Dieser Umstand wird durch Diltheys Äußerungen unterstrichen, nämlich dass das Verstehen fremder Lebensäußerungen nur auf der Grundlage verwandter eigener Erlebnisse möglich sei.[245]

Dabei geht es Dilthey um ein charakteristisches Merkmal der deutschen Philosophie, eine Technik zur Verfügung zu stellen, aus den psychischen Phänomenen deren wahren Kern (transzendentales Fundament) zu generieren. In seinen Überlegungen des *Verstehensprozesses* grenzt sich Dilthey klar von einem zentralen Argument sowohl der deutschen Idealisten (inklusive Kant) als auch der Empiristen (Hume, Comte, Mill, Buckle, ...) ab, nämlich dass geistige Inhalte in irgendeinem Sinn feststehende Bilder sind, sei es in der Gestalt von ewigen, notwendigen bzw. transzendentalen Ideen oder im Sinne von aus der empiristischen Wirklichkeit hervorgegangenen idealen Abbildern.[246] Beide hier angeführten Varianten sind für Dilthey zu isoliert betrachtet und zu wenig umfassend. Kognitive Prozesse dürfen nicht isoliert, sondern als unselbstständige Teile des menschlichen Lebensvollzugs betrachtet werden:

> *"In den Adern des erkennenden Subjekts, das Locke, Hume und Kant konstruierten, rinnt nicht wirkliches Blut, sondern der verdünnte Saft von Vernunft als bloßer Denktätigkeit. Mich führt aber historische wie psychologische Beschäftigung mit dem ganzen Menschen dahin, diesen, in der Mannigfaltigkeit seiner Kräfte, dies wollend fühlend vorstellende Wesen auch der Erklärung der Erkenntnis und ihrer Begriffe (wie Außenwelt, Zeit, Substanz, Ursache)*

---

243 *Dilthey/Gründer*, Wilhelm Diltheys gesammelte Schriften, 318.

244 *Schurz*, Erklären und Verstehen: Tradition, Transformation und Aktualität einer klassischen Kontroverse, 3.

245 Vgl. *Jung*, Wilhelm Dilthey zur Einführung, 154.

246 Vgl. *Damböck*, Wilhelm Diltheys empirische Philosophie und der rezente Methodenstreit in der analytischen Philosophie, 157-158.

zugrunde zu legen, ob die Erkenntnis gleich diese ihre Begriffe nur aus dem Stoff von Wahrnehmen, Vorstellen und Denken zu weben scheint. Die Methode des folgenden Versuchs ist daher diese: jeden Bestandteil des gegenwärtigen abstrakten, wissenschaftlichen Denkens halte ich an die ganze Menschennatur, wie Erfahrung, Studium der Sprache und der Geschichte sie erweisen und suche nach ihrem Zusammenhang. Und so ergibt sich: die wichtigsten Bestandteile unseres Bildes und unserer Erkenntnis der Wirklichkeit, wie eben persönliche Lebensinhalte, Außenwelt, Individuen außer uns, ihr Leben in der Zeit und ihre Wechselwirkung, sie alle können aus dieser ganzen Menschennatur erklärt werden, deren realer Lebensprozess am Wollen, Fühlen und Vorstellen nur seine verschiedenen Seiten hat. Nicht die Annahme eines starren a priori unseres Erkenntnisvermögens, sondern allein Entwicklungsgeschichte, welche von der Totalität unseres Wesens ausgeht, kann die Frage beantworten, die wir alle an die Philosophie zu richten haben."[247]

Daher lässt sich der Schluss ziehen, dass kognitive Prozesse/Dinge nichts Feststehendes darstellen, sondern eine Geschichte haben und immer nur im und aus dem historischen Kontext heraus verstanden werden können. Anstelle der Suche nach apriorischen Strukturen im Sinne Kants müsste daher eine entwicklungsgeschichtliche Betrachtungsweise treten, die die Entstehung kognitiver Muster im Zusammenhang des geschichtlich verfassten Lebensprozesses analysiert. Auf Grund der Tatsache, dass Diltheys theoretischer Ausgangspunkt die *kopernikanische Wende Kants*[248] darstellt, tritt an Stelle Kants "*Kritik der reinen Vernunft*" Diltheys Idee einer "*Kritik der historischen Vernunft*". Entgegen der Meinung Makkreels[249], dass es sich hierbei um eine direkte Fortsetzung von Kants "*Kritik der reinen Vernunft*" handle, kann dieser Prozess ebenso gut als Korrektur zu Kant gesehen werden. Das "*volle Leben*" und die Erfahrung des "*ganzen Menschen*"[250] (geschichtlich, begehrend, fühlend, erkennend auf die Wirklichkeit bezogene Subjektivität) bilden den Rahmen für jegliche philosophische Untersuchungen.

---

[247] *Dilthey/Gründer*, Wilhelm Diltheys gesammelte Schriften, XVIII.

[248] Die kopernikanische Wende Kants ist die Hinwendung der philosophischen Analyse auf das erkennende Subjekt - weg von der kühlen analytischen Einstimmung personalemotionalen Verstehens des Hineinversetzens ins geistige Subjekt. Dabei geht es um psychische und kulturelle Innenräume historisch gewordener Verhältnisse, um die Wende von der Auslegung hin zum Verstehen.

[249] Vgl. *Makkreel*, Dilthey[1] (1991) 382-385.

[250] Vgl. *Bollnow*, Dilthey[3] (1967) 15.

Den historischen Kontext und das Leben des ganzen Menschen beachtend, erweitert Dilthey den zweistufigen Verstehensprozess *(Erlebnis-Verstehen)* zur hermeneutischen Trias von *Erlebnis-Ausdruck-Verstehen.*[251]

Der prozessuale Ablauf des Verstehens besteht nun für Dilthey aus drei Stufen:

1. Stufe: *Erlebnis* – als die sinnliche Unmittelbarkeit.
2. Stufe: *Ausdruck* – als die Entfremdung – als das Abstandnehmen von erlebten Dingen und deren Reflexion.
3. Stufe: *Verstehen* – als die Synthese von Erlebnis und Ausdruck, die beide Teilaspekte in gleicher Weise bedingt.

Die konkrete Weiterentwicklung des *Verstehensprozesses* bei Dilthey gegenüber Kant und Schleiermacher liegt in der Berücksichtigung sowohl des geistigen Prozesses als auch in der Berücksichtigung von Emotionen, Empfindungen und Gefühlen.

Durch den Übergang von der zweistelligen Relation *Erlebnis - Verstehen* zur hermeneutischen Trias *Erlebnis - Ausdruck - Verstehen* vermeidet Dilthey die Gefahr einer psychologischen Reduktion vom Sinn auf die Intentionen konkreter Sprecher. Dabei steht das Erlebnis für die Innenperspektive des Lebensvollzuges. Die Ausdrücke stellen die Objektivationen dieses Vollzuges in Handlungen, Sprache, Institutionen dar. Im Verstehen, das sich auf den Wirkungszusammenhang vorhergegangener Objektivationen bezieht, wird das Erleben als Teil einer sich entwickelnden Totalität interpretiert.[252]

Die *"Lebendigkeit der Personen"*[253] bzw. gesellschaftliche Zusammenhänge nicht als kategorisierbares Leben wahrzunehmen, sondern die Betonung der Einheit des Fühlens, des Wollens und des Denkens ermöglicht eine Horizonterweiterung im Bereich des Militärs, im Speziellen für Military Assistan-

---

[251] Vgl. *Dilthey*, Der Aufbau der geschichtlichen Welt in den Geisteswissenschaften[8] (1992) 86-90.

[252] Vgl. *Bollnow*, Dilthey, 12.

[253] *Ehrenmüller*, Wilhelm Diltheys Philosophie der Philosophie, <http://www.jp.philo.at/texte/EhrenmuellerJ1.pdf> (abgefragt am 7. 6. 2015).
Immer dort, wo Dilthey "Leben" schreibt, enthält dieser Begriff folgende Subkategorien: Lebensbezug, Lebenserfahrung, Lebenszusammenhang, Lebensbegriff, Lebenskategorie, Lebendigkeit, Erleben, Nacherleben und Erlebnis. Daher ist der Begriff des Lebens in den philosophischen Betrachtungen Diltheys vielschichtig und durchwegs komplex:

> *"Er bezeichnet zunächst das allen Menschen Gemeinsame sowie den individuellen Lebensverlauf, das eigene gelebte Leben, die persönliche Lebendigkeit, die Fülle des Erlebten, sodann den Zusammenhang in Gesellschaft und Geschichte, das heißt den Zusammenhang von individuellem Lebensvollzug und überindividuellen Ereignissen und Prozessen und die Wechselwirkungen zwischen den Lebenseinheiten."*

(*Lessing*, Wilhelm Dilthey, Bd. 3486, 63.)

ce Einsätze, die gemäß der vorangegangenen Definition ihrer Spezifika danach trachtet, so gut wie möglich das sozio-kulturelle Umfeld als ihren unmittelbaren Einsatzraum verstehen zu lernen.

Dabei geht es zunächst einmal darum, ein aktuelles Lagebild vor Ort, im jeweiligen Einsatzraum zu generieren (1. Stufe des Verständnisses: *Erlebnis*), daran anschließend, im Sinne von räumlicher Distanz, zu bewerten und die notwendigen Planungsprozesse durchzuführen (2. Stufe des Verständnisses: *Ausdruck*), um letztendlich die richtigen Schlüsse für die Implementierung eines Military Assistance Einsatzes zu ziehen (3. Stufe des Verständnisses: *Verstehen*).

Im Jahr 1913, zwei Jahre nach Diltheys Tod, veröffentlichte Max Scheler in der Zeitschrift *Die weißen Blätter* einen Artikel mit dem Titel "*Versuche einer Philosophie des Lebens*", in dem er Dilthey, Nietzsche und Bergson als die führenden Vertreter einer neuen philosophischen Bewegung (Lebensphilosophie) vorstellte. Zwar kann hinterfragt werden, ob es wirklich eine systematische Nähe in der philosophischen Auffassung des Begriffes *Leben* zwischen Dilthey und den beiden anderen genannten Philosophen gab, jedoch sprach sich Dilthey in diesem Zusammenhang für eine Philosophie aus der Fülle des Lebens heraus aus.[254] Scheler schärfte diesen Standpunkt, in dem er festhielt:

"Philosophie aus der Fülle des Erlebens des Lebens heraus."[255]

Diese ganzheitliche Betrachtungsweise des Lebens und in letzter Konsequenz des Menschen, weit über dessen Vernunft hinaus, als wollendes, fühlendes und vorstellendes Wesen, ist natürlich im Zusammenhang mit der philosophischen Wirkenszeit Diltheys, der Spätromantik, zu sehen. Rüdiger Safranski beschreibt in seinem großen Romantikbuch "*Romantik – Eine deutsche Affäre*" die deutsche Geistesgeschichte des 19. Jahrhunderts: Den Spagat schaffend zwischen der reinen Vernunftsebene der Zeit der Aufklärung und dem Streben nach dem "*Extremen*"[256] entspringt gemäß Dilthey aus unser Weltbewusstsein sowie unser Selbstbewusstsein der Lebendigkeit des Menschen, die weit mehr als die Vernunft darstellt. Neben dieser Lebendigkeit stellen die Geschichtlichkeit, die Freiheit und die Entwicklung die Eckpfeiler des menschlichen Lebens dar.[257]

---

[254] Vgl. *Lessing*, Wilhelm Dilthey, Bd. 3486, 61.

[255] *Scheler*, Gesammelte Werke, 313.

[256] *Safranski*, Romantik, Fischer, Bd. 18230 (2009) 392.

[257] Vgl. *Lessing*, Wilhelm Dilthey, Bd. 3486, 69.

4.1.2 Europäischer versus vormoderner Wertehorizont

Der ehemalige Generalsekretär der Vereinten Nationen Ban Ki-Moon hat im Jahr 2014 *Global Citizenship Education*[258] zu einem allgemeinen Schwergewicht der internationalen Bildungsagenda im Rahmen der Neuerstellung der nachhaltigen Entwicklungsziele für die ganze Welt erklärt. *Global Citizenship Education* kann gemäß Sebastian Kurz als übergreifendes Konzept der Vermittlung von Werthaltungen, basierend auf der Erziehung in Toleranz- und Menschenrechtsfragen angesehen werden.[259] Dieses Konzept kann in gleicher Weise als ergänzende Voraussetzung – neben der Rechtsstaatlichkeit – herangezogen werden, welches bei der Unterstützung von Gesellschaften und Staaten zur Anwendung kommen sollte, um bei der Implementierung demokratischer Mechanismen nicht in Gefahr zu geraten, das soziale Gefüge und dessen Zusammenhänge, die die Basis eines Staates charakterisieren, zu vernachlässigen bzw. ganz außer Acht zu lassen. Verstärkend hält Christian Stadler – darin Johann Gottlieb Fichte folgend – zum alleinigen Fokussieren auf den Bereich einer rein formal-abstrakt verstandenen Rechtsstaatlichkeit fest, dass eine solche Vorgehensweise im besten Fall zur Praxis der andauernden Strafverfolgung, im schlechtesten Fall jedoch zu einem menschenunterdrückenden Polizeistaat führt. Deshalb plädiert Stadler, basierend auf Platon, Cicero und Augustinus, für den mühseligen, langwierigen, dafür aber nachhaltigen Weg der Erziehung und Bildung, der letztendlich zum zentralen Wert der Freiheit führt.[260] Betrachtet man Werte als Zielvorstellungen, die das praktische Handeln jedes Einzelnen beeinflussen, so geben sie einer Gesellschaft Stabilität und sind für das tägliche Zusammenleben der Menschen von entscheidender Bedeutung.[261] Letztendlich stellen Werte Haltungen und Prinzipien einer Gesellschaft dar, auf deren Basis das Funktionieren von Ordnung beruht. Gerade demokratisch organisierte Gesell-

---

[258]*Global Citizenship Education* erweitert den Blick jedes einzelnen auf eine wichtige zeitgemäße Bildungsaufgabe: Wie lassen sich verantwortliche Weltbürger erziehen, die in ihrem privaten Umfeld, in ihrem beruflichen Alltag sowie in ihrer Funktion als Staatsbürger das ethische Ziel einer friedlichen Weltgesellschaft vor Augen haben und sich, wann immer möglich, auch dafür einsetzen?

Der Begriff *citizenship* ist im angelsächsischen Sprachraum das wichtigste Synonym für jene Kategorien, die im deutschen Sprachraum *politische Bildung* oder *Demokratieerziehung* genannt werden. Dies führt dazu, dass verschiedene pädagogische Richtungen sich vor allem dadurch unterscheiden,wie sie *citizenship* definieren und welche Bedeutung sie ihm beimessen (Vgl. *Wintersteiner/Grobbauer Heidi*, Global Citizenship Education (2014) 4.).

[259] Vgl. *Kurz*, Neue globale Bildungsagenda der UN muss Vermittlung von Werten beinhalten (2014)

[260] Vgl. Stadler in: *Webinger*, Stable States (2014) 55-58.

[261]Vgl. Schiele in: *Nothelle-Wildfeuer/Öztürk*, Politische Grundwerte, Aus Politik und Zeitgeschichte, 2013,34/36 (2013) 15.

schaften sind dadurch gekennzeichnet, dass ein Wertepluralismus vorherrscht, der jedoch außerhalb des eigenen Geltungsbereiches kaum zur Anwendung gebracht werden kann. Werte von Menschen anderer Kulturen dürfen ausschließlich im Zusammenhang mit den geschichtlichen, gesellschaftlichen und kulturellen Vorerfahrungen und Gegebenheiten betrachtet werden. Achtung und die notwendige Toleranz anderen Werthorizonten gegenüber beginnt mit dem Bewusstmachen und der genauen Erläuterung der eigenen Wertperspektiven.[262] Deshalb ist es zunächst von entscheidender Bedeutung, jene zentralen Eckpfeiler (*Grundwerte*), die für den Zusammenhalt einer Gesellschaft essenziell sind, herauszufiltern, um diese *Grundwerte* in einem weiteren Schritt näher beleuchten zu können. Erst das detaillierte Wissen um jene Werte, die das eigene Selbstverständnis kennzeichnen, ermöglichen den Eintritt in eine Wertediskussion und schaffen die Grundlage für eine notwendige Beratung und Unterstützung in Wertfragen.

Welche Herangehensweisen an Werte gibt es in der europäischen Geistesgeschichte?

Platons *Politeia* des vernunftsbasierten Idealstaates steht ganz zu Beginn der europäischen Rechtstradition, geprägt durch das Streben nach einer Verfassung, die den Grundsätzen der Gerechtigkeit entspricht. Der römischrechtliche Republikanismus Ciceros (*De officiis*) wurzelt wiederum in der stoischen Wertelandschaft[263]. Auch Aurelius Augustinus[264] beschäftigt sich in seinem Spätwerk *De Civitas Dei* mit dem Verhältnis zwischen Wert und Herrschaft in Bezug auf die antike heidnische Staatsphilosophie und kommt dabei zu folgender tiefgreifender Fragestellung:

"*Was sind überhaupt Reiche, wenn die Gerechtigkeit fehlt, anderes als große Räuberbanden?*"[265]

---

[262] Vgl. *Krobath*, Werte in der Begegnung (2011) 11.

[263] Innerhalb der stoischen Ethik ist das höchste Ziel des Individuums, aufzugehen im Allgemeinen (diese Gedanken finden sich erst Jahrhunderte später in den Gedanken Spinozas wieder). Demnach lebt ein und dieselbe Vernunft in allen Menschen, was dazu führt, dass es nur ein Gesetz, ein Recht und einen Staat gibt. Weitergedacht sind alle Menschen gedanklich Brüder, der wahre Stoiker ist also Weltbürger (Vgl. *Bonhöffer*, Die Ethik des Stoikers Epictet (1968)).

[264] Aurelius Augustinus (geboren 354 in Thagaste, heutiges Algerien, bis 430) zählt zu den bedeutendsten lateinischen Kirchenvätern. Er griff die neuplatonische Philosophie auf und veränderte diese an entscheidenden Stellen. Das philosophische Ziel seiner Betrachtungen war, Gott und die menschliche Seele kennenzulernen (Vgl. *Beard/Graf*, Einleitung in die lateinische Philologie, Einleitung in die Altertumswissenschaft (1997) 583-584.).

[265] *Augustinus/Andresen*, Vom Gottesstaat, dtv, Bd. 34393 (2007) Buch 4, Kapitel 4.

In diesem ideengeschichtlichen Abriss vormoderner Entwicklungen, die die Basis des modernen europäischen Staats- und Rechtsdenkens darstellen, "*ist das Ringen um Werte dabei immer auch ein Ringen um Vernünftigkeit.*"[266]

Die Zeit des Mittelalters war durch die philosophische Herausforderung geprägt, die menschliche Natur in einer Kultur zu erziehen und in einer gewissen Art und Weise auch zu prägen, in der die Menschen der Gefahr ausgesetzt waren, zwischen zu vielen Idealen und Lebensweisen zerrissen zu werden.[267] Das "*Konzept der Tugenden*"[268], bestehend aus den vier Schlüsseltugenden (Kardinaltugenden) Klugheit, Gerechtigkeit, Tapferkeit und Maß, beschreibt noch heute die ethischen Grundpfeiler jener Zeit. Der ehemalige deutsche Bundespräsident merkte diesbezüglich so treffend an:

"*[...] dass diese vier Kardinaltugenden tatsächlich sind, was der lateinische Begriff zum Ausdruck bringt: Dreh- und Angelpunkte menschlicher Existenz.*"[269]

Die Moderne war in der Frage der Menschenwürde bzw. in den technischen Mechanismen der Machterhaltung von der philosophischen Auseinandersetzung zwischen Platonikern auf der einen Seite und Aristotelikern auf der anderen Seite geprägt.[270]

Der deutsche Idealismus, an seiner Spitze die Philosophie Kants, war einerseits durch den Versuch gekennzeichnet, in Wertfragen die Kluft zwischen Platonismus und Aristotelismus zu überwinden, andererseits aber auch das Aufstellen von Prinzipien vernünftiger Lebensgestaltung zu ermöglichen.

Der Untergang des deutschen Idealismus um das Jahr 1850 – "*Zusammenbruch dieses faustischen Projektes*"[271] – führte zu einer sehr prägnanten philosophiegeschichtlichen Situation, die als Nihilismuskrise des 19. Jahrhunderts angesprochen werden kann. Die Freiheit des Menschen samt seiner religiös-ethisch-juristischen Verantwortung wird durch eine kausalgesetzliche, wertfreie Wissenschaft bedroht. Genau in dieser Situation wurde die sogenannte

---

[266] *Stadler*, Rechtskultur zwischen Wert und Wirklichkeit, Juristischer Workshop des BM.I (2013) 1.

[267] Vgl. *MacIntyre*, Der Verlust der Tugend, Bd. 1193 (1995) 222.

[268] Stadler in: *Vogl/Wenda,* Neue Herausforderungen für den Rechtsschutz, Bd. 15 (2013) Werte & Tugenden.

[269] Rau in: *Pieper*, Über die Tugenden (2004) 9.

[270] Als Beispiel dieses philosophischen Widerstreits seien exemplarisch angeführt: Zu Beginn der Moderne kam es in Italien zum Diskurs zwischen Marsilio Ficino, Pico della Mirandola, Dante Alighieri auf Seiten der rationalistischen Neuplatoniker gegen Niccolo Machiavelli, Leonardo da Vinci auf Seiten der empiristischen Neuaristoteliker. Die rechtsphilosophische Auseinandersetzung setzte sich weiter fort zwischen Leibnitz, Montesquieu auf Seiten der Rationalisten gegen Locke und Rousseau auf Seiten der Empiristen (Vgl. *Stadler,* Rechtskultur zwischen Wert und Wirklichkeit, 1.).

[271] *Stadler,* Rechtskultur zwischen Wert und Wirklichkeit, 1.

Wertphilosophie auf den Plan gerufen, die ein Reich der Werte dem kausal bestimmten Sein entgegenstellte.[272] Die Geburtsstunde des ethischen Begriffes des Wertes war gekommen. Den Beginn zu einem subjektorientierten Verständnis von Werten machte zur Mitte des 19. Jahrhunderts Rudolf Hermann Lotze[273], der mit seiner Wertphilosophie ältere Terminologien der Zwecke verdrängte. Der gelernte Naturwissenschaftler und Mediziner Lotze vertrat die Meinung, dass in der modernen Wissenschaft die Erklärung der Welt und ihrer Phänomene durch Zwecke nicht mehr zeitgemäß sei. Das metaphysische Zeitalter mit seinen objektiven, selbst gesetzten Zwecken, das im deutschen Idealismus seine letzte große Hochblüte hatte, sei abgelaufen.[274] Für ihn waren Werte nicht mehr fix vorgegebene Seinsgrößen einer metaphysischen Wertelandschaft, sondern allgemeingültige Phänomene, die ihre Geltung bezogen auf die jeweilige Zeit und die jeweilige Kultur erlangen. Gerechtigkeit, Friede, Freiheit und Nächstenliebe waren für Lotze keine metaphysischen Entitäten mehr, sondern kulturell gültige Werte, die der Bildung und Erfahrung in der jeweiligen Kultur unterlagen.[275] Lotzes philosophisches Interesse, getrieben von der Notwendigkeit der Integration moderner Naturwissenschaften und der Philosophie, lag darin begründet, auseinanderstrebende Tendenzen seiner Zeit zu einer begrifflichen Einheit zu führen, um daraus ein sinnvolles Ganzes zu erhalten. Die ethische Dimension seiner Gedanken zeigt sich in der Forderung, den letzten Zusammenhalt der Wirklichkeit, begründet auf der Idee des Guten, zu betrachten.[276] Lotzes Konzept der Wertphilosophie beinhaltet zweierlei: Einerseits die formale Aufgabe der Philosophie, nach einer Einheit zu streben, aber andererseits die inhaltliche Bestimmung, Prinzipien der Beurteilung des Lebens und der Wissenschaft nochmals zu Objekten der Untersuchung zu machen und ihre Grenzen bzw. Gültigkeit zu bestimmen. Die Verknüpfung dieser beiden Dimensionen der Wertphilosophie – und hier zeigt sich der hermeneutische Charakter der Werte bei Lotze – ergibt einerseits, dass Werte dem "Sein" einen "Sinn" geben, und andererseits wird der Versuch unternommen, hinter die Kulissen von Gesellschaften zu schauen.

Werte und Recht sind untrennbar miteinander verbunden, da jeder Rechtsnorm eine Wertung zugrunde liegt. Werte stellen dabei die Basis dar, auf der

---

272 Vgl. *Schmitt*, Die Tyrannei der Werte[3] (2011) 37-38.

273 Lotze wird von Windelband als erster Philosoph angesehen, der den Begriff "Wert" in die philosophische Sprache eingeführt hat und diesem auch eine Funktion gab (Vgl. *Windelband*, Lehrbuch der Geschichte der Philosophie[18] (1993) 566.).

274 Vgl. *Schnädelbach*, Vorträge und Abhandlungen[1], Suhrkamp Taschenbuch Wissenschaft, Bd. 1690 (1987) 258.

275 Vgl. Mokrosch in: *Krobath*, Werte in der Begegnung (2011) 29.

276 Vgl. *Chang*, Wert und Kultur (2011) 73.

das Recht aufgesetzt wird.[277] Dieser Umstand wird durch Günter Gorscheneks These untermauert, dass das Recht nur dann im Stande ist, seine Aufgaben unter Aufrechterhaltung seiner Freiheitsgarantie zu erfüllen, wenn ein ethischer Grundkonsens vorherrscht. Erst das Akzeptieren gemeinsamer Werte ermöglicht diesen ethischen Grundkonsens. Auch wenn in pluralistischen Gesellschaften eine große Bandbreite an verschiedensten, manchmal auch divergierenden Leitvorstellungen vorherrschen, weist ein freiheitliches Gemeinwesen ein Mindestmaß an ethischer Homogenität auf. Daher zieht Josef Isensee folgenden Schluss:

"Die Grundwerte verkörpern jenes Ethos, in dem die pluralistische Gesellschaft ihre Einheit findet."[278]

Die Sozialforschung versteht unter Werten gesellschaftlich wünschenswerte Verhaltensmuster. Dabei haben Werte eine steuernde Funktion in punkto Einstellungen und dem tatsächlichen Verhalten jedes Einzelnen. Auf Grund der Tatsache, dass vor allem in modernen Gesellschaften unterschiedlichste Haltungen, Einstellungen und Werteschemata aufeinander treffen, bedarf es eines gemeinsamen Kerns (Wertekonsens), auf dessen Basis die freiheitliche, demokratische Ordnung funktioniert.[279]

Auf der Suche nach Herangehensweisen an Werte muss stets mitbedacht werden, dass unterschiedliche philosophische Denkrichtungen in Bezug auf Werte von ebenso verschiedenen ethischen Überzeugungen getragen werden. Drei dieser oftmals diametralen Perspektiven von Werten und fundamentalen Wertkritiken seien an dieser Stelle vorgestellt, um sich dem weitgefächerten Begriff des Wertes philosophisch nähern zu können (Werte als Prinzipien der vernünftigen Lebensgestaltung, Materiale Wertethik, Fundamentale Wertkritiken).

---

[277] Vgl. *Detjen*, Verfassungswerte[742], Schriftenreihe / Bundeszentrale für Politische Bildung, Bd. 1294 (2012) 19.

[278]Isensee, Ethische Grundwerte im freiheitlichen Staat in: *Paus*, Werte, Rechte, Normen (1979) 134.

[279] Vgl. *Detjen,* Verfassungswerte, Bd. 1294, 7.

4.1.2.1 Zu Begriff und Wesen von Werten

Werte als Prinzipien der vernünftigen Lebensgestaltung

Immanuel Kants grundlegende Abhandlung zur Frage „*Was ist Aufklärung?*" gibt ein maßgebliches Zeugnis freien Denkens ab. Demnach sind Freiheit und Vernunft die entscheidenden Kriterien der Aufklärung, so dass diese beiden Merkmale den Ausgang des Menschen aus seiner selbst verschuldeten Unmündigkeit darstellen. Freiheit ist die Grundvoraussetzung dafür, dass der Einzelne von seiner Vernunft in sämtlichen Lebensbereichen Gebrauch machen kann.[280] Weiters bestimmte Kant die Freiheit als Autonomie des Willens und als Grundlage sittlichen Handelns im Lichte der praktischen Vernunft. Sittliche Spontaneität bedarf einer autonomen Willensbildung, so dass Selbstgesetzgebung aus reiner Vernunft erfolgt. Materiale Handlungsprinzipien sind hiezu nicht geeignet, da sie nicht die notwendige apriorische Unbedingtheit besitzen.[281] Äußere Freiheitsräume, die Voraussetzung für die Selbstverwirklichung (innere moralische Haltung) des Einzelnen sind, werden durch das Recht geschützt. Die Ausübung der persönlichen Freiheit verschiedener Personen kann miteinander kollidieren und letztendlich die unbeschränkte Freiheit aufheben. Daher setzt Freiheit eine Instanz voraus (das Recht), die die einzelnen Freiheitssphären – wenn nötig – mit Zwang voneinander abgrenzt.[282] Das Recht ermöglicht letztendlich ein Zusammenleben der Menschen nach dem allgemeinen Gesetz der Freiheit. Diese auf Basis des Rechts ermöglichte Freiheit jedes Einzelnen ist zugleich das zustehende Recht jedes Einzelnen. Daher ist die Freiheit der legitimierte Ausgangspunkt allen Sollens, sowohl des Sittlichen, als auch des Rechtlichen.[283] Der Mensch – als vernünftiges Wesen – kann die Kausalität des eigenen Willens ausschließlich im Lichte der Freiheit denken, da die Unabhängigkeit von den bestimmten und den bestimmenden Ursachen der erfassbaren Welt Freiheit darstellten.[284]

Diese vernunftbasierte Wertethik vereint sowohl die Idee des absoluten Solls (äußere Freiheitsräume) als auch die Idee der Personalität des Menschen (innere moralische Haltung). Kant verdeutlicht mit seiner *Kritik der praktischen Vernunft* das Idealbild des Zusammentreffens und der Überein-

---

[280] Vgl. *Prange*, Werte, 118-119.

[281] Vgl. *Luf*, Zur Problematik des Wertbegriffs in der Rechtsphilosophie, in: *Luf*, Freiheit als Rechtsprinzip (2008) 99.

[282] Vgl. *Kunz/Mona*, Rechtsphilosophie, Rechtstheorie, Rechtssoziologie[1], UTB, Bd. 2788 (2006) 83.

[283] Vgl. *Luf*, Zur Problematik des Wertbegriffs in der Rechtsphilosophie, in: *Luf*, Freiheit als Rechtsprinzip, 100-102.

[284] Vgl. *Sprenger*, Über die Unverzichtbarkeit der Rechtsphilosophie (2006) 20.

stimmung von Wertbewusstsein und Pflichtbewusstsein. Sie ist Zeichen für eine nach rationalen Wertgesichtspunkten geordnete Lebensform, die das Sollen der Menschen im Gegensatz zu einem bloßen Müssen (Passivität) verdeutlicht.[285] Demzufolge gelang Kant der fundamentale Umbruch im Verständnis des Seins und in der Auslegung von Werten. Kraft seiner Vernunft war der einzelne Mensch von nun an Maßstab für das Recht, die Gerechtigkeit und die Wertsetzung.

Materiale Wertethik

Der 1874 in München geborene Max Scheler hinterließ mit seinem Hauptwerk *Der Formalismus in der Ethik und die materiale Wertethik* (1913-1916) einen Beitrag zur Ethik mit bleibendem Wert. Dabei wendete er die phänomenologische Methode, die er durch Edmund Husserl[286] in Jena kennenlernte, nicht nur auf die Erkenntnis an, sondern auch auf die Ethik, hier im Speziellen auf die Werte. Das Gefühlsleben[287] verschafft den Menschen den Zugang zu einer anderen Klasse idealer Objekte, den Werten.[288] Im Kern handelt die materiale Wertethik Schelers von den folgenden wertethischen Dimensionen:

Werte haben ein eigenes Sein, wir Menschen sind jedoch in der Lage, diese Werte unmittelbar zu erfassen.

Werte werden nicht mit der Vernunft erfasst, sondern mit dem Gefühl.

Werte stellen unveränderliche Wesenheiten dar, veränderlich ist unser Wissen und unser Verhältnis zu ihnen.

Werte bilden eine Hierarchie: Ganz oben stehen die Werte des Religiösen, darunter stehen die geistigen Werte (Erkenntnis des Wahren, des Schönen, das Recht), darunter die Werte des vitalen Fühlens, des Edlen und Gemeinen, den untersten Rang nehmen die Werte des sinnlich-Angenehmen ein.

---

[285] Vgl. *Reininger*, Wertphilosophie und Ethik[2] (1946) 106.

[286] Husserl sah die phänomenologische Methode nur für den Bereich der Erkenntnistheorie vor.

[287] Wichtig dabei ist Schelers Unterscheidung von Fühlen und Gefühlszuständen. Gefühlszustände haben keinen direkten Gegenstandsbezug. Beispiele dafür sind Schmerzen, Traurigkeit oder Freude. Fühlen hingegen hat die folgende Charakteristik: Menschen fühlen unmittelbar etwas, eine bestimmte Wertqualität. Dieses intentionale Fühlen entsteht nicht erst durch den Prozess des Vorstellens oder des Urteilens, es ist ursprünglich. Das intentionale Fühlen stellt ein Kernelement Schelers materialer Wertethik dar (Vgl. *Hartmann*, Ethik[4] (1962) 273.).

[288] Vgl. *Joas*, Die Entstehung der Werte[1], Suhrkamp Taschenbuch Wissenschaft, Bd. 1416 (1999) 146.

Mit der Etablierung einer solchen materialen[289] Wertethik steht Scheler im Gegensatz zu einer Ethik der Prinzipien vernünftiger Lebensgestaltung nach Kant, der er vorwirft, formalistisch zu sein und die Gefühle aus der Moral zu verbannen.[290] An dieser Stelle sei jedoch erwähnt, dass Scheler selbst Kants Ethik als das Vollkommenste ansah, das bis dato in Bezug auf eine strenge wissenschaftliche Einsicht der Welt zur Verfügung stand.[291] Im Gegensatz zum Formalismus Kants geht es bei Schelers Wertethik um die materiale Ebene, also den inhaltlich konkreten Gesichtspunkt. Auch wenn diese materiale Wertethik aus heutiger Sicht überholt scheint[292], unternahm Scheler den Versuch, den Phänomenbereich der Gefühlsakte in ein ethisches Gesamtkonzept zu implementieren.[293] Die Gefühlsakte machen auch den Unterschied im Rahmen der Werterkenntnis (die Bedingung der Möglichkeit, Werte zu erkennen) zu Kant[294], da an Stelle der Vernunft das Herz

[289] Scheler verwendete gemäß Paul Good den Begriff *material* in der Bedeutung von inhaltlich, sachlich bzw. anschaulich. Werte stellen demnach materiale Entitäten dar, die sich in der Sache unterscheiden und untereinander eine Rangordnung sowie bei jedem faktischen Bedeutungsgeschehen eine dementsprechende Rolle einnehmen (Vgl. *Good*, Max Scheler[1], Philosophie und andere Künste (1998) 31.).

[290] Vgl. Störig in: *Stiller*, Scheler: Leben und Werk (2013) 2.

[291] Vgl. *Joas*, Die Entstehung der Werte, Bd. 1416, 141.

[292] Hans Joas warnt vor einer Unterschätzung der Leistung Schelers und weist darauf hin, dass einzelne Elemente seiner materialen Wertethik durchaus wert sind, sie auf deren wertethische Bedeutung zu prüfen (Vgl. *Joas*, Die Entstehung der Werte, Bd. 1416, 134.). Kurz nach Schelers Tod im Jahre 1928 bezeichnete ihn Heidegger als "*die stärkste philosophische Kraft im heutigen Deutschland, nein, im heutigen Europa" (Heidegger, Andenken an Max Scheler in: Good, Max Scheler im Gegenwartsgeschehen der Philosophie (1975) 9.).*

[293]Joas merkte zu Scheler an, dass der vielleicht reflektierteste und komplexeste Versuch unternommen wurde, unter post-metaphysischen Bedingungen, basierend auf einer Phänomenologie der Gefühle, eine Wertethik zu begründen (Vgl. *Joas*, Die Entstehung der Werte, Bd. 1416, 157-158.).

[294] Kant unterschied in der Einleitung seines Werkes *Kritik der reinen Vernunft* Vernunft und Gefühl voneinander, indem er von *zwei Stämmen der menschlichen Erkenntnis* schrieb, der Sinnlichkeit und des Verstandes (Vgl. *Kant*, Kants Werke, Bd. 4 (1968) 39-40.). Dieser Argumentation folgt Kant zunächst im Rahmen seines Werkes *Kritik der praktischen Vernunft,* indem natürliche Gefühle nicht an der Willensbildung des Menschen beteiligt sein dürfen, sollen diese moralisch sein. Die Begründung liegt in den Naturgesetzen, denen der Mensch dann unterworfen wäre und auf Grund derer er nicht mehr autonom und selbstbestimmt urteilen könnte. Selbstbestimmung herrsche nur dann vor, wenn der Mensch praktische Vernunft erlange, einer Vernunft frei von natürlichen Gefühlen und sich so nach den Vorgaben des kategorischen Imperativs richtet. Jedoch führt Kant an einer Stelle, im Falle der moralischen Gefühle, aus, dass Gefühle für die Moralität des Menschen unverzichtbar sind. Dadurch nähern sich die zunächst getrennten Begriffe, Vernunft und Gefühl, im Rahmen der *Kritik der praktischen Vernunft* aneinader an und ermöglichen die Entfaltung der praktischen Vernunft aus sich selbst heraus ohne an die Sinnlichkeit gebunden zu sein (Vgl. *Noller*, Schelers Kritik der Kantischen Morallehre im Rahmen der Materialen Wertethik, XXII. Deutscher Kongress für Philosophie (2011) 2-4.).

und die dazu gehörende Fähigkeit des Wertfühlens und der Liebe die wesentliche Voraussetzung darstellen.[295] Daher wollte Scheler keineswegs zu einer religiösen bzw. metaphysischen ethischen Auslegung oder zu einer Güter- oder objektiven Zweckethik zurückkehren. Die Zerstörung dieser Formen der Ethik durch Kant war einerseits die Voraussetzung des Entstehens der materialen Wertethik und andererseits der Ausgangspunkt, um über die ethische Dimension Kants hinauszugehen.[296]

Scheler nahm mit seiner materialen Wertethik eine Zwischenposition zwischen objektivem und subjektivem Werteverständnis ein. Auf der einen Seite ging Scheler davon aus, dass Werte objektive apriorische Vorgaben unseres Denkens und Handelns seien. Auf der anderen Seite zeigte er sich davon überzeugt, dass Werte erst nach dem subjektiven Erfühlen dieser zur Wirklichkeit würden. Diesen Dualismus löste er dadurch auf, indem er festhielt, dass Werte von Menschen emotional erfühlt werden, nachdem ein apriorisches Wertgefühl vorausging. Reinhold Mokrosch beschreibt diesen Umstand wie folgt:

"Und so kam Scheler zur Überzeugung, dass es ein 'emotionales Apriori' geben müsse, das die reflexive Gerichtetheit unseres Handelns und Denkens bereits vor unserem Denken und Handeln bestimme."[297]

Dieses *emotionale Apriori*, das sich auf die Realisierung eines Wertes bezieht, existiert bereits, bevor dieser Wert vom Menschen erfühlt und angewendet werden kann. Zum besseren Verständnis der materialen Wertethik bietet es sich an, die beiden soeben erwähnten Hauptelemente (*Wertapriori* und *Wertsein*) näher zu erläutern.

Werte stellen *Urphänomene*[298] dar, die anschaulich sein müssen. Sie sind eng mit dem Gefühl verbunden, da Werte die Korrelate des Gefühls darstellen. In diesem Zusammenhang wies Frings darauf hin, dass Werte im phänomenologischen Sinne als intentionale Fühlakte verstanden werden müssen, die jedoch von Denk- und Wollensakten zu unterscheiden sind.[299]

"Wenn man also Werte überhaupt unter eine Kategorie subsummieren will, so muss man sie als Qualitäten bezeichnen, nicht aber als Beziehungen."[300]

---

[295] Vgl. *Schneider*, Wertelite und Macht. Max Schelers Beitrag zum Elitediskurs (2001) 30.
[296] Vgl. *Joas*, Die Entstehung der Werte, Bd. 1416, 145.
[297] Mokrosch in: *Krobath*, Werte in der Begegnung (2011) 30-31.
[298] *Scheler*, Der Formalismus in der Ethik und die materiale Wertethik (1921) 259.
[299] Vgl. Frings, Max Scheler. Drang und Geist in: *Speck*, Grundprobleme der großen Philosophen, Uni-Taschenbücher, Bd. 183 (1973) 15.
[300] *Scheler*, Der Formalismus in der Ethik und die materiale Wertethik, 249.

Werte werden als apriorische Gegebenheiten einer idealen Ordnung definiert, die nicht im Menschen gründet. Begriffe wie Dinge, Eigenschaft oder Tätigkeit können zur Erklärung des Wertes nichts beitragen, da der Wert seinem Wesen nach als materiale Qualität bezeichnet wird. Wertqualitäten sind von Gütern zu unterscheiden, darüber hinaus sind sie sowohl von Dingen als auch von Gütern unabhängig. Für die Güter ist es wesentlich, dass der Wert nicht auf das Ding aufbaut, sondern dass der Wert an sich bereits die Summe aller Qualitäten darstellt, die in dem Gut vereint sind. Hiezu folgendes Beispiel: Wenn die Farben des Bildes eines Künstlers verbleichen, wird wahrscheinlich das Ding (das Papier) nicht tangiert, während das Gut (Kunstwerk) zerstört ist.[301]

Scheler unterteilt drei Grundarten des Seins: Dasein, Sosein und Wertsein. Darauf aufbauend ergeben sich verschiedene Gegebenheitsarten. Menschen können etwas als Dasein erfassen, als Sosein erkennen und als Wertsein lieben, hassen, vorziehen oder hintanhalten – das bedeutet fühlen. Das Wertsein als Gegenstandssein ergibt sich aus dem Wertfühlen oder aus einem intentionalen Akt. Fügt man Wertapriori und Wertsein wieder zusammen, ergibt sich das folgende Bild: Der Wert in der materialen Wertethik bedeutet Wertapriori als "Urphänomen" und Wertsein als "aktrelatives Sein".[302] Dennoch hat Scheler mit seiner objektiven materialen Wertethik durch die Akzentuierung des Wertfühlens den weiteren Weg für eine subjektorientierte Wertvorstellung (durch Bildung und Erfahrung geprägtes Wertverstehen) geebnet.[303]

Fundamentale Wertkritiken

Gerhard Lufs Wertkritik – *Zur Problematik des Wertbegriffs in der Rechtsphilosophie*

Gerhard Luf nimmt ganz zu Beginn seiner verschriftlichten Wertkritik – "*Zur Problematik des Wertbegriffs in der Rechtsphilosophie*"[304] – Bezug auf Martin Heidegger, der feststellte:

"Häufigkeit des Redens von Werten [...] Unbestimmtheit des Begriffes."[305]

---

[301] Vgl. *Zhang*, Wertapriori und Wertsein in der materialen Wertethik Max Schelers (2010) 180-182.

[302] Vgl. *Zhang*, Wertapriori und Wertsein in der materialen Wertethik Max Schelers, 185-186.

[303] Vgl. Mokrosch in: *Krobath*, Werte in der Begegnung (2011) 31.

[304] Vgl. *Luf*, Zur Problematik des Wertbegriffs in der Rechtsphilosophie, in: *Luf*, Freiheit als Rechtsprinzip, 95-117.

[305] *Heidegger*, Holzwege⁵ (1972) 210.

Mit diesem Zitat weist er auf ein bemerkenswertes allgegenwärtiges Phänomen hin: In vielen Fällen werden öffentlich-politische Diskussionen über grundlegende Ziele politischer Gerechtigkeit im Zeichen des Wertbegriffes geführt unter Vernachlässigung bzw. Ausnutzung der *Vieldeutigkeit* und *Unbestimmtheit* verwendeter Wertkategorien, um Legitimationen politischen Handelns zu rechtfertigen.[306] Im Großen unterscheidet Luf zwei diametral verschiedene wertphilosophische Grundausrichtungen, die beide den Ausgangspunkt seiner Wertkritik darstellen. Auf der einen Seite gibt es jene Strömung, die im Sinne der neukantianischen Tradition[307] "*den Wert als praktischen Ordnungsbegriff formaler Natur begreift.*"[308] Solche Werte sind auf Grund der menschlichen Handlungsmaßstäbe als abstrakt und inhaltlich beliebig anzusehen. Auf der anderen Seite existiert die "*greifbare wie angreifbare*"[309] materiale Wertethik mit ihren inhaltlich erfüllten und ontologisch vorgegebenen Wesenheiten.

Im Detail stellt sich Lufs Kritik eines "banalen" Wertbegriffs dieser beiden wertphilosophischen Strömungen wie folgt dar:

Kelsen lehnte die Annahme von absoluten Werten bzw. eines absoluten Moralwertes ab, da ein solcher absoluter Wert nur auf Basis des religiösen Glaubens verwirklichbar sei. Auf Grund der Verschiedenheit und der Widersprüche unterschiedlicher Moralsysteme folgerte er, dass es ausschließ-

---

[306] Vgl. *Luf*, Freiheit als Rechtsprinzip, 95.

[307] Das neukantianische Rechtsdenken entsprang dem Untergang des deutschen Idealismus um das Jahr 1850 und war durch den erneuten Rückgriff auf philosophische Überlegungen Kants und dem Ringen zwischen Naturwissenschaften versus Geisteswissenschaften geprägt. Auf Grund dieses Ringens bildeten sich in weiterer Folge zwei verschiedene philosophische Ausrichtungen des Neukantianismus: die Marburger und die Badische Schule. Auch im Neukantianismus sieht man den seit der Antike in Europa bestehenden *Hiatus zwischen Platonismus und Aristotelismus* (Vgl. *Stadler*, Rechtskultur zwischen Wert und Wirklichkeit, 1.), erneut - die Badische Schule ist platonisch geprägt, die Marburger Schule folgt Aristoteles. Konkret steht die Marburger Schule für eine mathematisch-naturwissenschaftliche Philosophie, die die Erkenntnistheorie Kants übernahm und den Rechtspositivismus begründete. In Anwendung ihrer Methode wird das Ganze in Einzelelemente zerlegt, um diese im Detail zu analysieren. Somit entsteht das Problem einer reduzierten Welt, ohne das Ganze umfassend betrachten zu können. Hauptvertreter dieser bei weitem dominierenden Schule des Neukantianismus waren Kelsen, Cohen, Natorp und Stammler. Im Gegensatz dazu rückte die Badische Schule die Ethik Kants in ihr Zentrum der hermeneutisch philosophischen Überlegungen. In Anwendung ihrer Methode müssen Beobachtungsgegenstände in einen Kontext gebracht werden, um diese beurteilen zu können. Daraus erwuchs die hermeneutische Wertelehre, deren Hauptvertreter Smend, Lotze, Windelband und Rickert waren.
In der weiteren Abhandlung konzentriert sich Luf auf die Wertkritik gegenüber der Marburger Schule, und hier im Speziellen auf die Ausprägung des Rechtspositivismus von Kelsen.

[308] *Luf*, Freiheit als Rechtsprinzip, 96.

[309] *Sprenger*, Über die Unverzichtbarkeit der Rechtsphilosophie, 30.

lich relative Moral-Werte gebe. Die einzige Gemeinsamkeit, die solch inhaltlich verschiedene Moralordnungen aufweisen, bestehe in formaler Hinsicht, da diese Moralwerte ein Sollen ausdrücken. Kelsen verdeutlicht diesen Umstand, indem er "Wert" definiert als willentlich gesetzte, normative Forderung eines Sollensatzes mit beliebigem Inhalt.[310]

"Insofern, als eine Norm ein bestimmtes Verhalten als gesollt setzt, konstituiert sie einen Wert."[311]

Die willentliche Setzung eines Wertes bringt mit sich, dass dieser von der Realität abgehoben agiert und auf Grund der Trennung von Tatsachen und Werten der notwendigen Orientierungsfunktion von "wahr" und "falsch" in der Praxis nicht nachkommen kann.

Darüber hinaus sieht Luf den durch Trennung von Wirklichkeit und Wert entstandenen formalen Wertbegriff Kelsens kritisch, da er das Resultat von Abstraktionen sei, bei denen die leitenden Gesichtspunkte – durch spezifische Interesssen entstanden – nicht reflektiert würden. Eine solche Abstraktion führt dazu, dass der Wert keinerlei Verbindlichkeitsanspruch mehr enthält. Seine einzige Verpflichtung erhält er durch den faktischen Willensakt.[312] Hier zeigt sich deutlich, jedoch ohne jegliche hermeneutische Tiefe die mathematisch-naturwissenschaftliche Herangehensweise der Marburger Schule, da einzig und allein die Setzung des jeweiligen Wertes zum allein gültigen Kriterium der Normativität wird. Die Analogie zu gesetzgeberischen Akten ist hier augenscheinlich und ähnlich wie beim Dualismus "Recht" (Recht hat Anspruch auf Gerechtigkeit, Fairness und Würde) versus "Gesetz" (Ausdruck des jeweiligen politischen Willens des Gesetzgebers) vermisst Luf im rechtspositivistischen Wertbegriff den für die Idee der sittlichen Freiheit so wichtigen Zusammenhang von Wille und Vernunft.

Ein zeitgenössischer Bericht ermöglicht einen Einblick in die besondere Wirkkraft der materialen Wertethik und die spezielle Gefühlswelt Europas nach dem 1. Weltkrieg:

> *"Da nahm mich eines Abends mein Freund Paul Ludwig Landsberg in eine öffentliche Vorlesung Max Schelers nach Köln mit. Scheler las in der Aula der ehemaligen Handelshochschule. Der Hörsaal stieg amphitheatralisch an, als ob Experimente vorgeführt werden sollten. Im überfüllten Saal lauschten die Hörer atemlos. In einer Epoche, die nach dem fast unglaublichen Zusammenbruch der Monarchie und der Armee Inflation, Hunger, Armut, Verwirrung und Verzweiflung erfuhr, hob dort unten der Mann eine Ordnung aus dem Chaos em-*

[310] Vgl. *Luf*, Freiheit als Rechtsprinzip, 103.
[311] *Klecatsky*, Die Wiener rechtstheoretische Schule (1968) 871.
[312] Vgl. *Luf*, Freiheit als Rechtsprinzip, 104.

por; wo das Auge nur Trümmer sah, errichtete er den Bau des Geistes – geräumig, fest, schön durch den Reichtum neu erkannter Wirklichkeit."[313]

Das soeben skizzierte Stimmungsbild rund um die materiale Wertethik stellt den Gegenpol bzw. das Gegenprogramm zur Marburger Schule des Neukantianismus mit seiner Ausprägungsform des Rechtspositivismus dar. Zugleich untermauert es das "Urproblem" westlicher Interventionen: *"[...] errichtet er den Bau des Geistes [...]";* es bedingt bereits eine Übereinstimmung von Werten und kann daher nur in den seltensten Fällen in einem fremden Umfeld (Einsatzraum) erfolgen, auch wenn viele sicherheitspolitische Theoretiker diese interkulturelle Tatsache nur unzureichend beachten.

Schelers Verneinung ausschließlich formaler Sittengesetze führte ihn zu einer Wertethik *"überindividuellen Sinngehaltes, die von einer wechselseitigen Verschränkung des Einzelnen zugunsten einer objektiven Gemeinsamkeit gekennzeichnet war."*[314] Hiezu werden gemeinsame Werte in der Form von positivierten Grundrechten benötigt, die in einem allgemeingültigen Wertsystem aufgehen. Die Legitimation eines Staates beruhe demnach auf seinen Werten. Diese mit Inhalt befüllten Werte erfüllen sowohl apriorische Eigenschaften als auch wertseiende Eigenschaften. Hartmann spricht in diesem Zusammenhang vom *"idealen Ansichseins"*[315] der Werte. Neben dem objektiven Wert gibt es ein ebenso objektives Werterfassen, das Scheler in ein Gesetz der Korrelation zwischen Objekt und Akt fasst. Daher trifft er folgende Unterscheidung:

"Sinnesdinge werden wahrgenommen, Begriffe werden gedacht, Werte werden gefühlt."[316]

In diesem Fall bezieht sich Lufs Kritik auf das Infragestellen der Existenz von Urteilskriterien, die den objektiven Charakter der Werte von wertwidrigem Verhalten abgrenzen. Es wird zwar der materialen Wertethik die phänomenologische Analyse kultureller Besonderheiten bei der Werterstellung zugesprochen, jedoch gipfeln all diese Bemühungen letztendlich in der Intuition. Zum Zeitpunkt der Infragestellung von bestimmten Werten stößt diese Art der Begründung (Intuition) an ihre Grenzen und ist nicht in der Lage, vernunftbasierte Rechtfertigung zu liefern. Ein weiterer Kritikpunkt richtet sich gegen die Annahme einer erfahrungsunabhängigen, vorgegebenen Werthierachie und betont demgegenüber die wichtige Rolle der Erfahrung im Bereich des Wertdenkens:

---

313 *Sprenger,* Über die Unverzichtbarkeit der Rechtsphilosophie, 30-31.
314 *Sprenger,* Über die Unverzichtbarkeit der Rechtsphilosophie, 31.
315 *Hartmann,* Ethik, 149.
316 *Stiller,* Scheler: Leben und Werk, 6.

"Werte, die in ihrem Ansichsein unabhängig vom menschlichen Erleben sein sollen, wären etwas für uns Sinnloses."[317]

Für die weitere Ausführung bleibt zweierlei mitzunehmen:

1. Die willentliche Setzung von Werten, die den vernunftbasierten Charakter des Menschen zu einem großen Teil ausblendet bzw. negiert, läuft auf lange Sicht Gefahr, auf Grund der Abstraktion der Realitäten die Berechtigung zu verlieren.
2. Der Mensch als ein geschichtliches Wesen, geprägt durch seine Tradition, Kultur und sein soziales Umfeld handelt und wertet meist auf Grund seines reichhaltigen Erfahrungsschatzes.

Carl Schmitts Wertkritik – *Die Tyrannei der Werte*[318]

Schmitt betrachtet die Wertphilosophie als ein philosophiegeschichtliches Phänomen und grenzt es dadurch von jeglichen ökonomischen Blickwinkeln ab. Für Schmitt liegt die Geburtsstunde der Wertphilosophie in der so genannten Nihilismuskrise des 19. Jahrhunderts. Diesen Umstand verstärkend, weist er auf die bezeichnenden Ausführungen des Ursprungs der Wertphilosophie von Martin Heidegger hin:

> *"Im 19. Jahrhundert wird die Rede von den Werten geläufig und das Denken in Werten üblich. Aber erst zufolge einer Verbreitung der Schriften Nietzsches ist die Rede von Werten populär geworden. Man spricht von Lebenswerten, von den Kulturwerten, von Ewigkeitswerten, von der Rangordnung der Werte, von geistigen Werten, die man zum Beispiel in der Antike zu finden glaubte. Bei der gelehrten Beschäftigung mit der Philosophie und bei der Umbildung des Neukantianismus kommt man zur Wert-Philosophie. Man baut Systeme von Werten und verfolgt in der Ethik die Schichtungen von Werten. Sogar in der christlichen Theologie bestimmt man Gott, das summum ens qua summum bonum, als den höchsten Wert. Man hält die Wissenschaft für wertfrei und wirft die Wertungen auf die Seite der Weltanschauungen. Der Wert und das Werthafte wird zum positivistischen Ersatz für das Metaphysische."*[319]

Ganz egal, ob eine subjektive Freiheit der Wertsetzung (der Mensch auf Grund seiner subjektiven Entscheidungsfreiheit setzt die Werte) nach Max Weber, oder ob doch eine objektive bzw. materiale Wertethik vorliegt, verbleibt stets die besondere Logik des Wertdenkens: Da der Wert anstatt eines "Seins" nur eine "Geltung" hat, muss diese "Geltung" laufend aktualisiert,

---

[317] *Henkel*, Einführung in die Rechtsphilosophie² (1977) 324.

[318] *Schmitt*, Die Tyrannei der Werte, 35-55.

[319] *Heidegger*, Holzwege, 209-210.

geltend gemacht werden, um zu bestehen. Werte werden also gesetzt und durchgesetzt.

Die zentrale Kritik, die Schmitt an der soeben beschriebenen Wertlogik und der damit verbundenen Ethik äußert, liegt in der jeweils ganz spezifischen Setzung von bestimmten Werten in Verbindung mit dem speziellen Gesichtspunkt der Bewertung von diesen, davor gesetzten Werten. Demnach wird die Wertphilosophie zu einer Punktphilosophie, die Wertethik zu einer Punktethik. Es entsteht ein System des reinen Perspektivismus, in dem den Werten einzelne Stellenwerte zugeordnet sind, die jederzeit, abhängig vom jeweiligen Gesichtspunkt bzw. Standpunkt abgeändert werden können.[320]

Wird in diesem Zusammenhang Max Webers aussagekräftiges Wort *"Angriffspunkt"*[321] verwendet, zeigt sich eindrucksvoll die enorme Sprengkraft, die jeder Wertsetzung innewohnt. Verstärkend kommt hierzu, dass niemand werten kann, ohne gleichzeitig abzuwerten. Die vielleicht vormals vorliegende Toleranz der verschiedenen Standpunkte der Wertsetzung kann sofort ins Gegenteil kippen, sobald es darum geht, seine Werte geltend zu machen. Der Geltungsdrang und die Kraft des einzelnen Wertes sind immanente Begleiter jeglicher Wertsetzung.

Aber worin gipfelt letztendlich die Konfrontation zwischen verschiedenen Werten? Es kommt zu einem regelrechten Verdrängungskampf der Werte, der in der Unterwerfung des niederen Wertes gegenüber dem höheren Wert endet. Diesen Umstand bezeichnet Schmitt *Tyrannei der Werte,* in Anspielung auf den objektiven Wertphilosophen Nicolai Hartmann, der in wenigen Sätzen die wertzerstörende Eigenschaft der Wertsetzung skizzierte:

> *"Jeder Wert hat – wenn er einmal Macht gewonnen hat über eine Person – die Tendenz, sich zum alleinigen Tyrannen des ganzen menschlichen Ethos aufzuwerfen, und zwar auf Kosten anderer Werte, auch solcher, die ihm nicht diametral entgegengesetzt sind. Die Tendenz haftet zwar nicht den Werten als solchen in ihrer idealen Seinssphäre an, wohl aber als bestimmenden (oder seligierenden) Mächten im menschlichen Wertgefühl. Solche Tyrannei der Werte zeigt sich schon deutlich in den einseitigen Typen der geltenden Moral, in der bekannten Unduldsamkeit (auch des sonst Nachgiebigen) gegen fremdartige Moral; noch mehr im individuellen Erfaßtsein einer Person von einem einzigen Wert. So gibt es einen Fanatismus der Gerechtigkeit (fiat justitia, pereat mundus), der keineswegs bloß der Liebe, geschweige denn der Nächstenliebe ins Gesicht schlägt, sondern schlechterdings allen höheren Werten."*[322]

[320] Vgl. *Schmitt,* Die Tyrannei der Werte, 41-42.

[321] *Weber*, Gesammelte Aufsätze zur Wissenschaftslehre^2 (1951) 246.

[322] *Hartmann,* Ethik, 524-526.

Tyrannei der Werte, entweder auf dem Weg über das subjektive menschliche Wertgefühl eingetreten, oder bereits in der Struktur des Wertdenkens manifestiert, zeigt, dass die gesamte Wertlehre den unausweichlichen Kampf der Überzeugungen und Interessen in sich trägt. Daher kommt die Wertlogik zu folgendem Schluss: Für den höchsten Wert ist der höchste Preis, der gezahlt werden muss, nicht zu hoch. Dieser Argumentationskette folgt auch Scheler, indem er festhält, dass die Verneinung eines negativen Wertes ein positiver Wert sei. Wird diesem Postulat gefolgt, ergibt sich die Erlaubnis, Böses mit Bösem zu vergelten, die Erde in eine Hölle zu verwandeln, die wiederum in einem Paradies der Werte aufgeht.[323]

Das essayistische Buch des deutschen Historikers Eberhard Straub, *Zur Tyrannei der Werte* geht ebenfalls hart ins Gericht mit dem in den westlichen Gesellschaften der Gegenwart inflationär verwendeten Begriff des Wertes:

> *"Hinter jedem sogenannten Wert steht ein Interessent mit seinen eigenwilligen Absichten und Zwecken. Es gelang nicht, den Werten ein eigenständiges, über jeden Widerspruch erhabenes Sein zu verschaffen, unabhängig vom Begehren subjektiver Temperamente, vergleichbar den Ideen Platons."*[324]

Werte sind gemäß Straub keineswegs politische Stabilitätsgaranten, das Gegenteil ist der Fall. Auf Grund ihrer Volatiliät können sie sehr leicht zu Ungunsten des Anderen betont werden. In der Konfrontation verschiedener politischer Systeme stehen sich oftmals Wertbehauptungen gegenüber, die auf Grund ihres speziellen Gesichtspunktes kaum auf eine gemeinsame höhere Ebene gehoben werden können.

In Berufung auf den freiheitsliebenden Philosophen Jose Ortega y Gasset, der stets gegen die Renaturalisierung des Menschen eintrat, da er darin die Gefahr sah, die Menschen um deren Freiheit und Würde zu bringen, stellte Straub der Wertegemeinschaft eine Rechtsgemeinschaft gegenüber. Erziehung sollte demnach nicht ausschließlich Markt- und Markenbewusstsein lehren, sondern ihr höheres Ziel in der gelebten Freiheit jedes Einzelnen finden. Dadurch kann die notwendige Grundlage geschaffen werden, der Marktfrömmigkeit und der Wertgläubigkeit zu entkommen.[325]

---

323 Vgl. *Schmitt*, Die Tyrannei der Werte, 51.

324 *Straub*, Zur Tyrannei der Werte (2010) 13-14.

325 Vgl. *Straub*, Zur Tyrannei der Werte, 170-172.

Für die weitere Bearbeitung bleibt zweierlei mitzunehmen:

1. Das Bewusstsein, dass die Aufstellung bzw. das Etablieren von Werten, ganz egal wie objektiv oder material es auch geschehen mag, stets zutiefst subjektiv – im Sinne der jeweilig spezifischen Betrachtungsweise – verwurzelt und daher begründet ist.
2. *Tyrannei der Werte*, als Bezeichnung für das Wertungsregime innerhalb eines Systems verschiedenster Werte, trägt in sich immanent die große Gefahr, im einzelnen Akt der Wertung zur selben Zeit andere Werte abzuwerten und dadurch Gefahr zu laufen, die Feindschaft anderer Wertebetrachtungsweisen auf sich zu ziehen.

4.1.2.2 Existenz- versus Exzellenzwerte

In der Zusammenschau der verschiedenen Werteperspektiven zeigt sich einerseits die unmittelbare Nähe des einzelnen "Wertes" zu den Menschen (*Wertfühlen, Miteinbeziehung des persönlichen Erfahrungsschatzes*), aber andererseits auch die direkte Verbindung zur jeweiligen "Rechtskultur"[326] (*Badische Schule des Neukantianismus)* eines Staates. Durch diese zunächst ganz persönliche Wertesetzung basierend auf Erfahrungen, Traditionen bzw. der Kultur und dem Streben nach dem Aufstellen von Haltungen und Prinzipien, auf deren Basis gesellschaftliche und staatliche Ordnung funktioniert, zeigt sich der Gegensatz zwischen subjektivem und objektivem Element der Wertesetzung. Die Gegenüberstellung zweier oder mehrerer, letztendlich in sich geschlossener, objektiver Wertordnungen verschiedener Wertesysteme trägt jeweils in sich die Gefahr des Abwertens anderer Wertesysteme und ist kaum übertragbar. In Zeiten der Krise oder des Krieges müssen unterschiedliche Wertehorizonte darüber hinaus an Hand der von Ernst-Wolfgang Böckenförde aufgeworfenen Frage gemessen werden:

"Worauf stützt sich dieser Staat am Tag der Krise?"[327]

Die Antwort auf diese Frage ist gleich zu beantworten wie die Frage nach den hinter dem Recht stehenden Mechanismen bzw. Prinzipien, die erst die tiefergreifende Grundlage der Legitimation des Rechts darstellen.[328] In beiden Fällen handelt es sich um "Werte".

---

[326] Stadler weist im Bereich der normativen Dimension der "Rechtskultur" darauf hin, dass diese ganz ohne Detailvorgaben richtungsgebend ist und in derem Licht der Hintergrund vieler Rechtsvorschriften verständlich ist (Vgl. *Stadler,* Rechtskultur zwischen Wert und Wirklichkeit, A.02.).

[327] *Böckenförde,* Staat, Gesellschaft, Freiheit[1], Suhrkamp Taschenbuch Wissenschaft, Bd. 163 (1976) 42.

[328] Die Relevanz des Willens zum Recht charakterisierte Böckenförde in wenigen Sätzen:

Der klaren Abgrenzung von Werten und Grundwerten durch Joachim Detjen folgend, stellen diese beiden Definitionen die Grundlage der weiteren Bearbeitung dar:

> *"Grundwerte bilden den letzten Sinn einer menschlichen Gemeinschaft. Sie formen deren Identität. Von den Grundwerten kann man sinnvoll aber nur sprechen, wenn man voraussetzt, dass es in Bezug auf eine Gemeinschaft ranghöhere und rangniedere Werte gibt. Die Differenzierung erscheint hinsichtlich der Verfassung durchaus plausibel. Als Grundwerte kommen dabei die Werte in Betracht, welche der Verfassung Legitimität verleihen und damit ihr Fundament legen."*
>
> *"Werte sind die Eigenschaft einer Sache, welche diese Sache gut machen. Sie bilden damit den normativen Maßstab des angemessenen Verhaltens, des plausiblen Handelns, der wünschenswerten Dinge, der gebilligten, gesollten Ziele[...] Werte haben mithin eine hohe normative Orientierungsfunktion. Sie sondern gut von schlecht, wichtig von unwichtig, richtig von falsch."*[329]

Werte als Zielvorstellungen, die das "gute Leben" beschreiben und auf das "richtige Handeln" schließen, sind von ihrem Begriff her subjektiv[330] und sind ein Indiz für den seit den 1960er Jahren vollzogenen "Wertewandel" in westlich geprägten Gesellschaften.[331] Dabei geht es vor allem um das Zurückdrängen von Werten wie Gehorsam und Selbstbescheidung (Verzicht auf gewisse Ansprüche), hin zu Selbstenfaltungswerten. Dieser Wertewandel, der in Zusammenhang mit den immer schneller werdenden Modernisierungsprozessen zu sehen ist, ermöglicht einerseits dem einzelnen Individuum einen immer größer werdenden Freiheitsspielraum, birgt andererseits jedoch die Gefahr, dass die Bereitschaft und die Bedeutung der Verpflichtung, nötigenfalls für das Gemeinwesen einzutreten, zunehmend abnimmt.[332] Das von Hermann T. Krobath herausgegebene Sammelwerk *"Werte in der Begegnung"* nimmt hingegen kritisch auf den Begriff des Wertewandels Bezug, indem die Hypothese aufgestellt wird, dass dieser Begriff als

---

"Der freiheitliche, säkularisierte Staat lebt von Voraussetzungen, die er selbst nicht garantieren kann. Das ist das große Wagnis, das er, um der Freiheit willen, eingegangen ist. Als freiheitlicher Staat kann er einerseits nur bestehen, wenn sich die Freiheit, die er seinen Bürgern gewährt, von innen her, aus der moralischen Substanz des einzelnen und der Homogenität der Gesellschaft, reguliert. Andererseits kann er diese inneren Regulierungskräfte nicht von sich aus, das heißt mit den Mitteln des Rechtszwanges und autoritativen Gebots, zu garantieren suchen, ohne seine Freiheitlichkeit aufzugeben und - auf säkularisierter Ebene - in jenen Totalitätsanspruch zurückzufallen, aus dem er in den konfessionellen Bürgerkriegen herausgeführt hat." (Böckenförde, Staat, Gesellschaft, Freiheit, Bd. 163, 60.)

329 *Detjen*, Die Werteordnung des Grundgesetzes, 30-31.

330 Vgl. *Ertl*, Politische Bildung im Österreichischen Bundesheer (Kapitel 1.)

331 Vgl. Rödder in: *Bueb/Frevert*, Alte Werte - neue Werte (2008) 19-24.

332 Vgl. Schiele in: *Nothelle-Wildfeuer/Öztürk*, Politische Grundwerte, 2013,34/36, 16.

Erklärung vieler Veränderungen in unserem Leben und in der Gesellschaft herhalten muss. Der Grund für die inflationäre Verwendung des Begriffes "Wertewandel" liegt demnach darin, dass in den meisten Fällen unzählige Beschreibungen vorgeschoben werden, von denen aber die wenigsten entscheidenden Werten in einer Gesellschaft entsprechen. Als Beispiele dafür werden sogenannte Werte wie Treue oder Zuverlässigkeit erwähnt, die Eigenschaften von Verhaltensweisen, aber keine übergeordneten Werte darstellen.[333]

Welche Komponenten sind in Summe einer durchzuführenden Werteanalyse zu berücksichtigen, insbesondere bei der Betrachtung des Aufeinandertreffens unterschiedlicher Wertehorizonte? Der soeben beschriebene "Wertewandel" in westlich geprägten Gesellschaften (zum Beispiel Europa), der in der ersten Hälfte des 20. Jahrhunderts seinen Anfang nahm und spätestens seit den 1960er Jahren bis in die Gegenwart rasant voranschritt, galt und gilt für weite Erdteile nicht. Dies hat zur Folge, dass ein gemeinsamer Ausgangspunkt für eine notwendige Werteanalyse verschiedener Wertehorizonte nur äußerst schwer zu finden ist. Verschärfend muss berücksichtigt werden, dass innerhalb eines bestimmten Wertehorizontes die vorherrschenden Werteideen als richtungsweisender Wertungsantrieb angesehen werden müssen. Dieser Wertungsantrieb nutzt den menschlichen Erkenntniswillen, um die Wahrheit ihrer selbst willen zu suchen oder Einheit in das Ganze unserer Erkenntnisse zu bringen. Verschiedenen Werteideen ist es eigen, dass sie Ideale darstellen, die im Bereich des Möglichen nach Verwirklichung streben.[334]

Wenn über *"europäische Werte"*[335] gesprochen wird, werden meist an erster Stelle Menschenwürde, individuelle Freiheit, Rechtsstaatlichkeit, Demokratie, Gleichheit und Toleranz genannt. Diese Werte europäischen Denkens können nur in Verbindung mit der *"Europäischen Konvention zum Schutze der Menschenrechte und Grundfreiheiten"* (1950), welcher die direkte Reaktion des Europarates auf die *"Universelle Erklärung der Menschenrechte durch die Vereinten Nationen"* (1948) darstellt, betrachtet werden.[336] So wurde auch im Vertrag von Lissabon im Jahr 2009 niedergeschrieben:

---

[333] Vgl. Atteslander in: *Krobath,* Werte in der Begegnung (2011) 278-279.

[334] Vgl. *Reininger,* Wertphilosophie und Ethik, 42-43.

[335] Europäische Werte werden oftmals mit westlichen Werten gleichgesetzt. Dazu ist anzumerken, dass Staaten wie die USA, Kanada oder Australien in der jeweiligen Entstehungsphase westlich geprägter Gesellschaften in erheblichem Maße durch europäisches Denken und Handeln beeinflusst wurden, jedoch haben sich diese Staaten über Jahrhunderte anders als Europa entwickelt. Daher ist die so genannte westliche Wertegemeinschaft weniger konsistent als man vordergründig annimmt (Vgl. *Prange,* Werte, 739.).

[336] Vgl. *Prange,* Werte, 715-739.

"Die Werte, auf die sich die Union gründet, sind die Achtung der Menschenwürde, Freiheit, Demokratie, Gleichheit, Rechtsstaatlichkeit und die Wahrung der Menschenrechte einschließlich der Rechte der Personen, die Minderheiten angehören. Diese Werte sind allen Mitgliedstaaten in einer Gesellschaft gemeinsam, die sich durch Pluralismus, Nichtdiskriminierung, Toleranz, Gerechtigkeit, Solidarität und die Gleichheit von Frauen und Männern auszeichnet."[337]

Auf Grund der Tatsache, dass Werte im Allgemeinen und hier im Speziellen europäische Werte, Orientierungshilfen des Handelns und Entscheidungshilfen darstellen, liegt die ganz persönliche Herausforderung darin, Grundwerte einer Gesellschaft stets aus deren sozio-historischen Entwicklung zu reflektieren und nicht als seit jeher gegebene Identitäten zu beurteilen. Allein das oft skizzierte Bild Europas mit seinem Sockel, auf dem wir stehen, sein Fundament unserer Zivilisation und die Grundmauern des Hauses Europa täuscht über den jahrhundertelangen andauernden Prozess des Erkämpfens europäischer Werte hinweg. Sowohl die heute mit universellem Geltungsanspruch maßgeblichen Menschenrechte als auch die Gleichberechtigung von Mann und Frau stellen Errungenschaften europäischen Denkens und Tuns dar, die sich letztendlich erst im 20. Jahrhundert des vergangenen Jahrtausends manifestiert haben. Deshalb scheint es zweckdienlicher zu sein, europäische Werte nicht als statischen Sockel, auf dem alles aufbaut, sondern als eine Art *"Koordinatensystem"*[338] zu betrachten, das im Laufe der Zeit erweitert und verändert wurde und noch immer wird. Hält man sich vor Augen, dass gerade wir Europäer im vergangenen Jahrhundert einen rasanten Wertewandel vollzogen haben und uns dadurch von den meisten anderen Erdteilen entfernten, scheinen Konflikte beim Aufeinanderprallen zweier oder mehrerer Werteideen vorprogrammiert, umso mehr ihre Ideale divergierend sind. *"Werteprogrammierung"*[339] beginnt bereits im Kindesalter, sie basiert auf dem Erlernen logischer Handlungsmuster und stellt die Basis für gelebte und erwartete Werte dar. Beim Aufeinandertreffen zweier oder mehrer verschiedener Wertehorizonte besteht stets die Gefahr, dass unsere Eindrücke durch einen Filter in der Jugend erworbener Wertekategorien laufen und wir ausschließlich das erkennen, was offensichtlich ins Auge fällt. Die wahren Hintergründe jedoch, das Ausmaß und die Tiefe der unterschiedlichen Werte bleiben jedoch unergründet. Hofstede untermauert die menschliche Schwierigkeit einer adäquaten Analyse fremder Werte, indem er drei Arten von Unterschieden zwischen Ländern festhält: Identität, Werte und Institutionen. Dabei stellen Werte das Herz einer Kultur dar, jedoch bleiben sie

---

337 *Hellmann*, Der Vertrag von Lissabon (2009) 106-107.
338 *Prange*, Werte, 737.
339 Schlegel in: *Krobath*, Werte in der Begegnung (2011) 591.

unsichtbar.[340] Dahinter steht die allgegenwärtige philosophische Frage, ob das Ideale nicht nur Gedachtes, sondern auch etwas Reales (nicht-gegenständliches Seiendes) ist. Sind insbesondere Werte etwas ideal Seiendes, das im real Seienden als Struktur oder Gesetzmäßigkeit konkret abgebildet ist?

Dies bedeutet, dass vormoderne Wertehorizonte eher aus der ursprünglichen Perspektive betrachtet werden müssen, die vor dem Eintreten des beschriebenen "Wertewandels" innerhalb westlich geprägter Gesellschaften vorherrschte.

Eine erste Idee der Einordnung verschiedener Wertehorizonte liefert die vom amerikanischen Politikwissenschaftler Ronald Inglehart durchgeführte *World Value Survey* Studie[341], die seit den 80er Jahren bereits dreimal weltweit stattfand.[342] Inglehart fand im Laufe seiner Werte-Studie zwei entscheidende kulturelle Dimensionen heraus, die er dualistisch darstellte:

1. *"Survival vs. Self-Expression Values"* – Überleben vs. Wohlergehen
2. *"Traditional vs. Secular-Rational Values"* – Traditionelle Autorität vs. weltlich-rational

Mit Hilfe dieser beiden Dimensionen wurde eine Wertekarte entworfen, in der Länder in bestimmte Regionen ähnlicher Werte unterteilt werden.

---

340 Vgl. *Hofstede/Hofstede,* Lokales Denken, globales Handeln, 50807: Beck-Wirtschaftsberater, 418-419.

341 Vgl. *Inglehart,* Values change the world (2013)

342 Begann man in den 80er Jahren mit einer Studie über Werte, die noch über öffentliche Meinungsumfragen ermittelt wurden, erweiterte sich die Erhebung der Studie in den 90er Jahren auf etwa 60.000 Umfrageteilnehmer aus 43 Gesellschaften. Die Ergebnisse waren bereits für 70% der Weltbevölkerung repäsentativ (Vgl. *Hofstede/Hofstede,* Lokales Denken, globales Handeln, 50807 : Beck-Wirtschaftsberater, 43.).

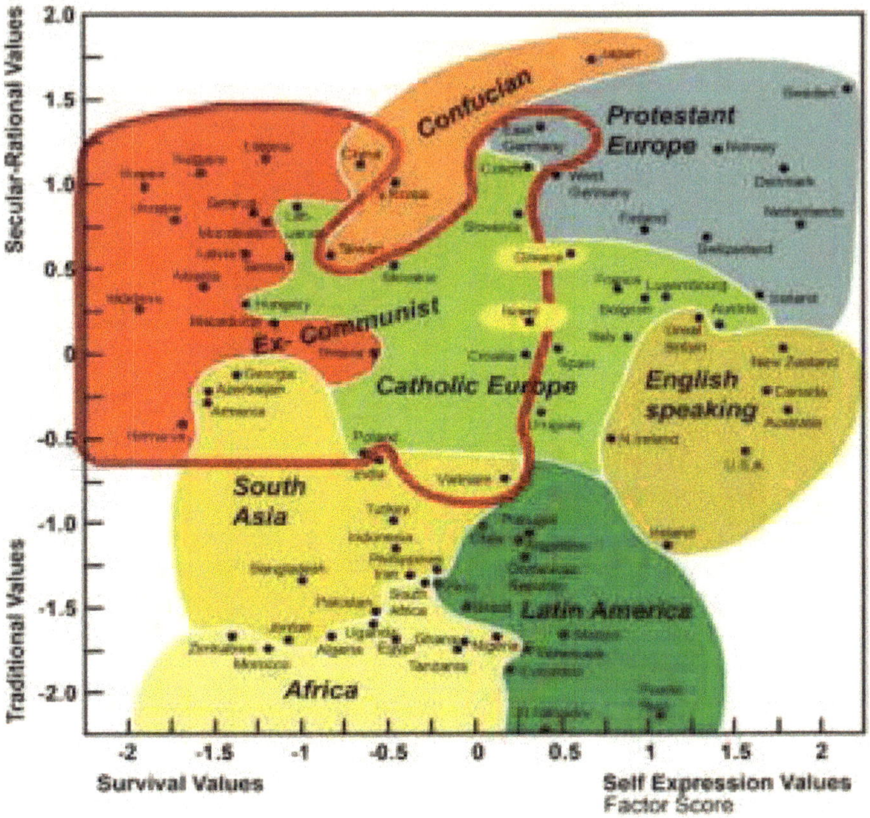

Wertekarte[343]

Das Grundprinzip, dem diese Wertekarte folgt, kann wie folgt charakterisiert werden:

> *"The Traditional/Secular-rational values dimension reflects the contrast between societies in which religion is very important and those where it is not. Societies near the traditional pole emphasize the importance of parent-child ties, deference to authority and traditional family values, while rejecting divorce, abortion, euthanasia and suicide. These societies have high levels of national pride, and a nationalistic outlook. Societies with secular-rational values have the opposite preferences. In nearly all industrial societies, world views have shifted from Tra-*

343 *Inglehart,* Values change the world

ditional toward Secular-rational values. But with the rise of the knowledge society, cultural change moves in a new direction. The transition from industrial society to knowledge society is linked with a shift from Survival values toward Self-expression values. In knowledge societies, an increasing share of the population has grown up taking survival for granted. Their priorities have shifted from an overwhelming emphasis on economic and physical security toward increasing emphasis on subjective well-being, self-expression and quality of life."[344]

Das Bild, das sich für verschiedene Länder (Wertehorizonte) an Hand der Wertekarte zeichnen lässt, sollte ausschließlich zur ersten Einordnung und Orientierung für eine darauffolgende Werteanalyse dienen. Schmitts Wertkritik folgend, ist die Gefahr eines Wertungsregimes innerhalb eines Systems verschiedenster Werte immanent, im einzelnen Akt der Wertung zur selben Zeit andere Werte abzuwerten und dadurch von vornherein die Feindschaft anderer Wertbetrachtungsweisen auf sich zu ziehen. Trotzdem kann die oben angeführte Wertekarte (Bestimmung des Wertehorizontes des Gegenübers) in Verbindung mit der Darstellung eigener Werte innerhalb eines Koordinatensystems (Bestimmung des eigenen Wertestandpunktes) die Grundlage für einen tiefergehenden Prozess des Wertediskurses darstellen.

Aus europäischer Sicht bedeutet dies eine reflektierende Orientierung innerhalb der Wertekarte vom eigenen Standort postmoderner Gesellschaften über moderne Industriegesellschaften in Richtung vormoderne Gesellschaften. Erleichtert wird dieses Eintreten in einen gegenseitigen Wertediskurs durch die Überlegung, Werte nicht als absolute Norm anzusehen, sondern als Orientierungsgröße, mit der man sich im Leben bewegt.[345] Ähnliche Überlegungen stellt auch der Freiburger Historiker Wolfgang Reinhard an, wenn er in Bezug auf die postkoloniale Kolonialgeschichtsschreibung fordert, die eurozentristische Befangenheit der westlichen Wissenschaft zu reflektieren und trotz vieler Widersprüche und komplexer Austauschbeziehungen die Kolonialisierten als handelnde Subjekte der Geschichte ernst zu nehmen.[346] Ein anderes Beispiel für problematisches europäisches Denken im weltweiten Wertediskurs liefert der indische Historiker Dipesh Chakrabarty: Einstellungen und Haltungen, die ausschließlich auf Basis europäischer Vorstellungen der Modernisierung, der Entwicklung oder des Kapitalismus beruhen, führen unweigerlich dazu, dass die europäische Geschichte zum weltweiten Maßstab erklärt wird.[347]

---

[344] *Inglehart,* Values change the world, 6.
[345] Vgl. *Prange,* Werte, 737.
[346] Vgl. Reinhard, Wolfgang in: *Kraft,* Kolonialgeschichten (2010) 79.
[347] Vgl. *Chakrabarty,* Europa als Provinz, Theorie und Gesellschaft, Bd. 72 (2010) 65.

Inwieweit können nun Schelers Überlegungen einer materialen Wertethik dazu beitragen, vormoderne Wertehorizonte besser verstehen und einordnen zu können?

Der Ausgangspunkt eines anzustrebenden Wertediskurses, vor allem in der Frage der hermeneutischen Kompetenz von Streitkräften außerhalb ihres Kulturhorizontes, ist in dem umfassenden dreistufigen Prozess des Verständnisses nach Dilthey zu suchen. Darüber hinaus zeichnet sich Diltheys Methode dadurch aus, Bruchteile, die von der Vergangenheit noch übrig sind, in einen Konnex mit eigenen Erfahrungen zu bringen und mittels Induktion den Gesamtzusammenhang abzuleiten.[348] Berücksichtigt man den Umstand, dass Scheler Diltheys *"Philosophie aus der Fülle des Erlebens des Lebens heraus"*[349] folgte, kann man zu folgendem Schluss kommen:

Eine notwendige Voraussetzung für den Eintritt in einen Wertediskurs verschiedener Wertehorizonte stellt das hermeneutische Lesen, Verstehen bzw. Interpretieren Schelers *materialer Wertethik* dar.

Gerade Schelers Aspekt des *"intentionalen Fühlens"*[350], dass nämlich das Gefühlsleben uns Zugang zu idealen Objekten, den Werten, verschafft und im Widerstreit zu Kants Vorstellungen von Werten als Prinzipien vernünftiger Lebensgestaltung steht, ermöglicht einen ganz neuen Blickwinkel auf andere Wertehorizonte entsprechend Ingleharts Wertekarte. Ein weiterer Aspekt der *materialen Wertethik*, die hierarchische Ordnung verschiedener Wertdimensionen von religiösen Werten über geistige Werte und Werte des vitalen Fühlens bis zu sinnlich-angenehmen Werten, eröffnet uns einen Blick auf Werthorizonte, die in Europa etwa zur Zeit des Endes des 19. Jahrhunderts und zu Beginn des 20. Jahrhunderts vorherrschten, aber dennoch in vielen anderen Teilen der Erde gegenwärtig sind.[351] Allein das Wissen um den

---

[348] Vgl. *Dörr*, Fundament der Geisteswissenschaften (2012) 44.

[349] *Scheler*, Gesammelte Werke, 313.

[350] *Joas*, Die Entstehung der Werte, Bd. 1416, 146-147.

[351] Europäisches Wertedenken in Verbindung mit der vorherrschenden Rechtskultur beruht zu einem großen Teil im hermeneutischen Wertdenken der Badischen Schule des Neukantianismus. Sowohl die sechs Grundbausteine der österreichischen Bundesverfassung, die abwechselnd dem angelsächsischen, dem romanischen und dem germanischen Rechtskreis zuzuordnen sind, als auch das Wesen der europäischen Rechtskultur (Schutz der Menschenwürde als Leitmotiv) sind Kinder zutiefst europäischer Werteüberlegungen und Haltungen (Vgl. *Stadler*, Rechtskultur zwischen Wert und Wirklichkeit). Der deutsche Philosoph und Professor an der Ludwig-Maximilian Universität in München, Julian Nida-Rümelin postuliert Freiheit und Gleichheit als die beiden Grundelemente der sich im Zuge der Aufklärung herausbildenden Demokratie, die er auch als die entscheidenden *Grundwerte* in die aktuelle Wertedebatte einbringt. Dabei knüpft er an Kant an, der Freiheit dadurch charakterisiert, sich nicht durch unmittelbare Antriebe bestimmen zu lassen, sondern durch rationale, vernunftbasierte Überlegungen. Dies ist immer nur im Lichte des Menschen als Vernunftswesen

eigenen Wertehorizont (Bezugsrahmen) und das Aufbringen von Verständnis für andere Wertehorizonte, die uns auch oftmals befremdlich erscheinen, ermöglichen die Aufstellung und das Entwickeln von Prinzipien, die – ähnlich einem Kompass – der Orientierung zwischen verschiedenen Kulturen dienen sollen. Solche Prinzipien müssen einerseits stets mit der Realität in der jeweiligen Wertelandschaft rückgekoppelt werden, um dem prozessualen Ablauf des Verstehens nach Dilthey (Erlebnis-Ausdruck-Verstehen) gerecht zu werden und um nicht Gefahr zu laufen, gegen ortsübliche, gesellschaftliche Zielvorstellungen zu verstoßen. Andererseits sollten Prinzipien der Orientierung in Wertelandschaften zumindest seit der Zeit der Aufklärung vom Toleranzgedanken getragen sein[352], um der eigentliche *Analyse des Begehrens* näher zu kommen – ganz egal was man begehrt, der eigentliche Zweck ist stets tieferliegend: hinter der Medizin die Gesundheit, hinter dem Brot die Sättigung.[353] Ähnlich verhält es sich auch mit den vordergründig ähnlichen Begriffen der Ausbildung und der Bildung nach Scheler:

> *„Bildung ist nicht Ausbildung für etwas, für Beruf, Fach, Leistung jeder Art, noch gar ist Bildung um solcher Ausbildung willen. Sondern alle Ausbildung zu etwas ist für die aller äußersten Zwecke ermangelnde Bildung da – für den wohlgeformten Menschen selbst.'*[354]

Die Frage nach moralischen Grenzen der Prinzipien innerhalb des Wertediskurses ist eine immanente. Wo endet nämlich die Toleranz gegenüber anderen Werten und wo beginnt die eigene Pflicht, sich gegenüber anderen Wertvorstellungen klar abzugrenzen? Ein Beispiel einer solchen Grenze stellen Fragen der Menschenwürde dar, die gleichermaßen Grundlage und Grenze der österreichischen Rechtskultur manifestieren.[355] In dieser schwierigen Frage kann man Wolfgang Kersting folgen, der zwischen transzendentalen und pragmatischen Rechten unterschied.[356] Transzendentale Werte

---

möglich (Freiheit als Autonomie bzw. als Erscheinungsform der Vernunft). Für Nida-Rümelin sind diese beiden *Grundwerte* Freiheit und Gleichheit in der westlichen Welt bereits so selbstverständlich geworden, dass deren Besonderheit oftmals nicht mehr erkannt und daher verkannt wird (Vgl. *Nida-Rümelin*, Freiheit, Werte und Politik - Kongress (2012) 1-2.). Dieses hier dargestellte Werteverständnis ist sehr stark vernunftgetrieben und steht daher im direkten Gegensatz zu einem Schelerschen Wertfühlen.

352 Die Zeit der Aufklärung in Europa bewirkte, dass sich der Toleranzgedanke von der Religion auf den politischen und juristischen Bereich ausweitete. So trat Spinoza für das Recht der freien Meinungsäußerung ein, Unterstützung dafür fand er bei John Locke - *Brief über die Toleranz* (Vgl. *Prange*, Werte, 560.).

353 Vgl. *Prange*, Werte, 561.

354 *Scheler*, Späte Schriften, Gesammelte Werke / Max Scheler, Bd. 9 (1976) 103.

355 Vgl. *Stadler*, Rechtskultur zwischen Wert und Wirklichkeit, 1-2.

356 Vgl. *Kersting*, Pax Kantiana: Towards a Political Philosophy of International Relations, prima philosophia 1993 (153-156.)

können auch als Existenzwerte benannt werden, da sie vitale Interessen verfolgen. Hingegen beschreiben pragmatische Werte oder Exzellenzwerte politische Vorstellungen. Dies bedeutet, dass im durchzuführenden Wertediskurs die notwendige Toleranz gegenüber sämtlichen Exzellenzwerten aufzubringen sein wird, jedoch bei der Frage bezüglich Existenzwerten keinerlei Kompromisse zulässig sind. Am Beispiel der Menschenwürde bedeutet dies, dass dem Konzept Kants folgend, dem Menschen auf Grund seiner moralisch-praktischen Autonomie von vornherein Freiheit und Verantwortung zusteht. Die Würde des Menschen liegt in dieser gleichen Freiheit aller Menschen begründet. Die soeben beschriebene Menschenwürde stellt einen Existenzwert europäischen Werteverständnisses dar, der unter allen Umständen gewahrt und geschützt werden muss.

Daher muss am Ende eine Bewertung der vorgefundenen Situation im Lichte von Existenz- versus Exzellenzwerten stehen, die beide Seiten der Wertung, subjektive als auch objektive, berücksichtigt.

Voraussetzung dafür ist ein Subjekt, das wertet und ein Objekt, das gewertet wird. Die gefühlsmäßige Komponente (Wertgefühl), also die Verbindung zwischen Subjekt und Objekt, die in weiterer Folge eine Wertaussage trifft, drückt sich in ihrer spezifischen sprachlichen Ausformung aus. Wird sie als Wertgefühl noch in der "Ich" Form formuliert ("mir ist etwas wert"), ändert sie ihre Formulierung in die "Ist" Form ("etwas ist wertvoll"). Hier zeigt sich eindrucksvoll der vollzogene Prozess der Wertung unter Berücksichtigung der gefühlsmäßigen Komponente. Voraussetzung für den Prozess der Wertung sind jene Gefühlsreaktionen (gefühlsmäßige Komponenten), die im Menschen ausgelöst werden. Diese Wertungen richten sich auf Eigenschaften, Beschaffenheiten oder Funktionsweisen, das bedeutet auf Qualitäten von Dingen. Qualitäten, die in weiterer Folge positiv gewertet werden, nennt man Werte. Hingegen Qualitäten, die negativ gewertet werden, heißen Unwerte oder Gegenwerte.[357] Welche Qualitäten wiederum als Wert erlebt werden, hängt von der Natur unseres Wertebewusstseins ab. Um dennoch den scheinbaren Widerspruch zwischen Wert und Gegenwert auflösen und dadurch verstehen zu können, bietet sich die Berücksichtigung der unterschiedlichen Blickwinkel an. Im Vergleich verschiedener Wertehorizonte ist stets der Umstand mit zu berücksichtigen, dass einzelne Wertesysteme *"sinngebend für das Ganze des Lebens"*[358] stehen und diese daher im Gesamtzusammenhang hermeneutisch zu beurteilen sind.

---

[357] Vgl. *Reininger,* Wertphilosophie und Ethik, 38-40.

[358] *Reininger,* Wertphilosophie und Ethik, 9.

Was bedeutet dies für Military Assistance Einsätze?

Der bereits vorgestellten Effizienzformel (Effizienz = Qualität x Akzeptanz²) folgend, zeichnet sich bezugnehmend auf die zu erbringenden militärischen Leistungen im Rahmen von Military Assistance nachstehendes Bild: Das ehrlich gemeinte Akzeptieren und Annehmen[359] des fremden Wertehorizontes und dadurch auch der fremden Rechtskultur ermöglicht das Vordringen der Soldaten in das *"Herz der jeweiligen Kultur"*[360]. Durch die Verbindung von Herz (Schelers materiale Wertethik), Vernunft (Kants Prinzip vernünftiger Lebensgestaltung) und eines zutiefst subjektiven Etablierungsvorganges (Schmitts Wertekritik) stellen Werte die notwendige Brücke zwischen der einheimischen Bevölkerung/Sicherheitskräfte/Soldaten und den vor Ort operierenden Spezialeinsatzkräften dar.

Quelle: AUT MTT, November 2017

Afghanischer Soldat bei der Pionierausbildung

[359] "Akzeptieren" und "Annehmen" bedeutet jedoch nicht das unkritische "Übernehmen" fremder Werte bzw. Rechtskulturen, sondern vielmehr die Fähigkeit, gewonnene Erfahrungen und Eindrücke, wo immer möglich, kritisch zu reflektieren und daraus die entsprechenden Ableitungen zu treffen.

[360] *Hofstede/Hofstede,* Lokales Denken, globales Handeln, 50807 : Beck-Wirtschaftsberater, 419.

Eine Studie der kanadischen Spezialeinsatzkräfte unter dem Titel *"Solving the people puzzle - cultural intelligence and SOF"* aus dem Jahr 2010, die mit Masse die erworbenen Einsatzerfahrungen in Afghanistan berücksichtigt, zielt ebenfalls darauf ab, ethische Fragen und hier vor allem Herausforderungen aus dem Bereich Kulturverständnis aufzuarbeiten. So heißt es unter anderem:

> *"In the end, to be successful in the contemporary operating environment means more than just equipping and training soldiers to fight with the most advanced technology and weapons systems available [...] But equally, if not more importantly, it demands military professionals who are culturally astute, who can see reality through the eyes of others and utilize that knowledge to influence others to achieve their aims. Only by fully understanding others it is possible to win their trust and confidence and influence them in a substantive lasting way."*[361]

Zahlreiche Studien und Abhandlungen über Kulturverständnis beschreiben und charakterisieren wie ein solches im Optimalfall aussehen sollte, jedoch kratzen sie meist nur an der äußeren Oberfläche und dringen nur in den seltensten Fällen zum Kern dessen vor, was Kultur prägt und bildet, nämlich die Werte.[362] Nachhaltige militärische Ergebniserzielung im Einsatzraum setzt jedoch voraus, dass die zu erbringenden Military Assistance Leistungen zur Gänze im kritischen Bewusstsein des fremden Wertehorizonts durchgeführt werden. Ein ausschließlicher Export des eigenen Werteverständnisses und ein Nichteinlassen auf den Wertekosmos des Gegenübers ist von vornherein zum Scheitern verurteilt, da Werte in keiner Weise als das erfasst werden, was sie in Wahrheit darstellen, nämlich jenen *"Ethos, in dem die pluralistische Gesellschaft ihre Einheit findet."*[363] Als gutes Hilfsmittel für ein rasches Eintauchen in einen anderen Wertehorizont kann das von Prange entwickelte Koordinatensystem angesehen werden. Führt man sich zunächst vor Augen, dass die eigenen (europäischen) Werte im Laufe der Zeit, und vor allem im 20. Jahrhundert des vergangenen Jahrtausends einem massiven Wandel unterzogen wurden, fällt es leichter, den derzeitigen Wertekosmos

---

361 *Spencer,* Solving the people puzzle, 27.

362 Hofstede entwickelte ein sogenanntes "Zwiebeldiagramm", mit dem er die Manifestation von Kultur auf verschiedenen Tiefenebenen darstellte: Symbole, Helden, Rituale und Werte. Symbole sind dabei die oberflächlichste und Werte die am tiefsten gehende Ausdrucksform von Kultur. Werte stellen demzufolge das Herz einer Kultur dar (Vgl. *Hofstede/Hofstede,* Lokales Denken, globales Handeln, 50807 : Beck-Wirtschaftsberater, 8-9.).

363 Isensee, Ethische Grundwerte im freiheitlichen Staat in: *Paus,* Werte, Rechte, Normen, 134.

anderer Kulturen zu verstehen und zu akzeptieren. Spencers Studie schlägt dazu folgende Vorgehensweise vor:

> *"Given that the contemporary operating environment often requires soldiers to react instantaneously to ambiguous and complex situations, individuals should practice resolving ethical dilemmas prior to deployments."*[364]

Eine vorgestaffelte Auseinandersetzung mit dem jeweiligen Kulturraum steht außer Frage, abzielen sollte sie jedoch auf die Mitgabe von Hilfsmitteln der Orientierung zwischen den verschiedenen Kulturen. Erst wenn sich die Soldaten im eigenen Wertehorizont (gemäß dem Koordinatensystem) verorten können, wird es ihnen möglich sein, in einem anderen Wertehorizont ihre militärischen Aufträge nachhaltig zu erfüllen. Dabei steht eine umfassende Annäherung an den Wertebegriff im Vordergrund, der das Wissen um subjektive, objektive, emotionale und erfahrungsmäßige Aspekte von Werten beinhaltet. Eine zu starke Fokussierung und Betonung der eigenen Werte, die jedoch Maßstab des eigenen Handelns sein müssen, scheint unzweckmäßig, da die Gefahr eines Wertungsregimes (vergleiche hiezu die *Tyrannei der Werte* nach Schmitt) in der Ausprägung, andere Werte abzuwerten, besteht. Daher sollten äußerst starke Betonungen des eigenen Wertehorizontes, wie das folgende Negativbeispiel zeigt, vermieden werden:

"*Adherence to your own set of beliefs and values.*"[365]

Da oftmals das geschriebene Wort Ausdruck des Gedachten ist, sind gerade im Wertediskurs Formulierungen angebracht, die die beiden unterschiedlichen Seiten beinhalten und versuchen, die verschiedenen Positionen aneinander anzunähern:

"Essentially, this involves adhering to your own moral code while simultaneously respecting that of the local population."[366]

Doch auch wenn man sich den negativen Aspekten eines Wertungsregimes bewusst ist und die immanente Gefahr des Abwertens anderer Werte hintan hält, stellt sich die Frage nach dem Umgang mit jenen Werten, die nicht nur außerhalb des eigenen Wertehorizontes liegen, sondern vor allem gegen Grundwerte des eigenen Verständnisses verstoßen. Da es sich im Speziellen bei Grundwerten um *"den letzten Sinn einer menschlichen Gemeinschaft"*[367] handelt bzw. im allgemeinen *"das Ringen um Werte immer auch ein Ringen um Vernünftigkeit ist"*[368], stellen sie den äußeren Rahmen eines jeden Military Assistance

---

364 *Spencer,* Solving the people puzzle, 138.
365 *Spencer,* Solving the people puzzle, 137.
366 *Spencer,* Solving the people puzzle, 141.
367 *Detjen,* Die Werteordnung des Grundgesetzes, 30-31.
368 *Stadler,* Rechtskultur zwischen Wert und Wirklichkeit, 1.

Einsatzes dar. Die bereits erläuterte Unterscheidung zwischen Existenz- und Exzellenzwerten bietet ein handhabbares Modell, um jene unter allen Umständen zu schützenden Werte (Existenzwerte) klar festzulegen. Eine solch tiefgreifende und zugleich richtungsweisende Kategorisierung von Werten sollte, bevor die politische Entscheidung zu einem militärischen Einsatz gefällt wird, auf breiter Basis festgelegt werden. Der Grund dafür liegt in der philosophischen und religiösen Erkenntnis, dass der Wirklichkeit Werte zugrunde liegen, die sowohl universalgültig, richtungsgebend als auch bindend sind. Werte als das Produkt der *"reflexiven Verarbeitung persönlicher Erfahrung* setzen *vernunftgeleitete Kritik voraus."*[369] Dadurch ermöglichen sie ethische Reflexionen und führen letztendlich zu einer Erweiterung des persönlichen Denk- und Handlungshorizontes, vor allem in Hinblick auf etwaige Wertediskurse.

Nachstehende Werte sind im gegenwärtigen europäischen Koordinatensystem Exzellenz- bzw. Existenzwerten zuzuordnen.[370] Hierbei handelt es sich um eine beispielhafte Aufzählung, die keinesfalls den Anspruch der Vollzähligkeit erhebt:

Bereits die Feststellung, dass *"die europäischen Debatten über europäische Werte als Identitätsdiskurse zu verstehen sind"*[371] zeigt das enorme Spannungsverhältnis, in der Idee des "Nationalstaates Europa" manifestiert, das in den meisten Diskussionen über europäische Werte mitschwingt. Die Gefahren einer negativ konnotierten Abgrenzung, die sich durch das Definieren der eigenen Identi-

---

369 *Friesl/Hamachers-Zuba/Polak*, Die Österreicher/-innen (2009) 33.

370 Das Institut für praktische Theologie der Katholisch-Theologischen Fakultät der Universität Wien beschäftigt sich seit vielen Jahren mit dem Thema "Werteforschung" in Österreich und im europäischen/internationalen Vergleich. Die Frage nach "typisch-europäischen Werten" lässt sich jedoch nicht so einfach empirisch beantworten, da die "Europäische Wertestudie 1990-2010" (Vgl. *Polak*, Zukunft-Werte-Europa (2011)) ausschließlich Vergleiche innerhalb Europas zieht. Im theoretischen Kontext kann man die Werte-Realität Europas wie folgt verorten: Auf der einen Seite existieren die europäischen Werte, zu denen sich die Europäische Union mit dem *Vertrag über die Gründung der Europäischen Union* in der Fassung des Vertrags von Lissabon verpflichtet hat (siehe Kapitel 4.2.2). Auf der anderen Seite, und das stellt den Forschungsgegenstand der "Europäischen Wertestudie 1990-2010" dar, existieren empirisch vorfindbare Einstellungen zu Werten. Vier aktuelle Erscheinungsformen untermauern die Bedeutung nach der Kohärenz der Werte in Europa mit den dazugehörenden Haltungen der Gesellschaft:

1. Relevanz der Diskussion um die europäische Wertegemeinschaft.
2. Politisierung des Wertediskurses.
3. Mäßig ausgeprägtes Europa-Bewusstsein der europäischen Bevölkerung.
4. Künftige Rolle Europas in der Welt.

Politische "Europaziele", die wertemäßig nicht bzw. nur unzureichend von der Bevölkerung getragen werden, bleiben meist zahnlos (Vgl. *Polak*, Zukunft-Werte-Europa, 55-56.).

371 *Mandry, Christof in: Polak, Zukunft-Werte-Europa, 71.*

tät über Werte ergibt, ist ähnlich dem beschriebenen Phänomen *Tyrannei der Werte* nach Schmitt zu beurteilen. Im wissenschaftlichen Wertediskurs europäischer Werte lassen sich zwei Hauptströmungen unterscheiden: Kulturhistorische Entwicklungen, die die europäische Mentalität und Identität prägten und noch immer prägen werden umfassend durch Joas und Wiegandt in *"Die kulturellen Werte Europas"*[372] diskutiert. Dabei werden die folgenden Werte typischerweise Europa zugeordnet: Bejahung von Vielfalt, Freiheit, Innerlichkeit, Rationalität und Selbstverwirklichung. Den anderen Teil der europäischen Wertediskussion nehmen jene Werte ein, die im Zuge der Debatten des Europäischen Konvents im Entwurf eines Verfassungsvertrags für die Europäische Union niedergeschrieben wurden und sich heute in Artikel 2 des Vertrags von Lissabon wiederfinden (Achtung der Menschenwürde, Freiheit, Demokratie, Gleichheit, Rechtsstaatlichkeit und die Wahrung der Menschenrechte – diese Werte sind in einer Gesellschaft zu wahren, die sich durch Pluralismus, Nichtdiskriminierung, Toleranz, Gerechtigkeit, Solidarität und die Gleichheit von Frauen und Männern auszeichnet).[373]

Zusammenfassend läßt sich feststellen, dass es einerseits einen kulturellen, identitätsstiftenden Zugang zu europäischen Werten gibt, andererseits existieren auch in verschriftlichter Art und Weise politisch-demokratische europäische Werte, die es zu berücksichtigen gibt. Da es durchaus sinnvoll erscheint, diese beiden Pole europäischer Werte ergänzend zu betrachten, die Verträge und Dokumente der Europäischen Union jedoch *"die Fundamente von Werten in traditionalen Verstehens- und Überlieferungskontexten offen läßt"*[374], obliegt es der europäischen Zivilgesellschaft, in der Anwendung des Wertfühlens nach Scheler eine subjektorientierte Wertvorstellung europäischer Werte zu erzielen. Aus der bisherigen Bearbeitung ergibt sich nachstehendes (durchaus subjektives) Bild von "europäischen Existenz- und Exzellenzwerten":

Europäische Existenzwerte:

Freiheit, Achtung der Menschenwürde, Menschenrechte, Gleichheit.

In diesem Zusammenhang werden oftmals "Demokratie" und "Rechtsstaatlichkeit" selbst als europäische Werte angesprochen, jedoch handelt es sich dabei um rechtliche Instrumente zur Sicherung dieser Existenzwerte. Eine

---

[372] *Joas*, Die kulturellen Werte Europas², Fischer-Taschenbücher, Bd. 16402 (2005)
[373] Vgl. *Polak*, Zukunft-Werte-Europa, 72.
[374] *Polak*, Zukunft-Werte-Europa, 74.

Rückschau in die Anfänge neuzeitlichen Denkens, vor allem in die Gedankenwelt Spinozas, gab bereits damals Zeugnis der europäischen Dimension des "Wertebegriffs":

Der Mensch (Modus, Modifikation) als Teil der allumfassenden göttlichen Substanz stellt den ursächlichen Grund für *Menschenrechte* dar. *Freiheit* wiederum herrscht immer dann, wenn der menschliche Geist die Materie dominiert. Als Voraussetzung dafür wird ein Staat benötigt, der Rechtsstaatlichkeit und dem Volk Mitbestimmung garantiert. "Bildung" gibt die Möglichkeit dieses Gemeinwohl zu erkennen. Daher folgert Spinoza zu Recht, dass nur in einem *demokratischen Rechtsstaat* der Mensch seine *Freiheit* verwirklichen kann.[375]

Europäische Exzellenzwerte:

Selbstverwirklichung, Bejahung von Vielfalt, Toleranz, Solidarität, Pluralismus.

Demnach sind Existenzwerte "transzendental", da sie die notwendige unverzichtbare Bedingung der Möglichkeit aller anderen Werte (daher "nur" Exzellenzwerte) darstellen. Exzellenzwerten kann man folgen oder auch nicht, dies hängt von der jeweiligen kulturellen Vorprägung von Gesellschaften ab.

4.1.3 Elemente kultureller Identität

Ein Faktor, dem bis dato wenig Beachtung geschenkt wurde, stellt die jeweilige Kultur dar. Vorangestellte intensive und zugleich reflexive Auseinandersetzung mit den äußeren Rahmenbedingungen eines möglichen Einsatzraumes führt unweigerlich zur Berücksichtigung kultureller Kennzeichen und Eigenheiten. Diese sollte stets in Wechselwirkung mit der eigenen Kultur stehen, um nach Jörg Rogge dem reflexiven Element von Kulturen gerecht zu werden:

> *"Kultur ist der von Menschen erzeugte Gesamtkomplex von Vorstellungen, Denkformen, Empfindungsweisen, Werten und Bedeutungen, der sich in Symbolsystemen materialisiert. Diese Symbolsysteme umfassen materielle Aus-*

[375] Demokratie lebt von aufgeklärter Freiheit, die sich nur durch Bildung vermitteln läßt. Einzig ein solcher Staat, der Bildung als Voraussetzung gelingender Demokratie ansieht, ist nach Spinoza legitim und vermag die Entfaltung der Freiheit seiner Bürger als sein Wesen zu begreifen.

drucksformen (Kunst), soziale Institutionen, mentale Dispositionen und andere."[376]

Da eine Vielzahl heutiger militärischer Einsätze fernab des eigenen (dem Soldaten bekannten) Kulturhorizontes stattfinden, gibt es mitunter große Kulturdifferenzen. Im schlimmsten Fall führt eine unzureichende Beachtung der kulturellen Gegebenheiten im jeweiligen Einsatzraum zu folgendem Ergebnis:

"If culture is not acknowledged as an important variable for the outcome of military interventions, it might, in the long run, lead to more violence instead of a peaceful resolution."[377]

Um dies zu vermeiden und um die militärischen Sinne für notwendiges Kulturverständnis zu schärfen, geht es in einem ersten Schritt darum, sich dem äußerst vielfältig erscheinenden Kulturbegriff und dessen Interdependenzen in Bezug auf Werte anzunähern. Darauf aufbauend werden jene Elemente kultureller Identität abgeleitet, die im Rahmen der Aufbereitung eines fremden Kulturhorizontes auf jeden Fall analysiert werden müssen, um das notwendige Verständnis für einen Military Assistance Einsatz aufbringen zu können.

Beschreibungen und Definitionen des Kulturbegriffes sind so mannigfaltig und unterschiedlich, dass eine "richtige" Bedeutungsregelung wohl kaum zu finden sein wird. Diese Interpretationsvielfalt liegt zu einem großen Teil in der ungeheuren Sprengkraft, die die unterschiedlichen Ausprägungen des Kulturbegriffes in sich tragen. Vor allem werden kulturelle Differenzen in der reaktionären Form als Gefährdung des Eigenen eingeschätzt, in der liberalen Form hingegen wird kulturelle Pluralität als wünschenswerte Bereicherung des Alltagslebens mitsamt selbstgefälligem Toleranzgehaben anerkannt.[378] Daher weist auch Terry Eagleton ganz zu Beginn seiner Einführung in die Kulturtheorie auf nachstehenden Sachverhalt hin: *"Das Wort Kultur ist wohl eines der komplexesten in unserer Sprache."*[379] Dieser Umstand in Verbindung mit der Tatsache, dass das Wort "Kultur" zu den Begriffen gehört, die in der Gesellschaft sowie den Geistes- und Sozialwissenschaften am häufigsten gebraucht wird,[380] bedingt, dass es vorteilhaft ist, sich die relevanten Etappen der Entwicklung des Kulturbegriffes vor Augen zu führen. Einer Publikation der österreichischen Akademie der Wissenschaften

---

[376]*Rogge*, Historische Kulturwissenschaft(en) - Eine Einführung in die aktuelle Debatte (12. Mai 2006) 3.

[377]*Angstrom/Duyvesteyn,* Understanding victory and defeat in contemporary war, 207.

[378] Vgl. *Riegler*, Aktuelle Debatte zum Kulturbegriff (2003) 2.

[379]*Eagleton,* Was ist Kultur?[2] (2001) 7.

[380] Vgl. *Nünning*, Vielfalt der Kulturbegriffe (2009) 1.

folgend (*Aktuelle Debatte zum Kulturbegriff*) nahm Johanna Riegler drei historische Differenzierungen des Kulturbegriffes vor[381]: Nämlich den *normativen Kulturbegriff*, *Kultur als gesellschaftliches Teilgebiet* und *Kultur zwischen Universalismus und Relativismus*.

Der normative Kulturbegriff

Bereits das lateinische Wort *cultura* (Landbau, Anbau, Bebauung) und das dazugehörende Verb *colere* (pflegen, bewahren, schützen), die aus der Landwirtschaft stammen, beinhalten zwei zentrale Elemente sämtlicher Kulturbegriffe: Einerseits verbindet die Agrikultur *"Vergangenheit, Gegenwart und Zukunft"*[382] und andererseits bezeichnet sie das vom *"Menschen Gemachte, gestaltend Hervorgebrachte"*[383]. Im Zentrum Ciceros' Kulturdiskurses steht der Vergleich der *cultura animi* mit der *cultura agri*, bei der die Hege, Pflege und der Schutz des Geistigen herausgearbeitet wurde - *"Kultivierung des menschlichen Geistes"*[384]. Diese Ausweitung des Kulturbegriffes - weit über das Landwirtschaftliche hinaus - wurde beispielgebend für die Kultivierung von Gesellschaften.

Erasmus von Rotterdam nahm den Begriff "Kultur" als Pflege des Verstandes des Individuums wieder auf, eine Erweiterung auf den moralischen und geistigen Zustand des sozialen Kollektivs erfolgte in der Zeit der Antike bis zur Renaissance jedoch nicht.

Kant spitzte den normativen Kulturbegriff in zweierlei Hinsicht zu: Zunächst unterschied er zwischen Zivilisation und Kultur, indem er festhielt:

> *"Wir sind zivilisiert bis zum Überlästigen, zu allerlei gesellschaftlicher Artigkeit und Anständigkeit. Aber, uns schon moralisiert zu halten, daran fehlt noch sehr viel. Denn die Idee der Moralität gehört noch zur Kultur; der Gebrauch dieser Idee, welcher nur auf das Sittenähnliche und in der Ehrenliebe und der äußeren Anständigkeit hinausläuft, macht bloß die Zivilisierung aus."*[385]

---

381 Einen ähnlich guten Überblick über die Vielfalt der Kulturbegriffe gibt Reckwitz mit seiner *Typologie des Kulturbegriffs*, in der er vier Arten von Kulturbegriffen unterscheidet: den normativen Kulturbegriff, den totalitätsorientierten Kulturbegriff, den differenztheoretischen Kulturbegriff und den bedeutungs- und wissensorientierten Kulturbegriff (Vgl. *Reckwitz*, Die Transformation der Kulturtheorien[1] (2000) 64.).

382 *Fuchs*, Kulturbegriffe, Kultur der Moderne, kultureller Wandel, Kulturelle Bildung online 2013 (2.)

383 *Nünning*, Vielfalt der Kulturbegriffe, 1.

384 *Baecker*, Gesellschaft als Kultur. Warum wir beschreiben müssen, wenn wir erkennen wollen., Lettre International 1999 (56-58.)

385 *Kant*, Abhandlungen nach 1781, Werke, Akademie-Textausgabe; unveränderter fotomechanischer Abdruck des Textes der von der Preußischen Akademie der Wissenschaften 1902 begonnenen Ausgabe / Immanuel Kant ; 008 (1968) 44.

Darüber hinaus hat Kultur für Kant eine Vermittlerposition zwischen der sinnlichen Natur des Menschen und seiner Moralität. Durch diese Verbindung von Kultur, Moralität und Würde des Seins eröffnet er eine intellektuelle Vergleichsbasis von Gesellschaften, die übergeordnet als Kultur gedacht werden. Die hier entstandene Grundlage für die allgemeine Zivilisationskritik wurde in weiterer Folge in den Kulturtheorien Simmels und den kultursoziologischen Arbeiten Webers aufgenommen, die den anscheinend einsetzenden Kulturverfall und die Verschlechterung der Werthaltungen von Gesellschaften anprangerten. "*Kultur als Ausdrucksform des Geistig-Seelischen, als normative Werthaltung, als moralische Instanz*"[386] sollte demnach als Hüterin des Zivilisierungsprozesses fungieren, um vor bloßem Naturalismus und Automatismus zu bewahren.

Kultur als gesellschaftliches Teilgebiet

Wird von Kultur als gesellschaftliches Teilgebiet gesprochen, liegt die spezifische Vorstellung zu Grunde, dass Kultur innerhalb einer Gesellschaft einen begrenzten Teilbereich einnimmt. War im 19. Jahrhundert demnach Kultur noch ausschließlich auf intellektuelle und künstlerische Tätigkeiten begrenzt, wurde im 20. Jahrhundert der Begriff um einiges weiter gefasst und maßgeblich durch Talcott Parsons "*Konzeption von Kultur als funktionales Teilsystem*"[387] geprägt. In eine ähnliche Kerbe schlagen die Differenztheorien von Habermas, der Wissenschaft, Kunst und Recht zu den kulturellen Wertsphären zählt.[388] Richtungsweisende Kulturprodukte werden erzeugt, danach auf verschiedenste Art und Weise (Massenmedien, Bildungsinstitutionen) transportiert und dringen letztendlich in den gesellschaftlichen Alltag ein.[389]

Kultur zwischen Universalismus und Relativismus

Der dritte Kulturbegriff, der zwischen Universalismus und Relativismus angesiedelt ist, stammt aus der Disziplin Ethnologie und Kulturanthropologie. Dabei gilt Johann Gottfried Herder mit seinem "*Kugelmodell*"[390] von Kultur als Vordenker der Ethnologie. Kultur ist nach Herders Auffassung die geschichtlich geprägte Lebensweise der Völker und Nationen, die in ihrer Abgeschlossenheit und Einzigartigkeit betrachtet werden müssen (Kugelgestalten). Die geschichtliche Einordnung und die damit verbundene

---

[386]*Riegler*, Aktuelle Debatte zum Kulturbegriff, 5.

[387]*Parsons*, Theories of society (1961)

[388] Vgl. *Habermas*, Theorie des kommunikativen Handelns[1] (1981)

[389] Vgl. *Riegler*, Aktuelle Debatte zum Kulturbegriff, 7.

[390] Herder bezeichnete Kulturen und Nationalstaaten als Kugeln, die den *Mittelpunkt der Glückseligkeit in sich tragen* (Vgl.*Herder, Johann Gottfried von, Auch eine Philosophie der Geschichte zur Bildung der Menschheit*[1]*, Theorie : 1 (1967) 44.).*

kulturelle Kontextualisierung führt zu einer Abschwächung der univeralistischen Elemente des Kulturbegriffes. Durch die Hebung dieses Kulturbegriffes vom einzelnen Menschen hin zum Volk und der Nation werden die Differenzen und Unterschiedlichkeiten der einzelnen Kulturen sichtbar.[391] Herders erstmalige umfassende Betrachtungsweise des Kulturbegriffes war Wegbereiter eines holistischen Ansatzes der Geistes- und Sozialwissenschaften des 19. Jahrhunderts.[392] Einer der wichtigsten Vertreter der Auffassung, dass sich um den Kulturbegriff das Fach Ethnologie bildete, war der US-amerikanische Ethnologe Clifford Geertz. Ausgehend von der Prämisse, dass fremde Kulturen beobachtet, gedeutet und verstanden werden sollen, forderte Geertz in seiner Form der *dichten Beschreibung* zwei Elemente: Eine genaue Beobachtung und Beschreibung sowie eine Deutung. Für ihn ist der Mensch ein Wesen, das in einem *"selbstgesponnenen Bedeutungsgewebe"*[393] verstrickt ist, wobei das Gewebe die Kultur darstellt. Die von ihm durchgeführten Feldforschungen (auf Bali und Java) zielten nach Bedeutungen von Verhalten ab.[394] Geertz verstand Kultur als einen Prozess der *"fortschreitenden reflexiven Semantisierung"*[395], basierend auf einem System symbolischer Bedeutungen. Mitzunehmen bleibt, dass die intensive Beschäftigung mit anderen Kulturen auch immer einen selbstreflexiven Moment in sich trägt, da die Kultur stets Teil des vom Menschen selbstgeschaffenen *Bedeutungsgewebes* ist.

Sucht man nach dem kleinsten gemeinsamen Nenner der drei soeben diskutierten Kulturbegriffe, läßt sich unschwer erkennen, dass stets Kultur von

---

391 Vgl. *Riegler*, Aktuelle Debatte zum Kulturbegriff, 8.

392 *Reckwitz*, Die Transformation der Kulturtheorien, 72-73. Berühmte Vertreter der als eigenständiger Disziplin entstandenen Anthropologie waren Franz Boas und Edward B, Tylor. Von Letzterem stammt auch die nachstehende holistische Definition von Kultur aus seinem Werk *Primitive Culture* aus dem Jahr 1871:
"Culture or civilisation, taken in its wide ethnographic sense, is that complex whole which includes knowledge, belief, art, morals, law custom, and any other capabilities and habits acquired by man as a member of society." (Bennett, Culture (1998) 93.)

393 *Geertz*, Dichte Beschreibung[1], Suhrkamp-Taschenbuch Wissenschaft, Bd. 696 (1987, c1983) 9.

394 Als Beispiel dafür dient die praktische Beschreibung über den *Balinesischen Hahnenkampf*. Geertz trat dafür ein, dass Gesellschaften als Texte gelesen werden, die ihre eigene Interpretation in sich tragen. Die beschriebenen Hahnenkämpfe sind Metaphern für reale gesellschaftliche Zusammenhänge, die sich am konkreten Beispiel des Wettkampfes (Hahnenkampf) ausdrücken:
"Die Kultur eines Volkes besteht aus einem Ensemble von Texten, die ihrerseits wieder Ensembles sind, und der Ethnologe bemüht sich, sie über die Schulter derjenigen, für die sie eigentlich gedacht sind, zu lesen."
(Geertz, Dichte Beschreibung, Bd. 696, 259.) Da der zu Grunde liegende Kulturbegriff ein Teil des vom Menschen selbstgeschaffenen Bedeutungsgewebes ist, stellt das Nachdenken über Kultur auch einen selbstreflexiven Akt dar.

395 *Klinke*, Kulturbegriff heute: Clifford Geertz: Dichte Beschreibung (2000) 4.

Menschen gemacht bzw. gestaltend hervorgebracht wird. Sowohl der wertende und vorschreibende normative Kulturbegriff sowie das Konzept "Kultur als funktionales Teilsystem" als auch die ethnologische Betrachtungsweise von Kulturen mit symbolischen Bedeutungen stellen den Menschen in den Mittelpunkt kultureller Überlegungen. Die reale Äußerung von Kultur im direkten Zusammenhang mit dem Menschen beschreibt Geert Hofstede als "*kollektive Programmierung des Geistes*[396]*, die die Mitglieder einer Gruppe oder Kategorie von Menschen von einer anderen unterscheidet.*"[397] Daraus ergibt sich eine wesentliche Funktion, nämlich dass Kultur "*nach innen hin integrativ, nach außen hin hierarchisch und ausgrenzend funktioniert.*"[398] Auf der einen Seite trägt Kultur zur individuellen und kollektiven Identitätsbildung bei, da Kultur etwas Erlernbares (soziales Umfeld) und nichts Angeborenes (Gene) ist. Diese "*Einzigartigkeit in der mentalen Programmierung des Menschen*"[399] zeichnet Kultur aus, nämlich dass sie genau zwischen der menschlichen Natur und der Persönlichkeit angesiedelt ist. Auf der anderen Seite verleitet eine solche Standardisierung im Denken, Fühlen, Handeln, Werten, ... zu einer Ausgrenzung, aber zumindest Abgrenzung anderer Kulturen. In diesem Sinne sollte auch die Charakterisierung von Kultur der UNESCO gelesen werden, die im Zuge der *Weltkonferenz über Kulturpolitik* in Mexiko im Jahr 1982 explizit Kernpunkte des Kulturbegriffes herausstrich:

> *"Deshalb stimmt die Konferenz im Vertrauen auf die letztendliche Übereinstimmung der kulturellen und geistigen Ziele der Menschheit darin überein:*
>
> *dass die Kultur in ihrem weitesten Sinne als die Gesamtheit der einzigartigen geistigen, materiellen, intellektuellen und emotionalen Aspekte angesehen werden kann, die eine Gesellschaft oder eine soziale Gruppe kennzeichnen. Dies schließt nicht nur Kunst und Literatur ein, sondern auch Lebensformen, die Grundrechte des Menschen, Wertsysteme, Traditionen und Glaubensrichtungen;*
>
> *dass der Mensch durch die Kultur befähigt wird, über sich selbst nachzudenken. Erst durch die Kultur werden wir zu menschlichen, rational handelnden Wesen, die über ein kritisches Urteilsvermögen und ein Gefühl der moralischen Verpflichtung verfügen. Erst durch die Kultur erkennen wir Werte und treffen die Wahl. Erst durch die Kultur drückt sich der Mensch aus, wird sich seiner*

---

[396] Hofstede nimmt beim Begriff der *kollektiven Programmierung des Geistes* Anlehnung an den Begriff des *Habitus* des französischen Soziologen Pierre Bourdieu. Dieser verstand darunter, dass unter bestimmten Existenzbedingungen ein *Habitus* entsteht, ein System dauerhafter und übertragbarer Veranlagungen.

[397] *Hofstede/Hofstede,* Lokales Denken, globales Handeln, 50807 : Beck-Wirtschaftsberater, 4.

[398] Böhme, Hartmut in: *Luserke/Glaser,* Literaturwissenschaft - Kulturwissenschaft, WV-Studium Literaturwissenschaft, Bd. 171 (1996) 61.

[399] *Hofstede/Hofstede,* Lokales Denken, globales Handeln, 50807 : Beck-Wirtschaftsberater, 5.

selbst bewusst, erkennt seine Unvollkommenheit, stellt seine eigenen Errungenschaften in Frage, sucht unermüdlich nach neuen Sinngehalten und schafft Werke, durch die er seine Begrenztheit überschreitet."[400]

Dieser durch die UNESCO gefasste Kulturbegriff charakterisiert drei wesentliche Kernpunkte von Kultur:

Der Mensch ist zugleich sowohl Subjekt als auch Objekt der Kultur. Diesen Umstand formulierte der deutsche Philosoph Konersmann vortrefflich in nur einem Satz: *"[...] ist die verstehende Auseinandersetzung mit der endlichen, von Menschen gemachten Welt - und das ist die Kultur."*[401]

Kultur als Wesenserscheinung, die über die Verstandsebene des Einzelnen hinaus- und in Eigenschaften einer Gesellschaft aufgeht. Im Fokus dabei ist der moralische und geistige Zustand eines sozialen Kollektivs.

Die Wechselwirkung zwischen Kultur und den dazugehörenden Werten stellt die hermeneutische Tiefe des Kulturbegriffes dar.

Die Annäherung an den Kulturbegriff identifiziert nun den eigentlichen Kern von Kultur, nämlich die Werte, der nachstehend näher erläutert wird: Fragt man nach den Unterschieden zwischen Ländern bzw. Regionen, ist dies weit mehr als die vorherrschende Kultur. Es lassen sich gemäß Hofstede drei Unterschiede ableiten, die alle ihren Ursprung in der Geschichte haben: Identität, Institutionen und Werte.[402] Worin liegt nun die Besonderheit der Werte, als Kern der Kultur, im Vergleich zu den beiden anderen Merkmalen?

Identität gibt Antwort auf die Frage: zu welcher Gruppe gehöre ich? Sprache und die religiöse Zugehörigkeit sind identitätsstiftend. Sie werden von denjenigen wahrgenommen, denen diese Identität eigen ist, aber auch von jenen, die außerhalb dieser spezifischen Identität stehen. Identitätsunterscheide zeigen sich im praktischen Lebensvollzug und lassen sich in Symbole, Helden und Rituale gliedern. Werte spielen hierbei keinerlei Rolle, daher kann Identität nicht das Herzstück einer Kultur sein.

Länder unterscheiden sich weiters in den historisch gewachsenen Institutionen, Regeln, Gesetzen und Organisationen. Die Funktionsweise dieser Institutionen ist weniger abhängig von den Unterschieden in der Identität als in den Unterschieden in den Werten.

---

[400]*Deutsche UNESCO-Kommission*, Erklärung von Mexiko-City über Kulturpolitik, <http://www.unesco.de/infothek/dokumente/konferenzbeschluesse/erklaerung-von-mexiko.html> (abgefragt am 5. 11. 2015)

[401]*Konersmann*, Kulturphilosophie[1], Zur Einführung (2003) 26.

[402] Vgl. *Hofstede/Hofstede*, Lokales Denken, globales Handeln, 50807: Beck-Wirtschaftsberater, 418.

Werte stellen jenes zentrale Element der Kultur dar, das einerseits auf Identität und Institutionen verschiedener Regionen bzw. Länder ausstrahlt und andererseits Kulturen eine gewisse Beständigkeit ermöglicht. Obwohl es recht rasch zu einem Kulturwandel in den Bereichen Symbolen, Helden und Ritualen kommen kann, der durch die angewandten Praktiken sichtbarer Anteil einer Kultur wird, vollzieht sich ein möglicher Kulturwandel im Bereich der Werte langsam. Dies beruht auf einer ungeheuren Beständigkeit der Grundwerte einer Gesellschaft trotz der möglichen raschen Änderung in den sichtbaren Praktiken. All diese Bewertungen kultureller Eigenheiten bringen mich zu folgenden essenziellen Folgerungen für die weitere Bearbeitung:

Werte stellen den Kern einer jeden Kultur dar, die zwar nicht sichtbar sind, dafür aber der jeweiligen Kultur ihre Beständigkeit geben.

Um kulturelle Unterschiede analysieren und in weitere Folge verstehen zu können, müssen die unterschiedlichen Werthaltungen verschiedener Gesellschaften nachvollziehbar gemacht werden.[403]

Zusammenfassend läßt sich festhalten, dass Kultur als materialisierte Werthaltung einer jeden Gesellschaft erscheint.

Der Dominanz angloamerikanischer Streitkräfte in den weltweit verschiedensten Einsatzräumen der vergangenen 70 Jahren geschuldet, gibt es vor allem seit den US-geführten bzw. dominierten Einsätzen in Afghanistan und dem Irak zahlreiche Erfahrungsberichte, Studien und Aussagen zu der Herausforderung moderner militärischer Einsätze unter fremden kulturellen Gegebenheiten. An dieser Stelle seien zwei Zitate eines US-Generals und einer Sicherheitsberaterin des US-Präsidenten angeführt, die recht anschaulich den enormen Wert kulturellen Wissens innerhalb von Streitkräften beschreiben:

> *"[...] the lessons learned (in Somalia) that kept coming out was that we lacked cultural awareness. We needed cultural intelligence going in."*[404]
>
> *"Americans also need to hear the stories of the people of the Muslim world. We need to understand their challenges and their cultures and their hopes; to speak their language and read their literature; to know their cultures in the deepest*

---

[403] Karin Schreiner vertritt in ihrem Buch "Werte als Schlüssel zum Verständnis anderer Kulturen" die These, dass es in einer globalisierten Welt zu einem konfliktfreieren Miteinander käme, wenn man die Werte der anderen kennt und versteht (Vgl. *Schreiner*, Würde, Respekt, Ehre[1] (2013)).

[404] *Zinni*, Cultural-Centric Warfare (1996)

sense. Our interaction must be a conversation, not a monologue. We must reach out and explain, but we must also listen."[405]

Diese hier angesprochene "kulturelle Kompetenz" und das Beschäftigen mit kulturellen Eigenheiten erschöpft sich in den meisten Fällen an Aufzählungen von Teilkompetenzen, die fast ausschließlich an der äußersten Schale kulturellen Verständnisses kratzen. Damit einhergehend ist in den meisten Fällen eine dem kulturhermeneutischen Denken widerstrebende und unzureichende Analyse der jeweiligen kulturellen Gegebenheiten verbunden. Nicht das auf umfassende Art und Weise Hinterfragende, die Moral miteinbeziehend, steht im Vordergrund der angestellten Kulturanalyse, sondern eine Konzentration auf die offensichtlichen Praktiken. In Anlehnung an Kants Unterscheidung von Natur, Zivilisation und Kultur wird sehr viel Zeit damit verbracht, in die zivilisatorischen Besonderheiten fremder Kulturen vorzustoßen, anstatt zu versuchen, den tiefen Kern fremder Kulturen, die Werte, zu ergründen. Betrachtet man nämlich den vorherrschenden Wertekomplex als *"entscheidenden Parameter für die Stabilität jedes von menschlichem Handeln getragenen Systems"*[406], liegt dort zu einem großen Teil der Schlüssel eines erfolgreichen Engagements. Doch auch über die Werte hinaus muss es kulturelle Erscheinungsformen geben, die gerade im Rahmen eines Military Assistance Einsatzes berücksichtigt werden müssen. Eine Studie der schwedischen Streitkräfte Mitte der 2000er Jahre *"Culture and the outcome of military intervention"* beschäftigte sich mit dem Umstand, dass in gegenwärtigen Konflikten (*Die neuen Kriege* gemäß Münkler[407]) dem Faktor "Kultur" zu wenig Bedeutung von Seiten der Streitkräfte zugemessen wurde: *"However, one factor that has not received much attention is culture."*[408] Eine der Hauptfolgerungen dieser schwedischen Studie bezieht sich auf die drei Bereiche, die gemäß Huntington den militärischen Professionalismus auszeichnen: Fachkompetenz der Offiziere und Unteroffiziere, die besondere Verantwortung gegenüber dem Staat (Monopolisierung der legalen Gewaltanwendung im Falle des Krieges) und Korporation als eine berufsständische Geschlossenheit.[409] Die ureigenste Aufgabe von Soldaten im Kriegsfalle, die Anwendung legitimierter, strukturierter Gewalt hat im Lichte der vorherrschenden kulturellen Gegebenheiten betrachtet zu werden. In der heißen Phase der militärischen Auseinandersetzung mag dies gegebenenfalls weniger wichtig sein als in der

---

405 *Rice*, The Challenge for Americans, US Institute of Peace (2004)

406 Micewski, Edwin in: *Krobath*, Werte in der Begegnung (2011) 258.

407 Vgl. *Münkler*, Die neuen Kriege, Der Bürger im Staat 2004

408 Larsdotter, Kersti in: *Angstrom/Duyvesteyn*, Understanding victory and defeat in contemporary war, 207.

409 Vgl. *Huntington*, The soldier and the state[11] (1994) 37-49.

Phase der Stabilisierung bzw. während des Einsatzes im Rahmen von Military Assistance:

> *"[...] extensive knowledge of the culturally accepted conflict management strategies of the local population and their acceptance of violence might be crucial for the intervening forces."*[410]

Genau der hier angesprochene Teilaspekt kultureller Erscheinungsformen, der Umgang mit militärischer Gewalt, sollte vor Beginn eines Military Assistance Einsatz genauestens analysiert werden, um zu vermeiden, dass die vor Ort eingesetzten Soldaten von Beginn an mit Ablehnung und im schlimmsten Fall mit Gewalt konfrontiert sind. Eine im Rahmen der Bearbeitungen aufgeworfene organisatorisch abgebildete Möglichkeit der Begegnung dieses Risikos – nämlich der inadäquaten kulturellen Einsatzraumaufbereitung – soll an dieser Stelle näher erläutert werden: Die *Säule Kulturraumspezifika* innerhalb einer etablierten *Comprehensive Planning Group.*

Der Zweck, den eine mögliche Säule Kulturraumspezifika verfolgt, ist die vorangestellte Analyse fremder Kulturräume, um ein besseres Verständnis des *selbstgesponnenen Bedeutungsgewebes* (gemäß Geertz) zu erlangen. Darin findet sich die kritische Betrachtung des Umganges und der Handhabe mit den Kulturraum-spezifischen Werten wieder, um feststellen zu können, ob gegen Existenzwerte (Menschenrechte) verstoßen wird. Bei Verstoß wird Kulturkritik zur Pflicht des eigenen Handelns, da genau die hermeneutische Tiefe, der Kern jeglicher Kultur, die Existenzwerte, bedroht sind.

Der Umstand, dass die *"Einzigartigkeit in der mentalen Programmierung des Menschen"*[411] Kultur dadurch auszeichnet, dass sie genau zwischen der menschlichen Natur und der Persönlichkeit angesiedelt ist deutet zunächst auf ein schier unendliches, kaum zu erfassendes Kulturkonstrukt. Was auf den ersten Blick äußerst umfangreich aussieht, läßt sich jedoch in wenigen Arbeitsschritten so portionieren, dass ein erster Überblick schaffbar erscheint. Dabei dient als Anhalt das von Hofstede entwickelte und bereits dargelegte Modell des "Zwiebeldiagramms".[412] Kultur manifestiert sich hierbei auf unterschiedlichen Tiefenebenen, die jeweils zwingend zu erfassen wären:

1. **Hermeneutische Tiefe jeder Kultur** *(Kern des Zwiebeldiagramms)*:

   Erkennen der Werte einer Gesellschaft, die das zentrale Element der jeweiligen Kultur darstellen. Sie können auch als Verhaltens-

---

[410] Larsdotter, Kersti in: *Angstrom/Duyvesteyn,* Understanding victory and defeat in contemporary war, 220.

[411] *Hofstede/Hofstede,* Lokales Denken, globales Handeln, 50807 : Beck-Wirtschaftsberater, 5.

[412] Vgl. *Hofstede/Hofstede,* Lokales Denken, globales Handeln, 50807: Beck-Wirtschaftsberater, 8.

maßstäbe aufgefasst werden, die darüber bestimmen, was richtig und falsch ist.

2. **Kulturelle Praktiken** *(Äußere Schichten des Zwiebeldiagramms)*:

   Analyse der Symbole, Helden und Rituale einer kulturellen Gemeinschaft. Dabei handelt es sich um Artefakte und Gegenstände einer Kultur, die im alltäglichen Leben beobachtbar sind. Auf Grund der Vielfalt der äußeren kulturellen Erscheinungsformen (Sprache, Kleidung, Statussymbole, Formen des Grüßens, soziale und religiöse Bräuche, ...) bietet es sich an, diese in einer strukturierten Art und Weise aufzubereiten, um sie ebenenbezogen den Soldaten zukommen zu lassen.

Brigadier David Fraser (kanadische Streitkräfte), ehemaliger Kommandant der "National Brigade Sector South/International Security Assistance Force" in Kandahar (Afghanistan) fasste die beiden oben angeführten, zu erfassenden Ausprägungen von "Kultur" wie folgt zusammen:

> *"I underestimated one factor – culture. I was looking at the wrong map – I needed to look at the tribal map not the geographic map. The tribal map is over 2000 years old. Wherever we go in the world we must take into account culture. Culture will affect what we do."*[413]

Bei der Neuaufstellung von Planungsgruppen bzw. Expertenstäben stellt sich oft die Frage nach deren Größe und Umfang, um die geforderte Qualität an Leistung abzurufen. Gerade bei Fragestellungen wie die Spezifika eines bestimmten Kulturraumes scheint es innerhalb des österreichischen Bundesheers notwendig zu sein, benötigte Experten in diesem Themenbereich anlassbezogen zusammenzuziehen und dadurch ihr Wissen zu nutzen. Es bietet sich hierbei an, sich sowohl auf Bundesheer-interne Fachleute als auch auf ausgewiesene Experten außerhalb der Organisation abzustützen. Bezugnehmend auf den dreistufigen Verstehensprozess nach Dilthey (*Erlebnis-Ausdruck-Verstehen*) würde sich eine mögliche Gliederung der Säule Kulturraumspezifika wie folgt anbieten:

Ein **Erkundungselement** (*Erlebnis – die sinnliche Unmittelbarkeit)* als aktiver Teil der kulturraumspezifischen Einsatzraumaufbereitung kann ein aktuelles Lagebild generieren und dieses in die weitere Kulturraumanalyse einfließen lassen.

Ein **Element** zur Beurteilung verschiedener **Wertehorizonte** *(Ausdruck – das Abstandnehmen von erlebten Dingen und deren Reflexion)* kann an Hand der

[413] *Spencer,* Solving the people puzzle, 65.

World Value Survey Studie[414] und der darauf beruhenden Wertekarte eine erste Verortung der verschiedenen Wertehorizonte unterschiedlicher Länder bieten. Das Eintreten in einen gegenseitigen Wertediskurs wird dadurch erleichtert, Werte nicht als absolute Norm anzusehen, sondern als Orientierungsmaßstab, mit Hilfe dessen man sich im Leben bewegt.

Ein **Analyseelement** *(Verstehen – Synthese von Erlebnis und Ausdruck)* kann in der Zusammenführung der Praxis *(Erlebnis)* und der Theorie *(Ausdruck)* bestimmte Kulturräume in einer solchen Tiefe aufbereiten, dass die Wertedimension hinreichend beleuchtet und dadurch ein Wertediskurs ermöglicht wird. Durch die Verknüpfung von Herz (Schelers materialer Wertekritik folgend), Vernunft (gemäß Kants Prinzipien vernünftiger Lebensgestaltung) und des subjektiven, von Menschen geschaffenen Etablierungsvorganges von Werten (Schmitts Wertekritik) kann die notwendige Brücke zwischen der einheimischen Bevölkerung und der vor Ort eingesetzten Spezialeinsatzkräfte geschaffen werden.

Eine solch interdisziplinäre Herangehensweise an gegenwärtige Herausforderungen minimiert die Gefahr, sich in Bearbeitungen von Details einzelner Experten zu verlieren, da die gemeinsame Zielausrichtung einer *Comprehensive Planning Group* stets einzelnen Partikularinteressen vorrangig voransteht. Abgestützt auf das Fachwissen der miteinzubeziehenden Experten liegt jedoch die Pflicht und Verantwortung bei den Generalisten, Fachexpertise zusammenzuführen und letztendlich aus den Analysen die umfassenden Schlüsse zu ziehen. Mit dem Wesen einer solchen *Comprehensive Planning Group* verhält es sich ähnlich wie mit "Kultur" selbst: So wie Kultur als Wesenserscheinung über die Verstandsebene des Einzelnen hinaus geht und letztendlich als Eigenschaft einer Gesellschaft aufgeht, lässt sich auch das Wesen einer *Comprehensive Planning Group* beschreiben. Durch das gesteuerte Zusammenführen des vorhandenen Expertenwissens innerhalb der einzelnen Säulen (Kulturraumspezifika, Geschichte, Wirtschaft, Akteure, ...) der Planungsgruppe lässt sich ein umfassender Erkenntnisgrad über den jeweiligen Einsatzraum generieren, der weit über die Fachkenntnisse einzelner Experten hinausreicht.

---

[414] Vgl. *Inglehart,* Values change the world

Quelle: AUTCON AFG, Juli 2017

Hubschrauber Bordschütze über den Bergen von Afghanistan

Weiters läßt sich ergänzen, dass Werte auch im Bereich der Kulturanalyse im Zentrum stehen müssen, da diese dem sich darum befindlichen kulturellen System Stabilität, Beständigkeit und moralische Ausrichtung liefern. Darüber hinaus sollten die kulturellen Besonderheiten bei der Anwendung physischer Gewalt beleuchtet werden, da vor Ort eingesetzte fremde Soldaten stets in derem Licht beurteilt und wahrgenommen werden. Der Unterabschnitt "Elemente kultureller Identität" soll jedoch nicht enden, bevor nicht auch relativierende Worte zum Themenbereich „kulturelle Besonderheiten“ und „kulturelle Toleranz“ gefunden werden. Kersting stellt hierbei in wenigen Zeilen klar, dass ähnlich seiner klaren Grenzziehung zwischen Existenz- und Exzellenzrechten/werten, Menschenrechte stets Vorrang vor kultureller Souveränität besitzen:

> *"Aber der Kult des Besonderen wird entschieden zu weit getrieben, wenn man sich aus Angst vor einer Hypermoralisierung der Politik mit dem Positivismus verbündet und die Gegebenheiten aller Kritik entzieht. Vertrautheit mit Kultur und Geschichte, mit den Wurzeln der Konflikte und der Entstehung der sozialen Linien der Loyalität und des Hasses, ist sicherlich notwendig, um den gegenwärtigen Zustand eines Landes zu verstehen. Aber ich muss nicht in eine Kultur eintauchen, um Genozid, Verfolgung von Minderheiten, Entrechtung*

von ganzen Bevölkerungsgruppen als Menschenrechtsverletzungen zu erkennen. Vertreibungen und Massengräber haben keine kulturelle Grammatik, die nach einer diffizilen Hermeneutik riefe. Das, was sie bedeuten, zeigen sie selbst."[415]

In diesem Zusammenhang stellt sich natürlich die Frage, inwieweit Kulturkritik gegenwärtig eigentlich noch möglich ist. Die Bedeutung von Kulturkritik war und ist einem ständigen Wandel unterworfen. Insbesondere Kant bewirkte eine regelrechte Umpolung des Kulturbegriffes[416] und damit einhergehend auch die Dimension und die Ausmaße der Kulturkritik. Sowohl fundamentalkritische als auch unbedarft metaphysische Standpunkte sind kaum noch anwendbar; es bleibt noch immer die Frage nach einem kulturkritischen Diskurs:

"*Kulturkritik meint heute weniger eine Kritik der Kultur im Singular als eine Kritik der Kulturen im Plural.*"[417]

Diesem Zitat folgend, sollte Kulturkritik, in einem modernen Kontext betrachtet, frei von jeglicher Kritik an spezifischen Kulturräumen sein und man sollte stattdessen den Begriff "Kultur" in seiner hermeneutischen Tiefe beleuchten und kritisch hinterfragen.

Aber zumindest immer dort, wo gegen Existenzwerte (Menschenrechte) verstoßen wird, wird Kulturkritik zur Pflicht des eigenen Handelns, da genau diese hermeneutische Tiefe, der Kern jeglicher Kultur, bedroht ist.

Eine zusätzliche Verdichtung erhalten jene fundamental wertethischen Überlegungen in Anbetracht der Gefahren des transnationalen Terrorismus, der in seiner aggressiven Ausprägung die westliche Hemisphäre seit dem Jahr 2001 in Atem hält. Dadurch steigt die eigene Betroffenheit, da der eigene Wertehorizont und damit auch Kulturraum Zielscheibe terroristischer Angriffe wird. Der Wertediskurs muss nicht mehr in der Ferne geführt werden (wie zum Beispiel im Rahmen von Military Assistance Einsätzen in Afrika), sondern wertemäßige und kulturelle Auseinandersetzungen werden direkt in die Zentren Europas (Paris, Brüssel, London, ...) transferiert. Der deutsche Rechtswissenschaftler Otto Depenheuer brachte im Zusammen-

---

[415]*Kersting*, Kritik der Gleichheit[1] (2002) 131.

[416]Kant unternahm die interne Unterscheidung zwischen Kultur und Zivilisation und distanzierte sich dadurch von Rousseaus Appell an die Natur. Sein Unterscheidungsmerkmal liegt vielmeht in der Moralität: Verhalten sich die Menschen ausschließlich gemäß den Gesetzen, Regeln bzw. gesellschaftlichen Vorgaben, erfüllen sie Kants Anspruch der Zivilisation. Der weitere Schritt zur Kultivierung wird erst dann wahrgenommen, wenn die Menschen dieses Verhalten aus eigener Überzeugung tun.

[417]*Früchtl*, Ist Kulturkritik heute noch möglich? Information Philosophie. Die Zeitschrift, die über Philosophie informiert. 2010, 7-13. (5.)

hang mit dem Urteil des deutschen Bundesverfassungsgerichtes aus dem Jahr 2006 bezüglich des Luftsicherheitsgesetzes[418] folgende Überlegung ein:

> *"Gewalt ist im freiheitlichen Verfassungsstaat beim Staat monopolisiert, rechtlich domestiziert und demokratisch legitimiert. Als fundamentalistischer Terror kehrt sie indes mit ursprünglicher Willkür und atavistischer Brutalität auf die politische Bühne zurück. Wie kann der freiheitliche Rechtsstaat seine Existenzform gegenüber seiner islamisch-fundamentalistischen Negation verteidigen? Kann sich die rechtlich gehegte Staatsgewalt gegen die barbarische Gewalt eines global agierenden terroristischen Netzwerkes behaupten, ohne ihr Ethos zu verraten? Kennt die Not des Staates kein Gebot des Rechts? Oder ist er umgekehrt an seine Rechtsordnung und deren Prinzipien ausnahmslos gebunden? Muss der Rechtsstaat auch den Feind als Rechtssubjekt achten?"*[419]

Depenheuers zentrale Frage – *Wie kann der freiheitliche Rechtsstaat seine Existenzform gegenüber seiner islamisch-fundamentalistischen Negation verteidigen?* – beschäftigt sich im Kern damit, festzustellen (kognitiv) oder festzulegen (imperativ), worin die Existenzform des freiheitlichen Rechtsstaates denn eigentlich besteht. Eine Antwortmöglichkeit dieser paradoxen Frage Depenheuers kann mit Kersting gefunden werden. Die Antwort Kerstings wäre dabei die Wahrung der Existenzrechte, da es ja auch um die Existenz als freiheitlicher Rechtsstaat geht. Würde der freiheitliche Rechtsstaat versuchen, auch die Exzellenzrechte vollständig zu wahren und zu verteidigen, müsste er wohl untergehen (da er sich übernimmt) oder zu Mitteln greifen, die die grundlegenden Existenzrechte auf dem Altar der Exzellenzrechte (beispielsweise Tugendterror) opfern.

---

[418] Das Bundesverfassungsgericht hat am 09. November 2005 durch Urteil für Recht erkannt: *"§ 14 Absatz 3 des Luftsicherheitsgesetzes vom 11. Januar 2005 (Bundesgesetzblatt I Seite 78) ist mit Artikel 2 Absatz 2 Satz 1 in Verbindung mit Artikel 87 a Absatz 2 und Artikel 35 Absatz 2 und 3 sowie in Verbindung mit Artikel 1 Absatz 1 des Grundgesetzes unvereinbar und nichtig."*
(Bundesverfassungsgericht, *Ermächtigung der Streitkräfte gemäß Luftsicherheitsgesetz, Luftfahrzeuge, die als Tatwaffe gegen Mensch und Leben eingesetzt werden sollen, durch unmittelbare Einwirkung mit Waffengewalt, abzuschießen.*, BVerfGE 115, 118-166 2006)
Die stattgegebene Verfassungsbeschwerde richtete sich gegen eine Ermächtigung der deutschen Streitkräfte durch das Luftsicherheitsgesetz, Luftfahrzeuge, die als Tatwaffe gegen das Leben von Menschen eingesetzt werden sollen, durch unmittelbare Einwirkung mit Waffengewalt abzuschießen. Der Hauptgrund für diesen Urteilsspruch des Bundesverfassungsgerichtes liegt im *Recht auf Leben als Freiheitsrecht,* gemäß Art. 2 Abs. 2 Satz 1 GG. Mit diesem Recht wird die biologisch-physische Existenz jedes Menschen vom Zeitpunkt ihres Entstehens an bis zum Eintritt des Todes unabhängig von den Lebensumständen des Einzelnen, seiner körperlichen und seelischen Befindlichkeit gegen staatliche Eingriffe geschützt. Da bei einer etwaigen Flugzeugentführung auch nicht beteiligte Personen an Bord sind, würden diese ebenfalls bei der Bekämpfung des Luftfahrzeuges ums Leben kommen.

[419] *Depenheuer*, Selbstbehauptung des Rechtsstaates², Schönburger Gespräche zu Recht und Staat, Bd. 8 (2007 [ersch.] 2008)

4.2 Verschiedene Wertehorizonte und deren Dialogbereitschaft

Eine schwedische Studie mit dem bezeichnenden Titel *"Culture and the outcome of military intervention"*, die den Einfluss verschiedener kultureller Aspekte auf die militärische Einsatzführung und deren Resonanz in Einsatzräumen fremder Kulturen untersuchte, weist auf die Bedeutung des lageangepassten, aber vor allem kulturraumabhängigen Verhaltens der eingesetzten Soldaten hin:

> *"The behaviour of intervention forces could therefore have an important influence on the behaviour of the population and on the contending parties. [...] Thus, culture can help us to understand victory and defeat in war."*[420]

In Anbetracht der direkten Abhängigkeiten zwischen Kultur und "seinen Werten" und der zutiefst auf vertrauensbildenden Maßnahmen basierenden Charakteristik der Einsatzart Military Assistance scheint die militärstrategische Ebene dazu angehalten zu sein, eine Brücke zwischen den normativen Ausführungen eines Wertediskurses und den tatsächlichen Anforderungen der Soldaten in einem fremden Kulturraum zu schlagen. In Anlehnung an eine solch notwendige Brückenfunktion, bei der es der militärstrategischen Ebene obliegt, den Bogen von einem tiefgreifenden Werteverständnis bis zum Schaffen eines gemeinsamen Abholpunktes für anwendbares Kulturverständnis zu spannen, bekräftigt die kanadische Studie *"Solving the peolpe puzzle"* den direkten Zusammenhang zwischen Wertediskurs, kulturellem Verständnis und Erfolg im Einsatzraum:

> *"To have any hope of influencing the masses and, especially, to win their hearts and minds, it is vitally important to understand them and their culre. Failure to understand their beliefs, values, and attitudes and how they see the world is tantamount to mission failure. Sorting out the people puzzle is critical to success. As such, cultural intelligence - or the ability to recognize the shared beliefs, values, attitudes, and behaviours of a group of people and apply that knowledge toward a specific goal - is one of the, if not the, key mission enabler in the contemporary operating environment."*[421]

Worin liegen nun die Herausforderungen für staatliche Akteure im Allgemeinen und für Spezialeinsatzkräfte im Speziellen, einen gemeinsamen Abholpunkt mit den zu unterstützenden Streitkräften fremder Kulturräume zu

---

[420]Larsdotter, Kersti, Culture and military intervention in: *Angstrom/Duyvesteyn*, Understanding victory and defeat in contemporary war, 219.
[421]*Spencer*, Solving the people puzzle, 66.

finden? Schlagwörter, die in diesem Zusammenhang häufig ins Treffen gebracht werden, sind einerseits *Postkoloniale Theorien* bzw. das sogenannte *Sicherheitsdilemma.* Thematisieren *Postkoloniale Theorien* vor allem die Nachwirkungen von Imperialismus und Kolonialismus am afrikanischen Kontinent, die bis in die Gegenwart in Bereiche wie Staatlichkeit, Wirtschaft bzw. Praktiken gesellschaftlichen Erinnerns nachschwingen,[422] ergeben sich durch das Zusammenleben von Staaten, politischen Gemeinschaften, Unionen und dem gleichzeitigen Fehlen einer übergeordneten politischen Autorität zahlreiche sicherheitsrelevante Fragen, die in ihrer Ausformung die gesamte Bandbreite von Abwehrstrategien bis zu Durchsetzungsstrategien umfassen können. In Krisenzeiten verlassen sich Staaten und zugleich große Teile ihrer Gesellschaft auf die Verfügbarkeit und Einsatzbereitschaft ihrer Streitkräfte, gerade in Anbetracht der *"Abwesenheit einer übergeordneten, konfliktschlichtenden Autorität"*.[423] Und genau in solch einer Phase des ganz konkreten *"Sicherheitsdilemmas"* sollte es Spezialeinsatzkräften gelingen – die *"Werteprogrammierung"*[424] der auszubildenden Soldaten berücksichtigend – eine Art ehrliche Dialogbereitschaft in Bezug auf die unterschiedlichen Wertehorizonte herzustellen.

Die erste Herausforderung ergibt sich aus der Verortung und dem Vergleich des eigenen mit dem fremden Wertehorizont, der im Kern das Ergebnis einer vorangestellten Werteanalyse darstellt. Das von Inglehart entwickelte Modell der Wertekartescheint ein praktikables und einfach zu handhabendes Hilfsmittel der Feststellung des wertemäßigen *Ist-Standes* zu sein.[425] Solch eine erste Verortung innerhalb des vielschichtigen Wertekosmos, das Wissen um die einheitsstiftende Bedeutung von Werten und die Kenntnis der verschiedenen Annäherungen an Werte (Kant, Scheler, Schmitt, ...) ermöglicht die aktive Bereitschaft, sich auf andere Wertehorizonte einzulassen und mit ihnen in einen offenen Diskurs zu treten. Allein diese Art der Bereitschaft des Diskurses stellt gegenüber einem einseitigen Werteverständnis und dem Export eigener, westlicher Werte in fremde Kulturräume einen Fortschritt in Richtung Versuch einer hermeneutisch-kulturellen Verständigung dar.

---

[422] Die Bücher *"Citizen and Subject. Contemporary Africa and the Legacy of late colonialism"* und *"On the Postcolony"* analysieren einerseits heutige Machtstrukturen bzw. noch immer nachwirkende Erscheinungen des Kolonialismus in Afrika. Erstaunlicherweise schlagen beide Autoren (Mamdani und Mhembe) vor, die vorherrschenden Regierungsprobleme vieler Staaten Afrikas durch Demokratisierungsmaßnahmen, eingeleitet durch die westliche Welt, zu lösen.

[423]Senghaas, Dieter, Die Welt in friedenspolitischer Perspektive. Strukturelle Gegebenheiten und praktische Implikationen in: *Chwaszcza/Kersting,* Politische Philosophie der internationalen Beziehungen, Bd. 1365, 555.

[424]Schlegel in: *Krobath,* Werte in der Begegnung (2011) 591.

[425] Vgl. *Inglehart,* Values change the world

Ein Vergleich, um die Frage von Recht (realistisch) und Moral (idealistisch) im Hinblick auf die "Humanitäre Intervention", die auf der einen Seite in die Betonung des Souveränitätsprinzipes und auf der anderen Seite im Vorrang der Grundrechte vor der Souveränität münden,[426] kann in der Wertediskussion in einer anderen Art und Weise gedeutet werden: Kein "Schwarz-Weiss" Denken, sondern das Finden einer gemeinsamen Diskussionsbasis steht im Vordergrund jeglicher Wertedebatte. Realistische Strömungen sind hierbei im Bereich der Exzellenzwerte zu verorten: das gegenseitige Aufeinanderzugehen, das Wecken von gegenseitigem Verständnis und, nicht zu vergessen, die Akzeptanz des Andersseins sind Kennzeichen eines solchen Wertedialogs. Demgegenüber stehen idealistische Strömungen im Bereich der vorgefundenen Existenzwerte beider Wertehorizonte, umso mehr, als *"Grundwerte den letzten Sinn einer menschlichen Gemeinschaft bilden."*[427] Daher muss immer dort Toleranz vorherrschen, wo Exzellenzwerte im Mittelpunkt der Betrachtung stehen, die jedoch beim Auftreten von Existenzwerten ihre klare Grenze besitzt. Am Beispiel der Menschenwürde (moralisch-praktische Autonomie des Menschen führt zu seiner persönlichen Freiheit und Verantwortung; die menschliche Würde wiederum ist in dieser gleichen Freiheit aller Menschen begründet) zeigt sich, dass eine militärische Unterstützung von Gesellschaften, die diesen zutiefst europäischen Existenzwert nicht achten, als undenkbar anzunehmen ist.

Hier lässt sich auch zum ersten Mal eine mögliche Grenze der Ausbildungsverantwortung in der Einsatzart Military Assistance fremder Streitkräfte ziehen. Aber was bedeutet nun Ausbildungsverantwortung im Lichte der entscheidenden Trennung zwischen Existenzwerten, bei denen die vitalen Interessen einer Gemeinschaft / eines Staates / eines Kulturraumes im Fokus stehen, und Exzellenzwerten, die "lediglich" politische Vorstellungen beschreiben? An dieser Stelle scheint ein kurzer Exkurs in den Bereich des philosophischen Verantwortungsverständnisses angebracht, um die Tragweite einer möglichen klaren Abgrenzung in ihrer Tiefe zu erfassen:

Exkurs philosophisches Verantwortungsverständnis

Der Begriff der "Verantwortung" entsprang ursprünglich der Rechtssprechung, bei der er, mit der Antwort gegenüber dem Richter, in Verbindung gebracht wurde. Zentral dabei war das "Antwort-Geben" im Sinne einer Rechtfertigung eigener Taten und zugleich die Bereitschaft, dafür einzuste-

---

[426] Vgl. Zanetti, Veronique, Ethik des Interventionsrechts in: *Chwaszcza/Kersting,* Politische Philosophie der internationalen Beziehungen, Bd. 1365, 302.
[427] *Detjen,* Die Werteordnung des Grundgesetzes, 30.

hen.[428] Bis in die heutige Zeit wirkt in diesem Sinne das Phänomen der *Handlungszurechnung* nach, das im Kern die persönliche Zurechenbarkeit von Handlungen und Handlungsfolgen beschreibt.[429] Obwohl die moderne Verwendung innerhalb der Moralphilosophie erst etwa 100 Jahre alt ist, erlangte der Begriff "Verantwortung" inzwischen eine ähnliche Bedeutung wie die ethische Interpretation der "Pflicht".[430] In den meisten Fällen des Versuches des Fassbarmachens des Verantwortungsbegriffes wird dieser in drei Teile unterteilt:[431]

Subjekt der Verantwortung: ist gleichsam der Träger der Verantwortung und beantwortet die Frage nach dem *wer?*

Objekt der Verantwortung: stellt jenes Element dar, wofür Verantwortung übernommen wird und beantwortet die Frage nach dem *was*?

Instanz der Verantwortung: ist die Antwort auf die Frage nach dem *wovor?* Daher entspricht der Instanz derjenige, diejenige oder dasjenige, dem geantwortet wird.

Darüber hinaus kann man auch verschiedene Arten der Verantwortung differenzieren: Rollenverantwortung, Eigenverantwortung, individuelle Verantwortung, kollektive Verantwortung, rechtliche Verantwortung und ethische Verantwortung.[432] Eine erste Unterscheidung zwischen rechtlicher (*"gesetzlich vorgeschriebene Verantwortung von Individuen oder Kollektiven"*) und ethischer (*"Verantwortung von Subjekten, einem ethischen Standard des guten Lebens entsprechend zu handeln"*[433]). Verantwortung weist den Weg, der im Falle der Ausbildungsverantwortung fremder Streitkräfte bezüglich der zu vertretenden Werte zu begehen ist. Deshalb lohnt es sich, die ethische Dimension der Verantwortung und deren Implikationen auf den Wertediskurs näher zu beleuchten. Ähnlich dem Gericht bzw. den Gesetzen als Rechtfertigungsinstanz in Fragen der rechtlichen Verantwortung stellt das Gewissen eine solche Instanz in Fragen der ethischen Verantwortung dar. Im konkreten

---

[428] Vgl. *Beck*, Verantwortung oder Pflicht? Zeitschrift für Praktische Philosophie 2015 (169.)

[429] Vgl. *Bayertz*, Verantwortung (1995) 4.

[430] Vgl. *Lenk/Ropohl*, Technik und Ethik[2] (1993) 154.

[431] Die hier ausgedrückte Mehrdimensionalität der Verantwortung ist lediglich eine Möglichkeit der Modellbildung. Die philosophische Fachliteratur zu diesem Thema kennt jedoch mehrere Interpretationen der Mehrdimensionalität der Verantwortung. Angelehnt an das sechsstellige Modell von Lenk und Maring entwickelte Beck das sogenannte "achtstellige Prädikat": Jemand (Subjekt) ist verantwortlich für etwas (Objekt) in Bezug auf normative Standards vor einer Rechtfertigungsinstanz rückblickend und/oder vorausschauend (Zeitrichtung) gegenüber jemandem (Adressat) mit einer bestimmten Ausrichtung in einem sozialen Kontext (Vgl. *Beck*, Zeitschrift für Praktische Philosophie 2015, 171.).

[432] Vgl. *Lenk/Ropohl*, Technik und Ethik, 61.

[433] *Beck*, Zeitschrift für Praktische Philosophie 2015, 179.

Forschungsfall des Wertediskurses als Voraussetzung für eine umfassende, die kulturellen Aspekte berücksichtigende Einsatzraumaufbereitung stellen sich die drei Dimensionen des Verantwortungsbegriffes wie folgt dar: Das Subjekt wird durch das Österreichische Bundesheer dargestellt, das wiederum plant, die ethische Ausbildungsverantwortung im Teilbereich Military Assistance anzunehmen. Die auszubildende Streitkraft einer fremden Nation nimmt in diesem Modell die Dimension des Objektes der Verantwortung ein. Dabei sollen die einzusetzenden österreichischen Spezialeinsatzkräfte in Zukunft Ausbildungsverantwortung für die anvertrauten Soldaten übernehmen. Die ethische Instanz, wovor sich das österreichische Bundesheer für die zu erbringende Ausbildungsunterstützung verantworten muss, findet sich, abstrakt gesprochen, im "Gewissen des österreichischen Bundesheers" wieder. Da eine Organisationseinrichtung wie das österreichische Bundesheer kein Gewissen per se besitzt, ist dieses zu einem guten Teil an der Schnittstelle zwischen militärstrategischer und politischer Führung zu verorten. Die Aufgabe und zugleich Pflicht des Generalstabes ist es hierbei, inhaltlich-militärstrategische Beratungsleistung zu gewährleisten, basierend auf einer detaillierten Werteanalyse, die in ihrem Kern den auftretenden Dualismus zwischen Existenz- und Exzellenzwerten analysiert, bewertet und entsprechend den "Anleitungen für Military Assistance Einsätze" (siehe Unterabschnitt 4.1.2.2) Empfehlungen ausspricht.

Eine solche hermeneutische Herangehensweise an fremde Kulturräume gewährleistet einerseits eine klare Haltung und Botschaft im Hinblick auf die Nichtunterstützung fremder Streitkräfte im Falle der Missachtung von Existenzwerten – dies entspricht der ersten identifizierten Grenze der Ausbildungsverantwortung, und andererseits eine tiefgreifende Aufbereitung des Einsatzraumes sowie den Ausgangspunkt eines kooperativen Wertediskurses, im Hinblick auf die aktive Teilnahme im Rahmen von Military Assistance.

4.2.1 Ethikrat – ein Erfolgsmodell?

In den bisherigen Bearbeitungen wurden bereits zwei unterschiedliche, sinnvoll erscheinende Elemente (*Comprehensive Planning Group* und *Ethikrat)* innerhalb der militärstrategischen Führungsebene angesprochen, die der Forderung einer umfassenden, vernünftigen und zugleich interdisziplinären Herangehensweise an komplexe Szenarien entsprechen können. Auf der einen Seite steht die Frage des "wie" bei Vorbereitung und konkreter Planung von Einsätzen im Zentrum der Bemühungen einer *Comprehensive Planning Group.* Andererseits wiederum – und dieser Aspekt wird nachstehend näher betrachtet – stellt sich die Frage der Implementierung eines Ethikrates innerhalb des Bundesministeriums für Landesverteidigung.

Nachstehend einige Gedanken zu Wesen und Wert eines solchen Ethikrates unter besonderer Berücksichtigung der Teilaspekte *Kulturanalyse* und *Wertediskurs*, die Voraussetzungen für ein erfolgreiches und nachhaltiges Military Assistance Engagement darstellen.

In der Regel werden Ethikräte im Bereich der Human- und Medizinforschung mit dem Hintergrund des kritischen Diskurses in Grundsatzfragen auf dem Gebiet der Lebenswissenschaften und deren möglichen Folgen bei Anwendung auf den Menschen eingesetzt. Um dabei innerhalb des Ethikrates ein Maximum an Interdisziplinarität zu generieren, gehören ihm unter anderem Wissenschaftler und ausgewiesene Experten aus den Bereichen der Naturwissenschaften, der Medizin, der Theologie, der Philosophie, der Sozialwissenschaften, der Ökonomie, der Ethik und der Rechtswissenschaften an. Am Beispiel des "Deutschen Ethikrates"[434] lassen sich Strukturen, Charakteristika aber auch die Grenzen solcher Ethikräte recht gut verdeutlichen: Durch den regelmäßig und unabhängig von jeglicher politischer Einflussnahme geführten interdisziplinären Diskurs von Wissenschaftlern verschiedenster Forschungsbereiche besteht die Möglichkeit, die Zuspitzung des Methodendualismus (Naturwissenschaften gegen Geisteswissenschaften), geprägt durch Droysen-Dilthey-Windelband,[435] aufzulockern und dadurch

[434]Am 11. April 2008 wurde der Deutsche Ethikrat auf Basis des Ethikratgesetzes konstituiert. Hintergrund war und ist es, ein plurales breitgefächertes Meinungsspektrum zu künftigen Grundsatzfragen der Menschheit zu liefern. Dazu heißt es in der Präambel des Deutschen Ethikrates:

"Er verfolgt die ethischen, gesellschaftlichen, naturwissenschaftlichen, medizinischen und rechtlichen Fragen sowie die voraussichtlichen Folgen für Individuum und Gesellschaft, die sich im Zusammenhang mit der Forschung und den Entwicklungen insbesondere auf dem Gebiet der Lebenswissenschaften und ihrer Anwendung auf den Menschen ergeben."

(*Vetter*, Globale Forschung und Verantwortung, Infobrief des Deutschen Ethikrates 2016 (8.)).

Ergänzend dazu ist noch zu erwähnen, dass der Deutsche Ethikrat und seine 26 Mitglieder in ihren Tätigkeiten unabhängig sind. Ausschließlich der im Ethikratgesetz begründete Auftrag bindet den Ethikrat in seinen Handlungen. Sichtbar und verwertbar sind die durch den Ethikrat erarbeiteten und veröffentlichten Stellungnahmen, Produkte vorangegangener akademischer Diskurse im Auftrag des Deutschen Bundestages oder der Bundesregierung. Nachstehende Beispiele verdeutlichen die langfristige Tragweite der vor allem für die Humanwissenschaft richtungsweisenden Stellungnahmen auf Grund der zukunftsträchtigen und gesellschaftsbedeutsamen Themensetzung: Humanbiobanken für die Forschung, Mensch-Tier-Mischwesen in der Forschung, Biosicherheit - Freiheit und Verantwortung in der Wissenschaft, Stammzellenforschung - Neue Herausforderungen für das Klonverbot und den Umgang mit artifiziell erzeugten Keimzellen.

[435] Vgl. *Wilson*, Die Einheit des Wissens, 15079.

einen weiteren Schritt in Richtung umfassenderes Verständnis gemäß Dilthey zu setzen. Verständnis, welches auf das *"volle Leben"* und die Erfahrung des *"ganzen Menschen"*[436] abzielt, um den Herausforderungen der Zukunft zu begegnen, verlangt förmlich danach, Strukturen innerhalb des Ethikrates zu schaffen, die unterschiedliche ethische Ansätze und Meinungsvielfalt fördern. Nur auf einer solch breiten wissenschaftlichen Basis können die dynamischen Entwicklungen im Bereich der Lebenswissenschaften analysiert und beurteilt werden, um letztendlich Ergebnisse zu liefern, die einer möglichen künftigen Weichenstellung dienen können. Insbesondere sollen die folgenden drei Themenbereiche durch den Ethikrat – angelehnt an den Deutschen Ethikrat – abgedeckt werden:

Information der Öffentlichkeit und Motor des Antriebes gesellschaftlicher Diskussionen.

Ausarbeiten von Stellungnahmen und Empfehlungen für politisches und gesetzgebendes Handeln.

Kooperation mit nationalen und vergleichbaren Ethikräten anderer Staaten und internationalen Organisationen.

Ethikräte stoßen immer dort an ihre Grenzen, wo vernunftbasierte Konzepte und Vorschläge an tagespolitischen Empfindlichkeiten zu scheitern drohen bzw. der Ethikrat selbst nebulos neben Legislative, Exekutive und Judikative schwebt und es keine klaren Kompetenzen, Zuständigkeiten und Abläufe gibt. Deshalb sollten solche Beratungsgremien auf einer klaren politisch-legimatorischen Grundlage arbeiten; durch das Vorhandensein einer Geschäftsordnung wird das Verhältnis zum jeweiligen Ressort geklärt und durch regelmäßige Berichte und Empfehlungen werden der Öffentlichkeit die Ergebnisse vorgestellt. Ein kleiner Exkurs in verschiedene Grundsatzüberlegungen und Theorien bezüglich des Themas "Politikberatung durch Ethikräte" zeigt einige interessante Ambivalenzen im Verhältnis von wissenschaftlichem Diskurs und Politik auf. Als Beispiel unterscheidet Gunther Tichy zwischen wertneutralen, ausschließlich an dem Themenbereich interessierten Wissenschaftern und leidenschaftlichen Politikern, die sich sehr stark am nationalen Gemeinwohl orientieren. Einen weiteren Aspekt, den Tichy diesbezüglich thematisiert, ist die Divergenz zwischen der vorhandenen Expertenrationalität und dem dadurch entstehenden geringeren Handlungsspielraum der Politik.[437] Im Ergebnis bedeutet dies, dass Ethikräte als beratendes Instrument der politischen Verantwortungsträger gesehen und

---

[436] *Bollnow,* Dilthey, 15.

[437] Vgl. Tichy, Gunther in: *Chaloupek*, Ökonomie in Theorie und Praxis (2002) 359-377.

eingesetzt werden sollen, um innovative Ergebnisse – als dynamischer Bestandteil der Gesellschaft – zu liefern.

Auch in Österreich existiert das Modell des Ethikrates als beratendes Organ politischer Verantwortungsträger. Sowohl das Bundesministerium für Europa, Integration und Äusseres, als auch das Bundesministerium für Inneres greifen seit einiger Zeit auf den "Expertenrat für Integration" (seit 01. März 2014 dem Bundesministerium für Europa, Integration und Äusseres zugeordnet) und den "Migrationsrat für Österreich" zurück. Gerade der "Expertenrat für Integration" unter dem Vorsitz von Univ.-Prof. Dr. Heinz Fassmann versammelt acht verschiedene gesellschaftlich- und wissenschaftsrelevante Sparten, von "Sprache und Bildung" über "Rechtsstaat und Werte" bis hin zu "Sport und Freizeit" und ermöglicht durch diese plurale Meinungsvielfalt *"Integration als eine gesamtgesellschaftliche Zukunftsaufgabe zu begreifen und auch zu bewältigen"*[438]. Das Korsett des "Expertenrates für Integration" ist der "Nationale Aktionsplan Integration" (Entschließungsantrag des Nationalrates vom 08. Juli 2011), dessen Feststellungen die Grundlage der Legitimation der Handlungen des Expertenrates darstellen.

Diese beiden österreichischen Beispiele berücksichtigend, wäre der Gedanke eines Ethikrates vielleicht in einen *Sicherheitspolitischen Expertenrat (SiPEx)* umzudenken, der im Sinne der "Österreichischen Sicherheitsstrategie" im Allgemeinen und der "Teilstrategie Verteidigungspolitik" im Speziellen die sicherheitspolitischen Ziele und die dahinter stehenden Zwecke kritisch diskutiert, weiterentwickelt und richtungsweisende, gesamtstaatliche Maßnahmen zur konkreten Umsetzung vorschlägt.

Der zentrale Aspekt des Gehörtwerdens des *Sicherheitspolitischen Expertenrates* vor einem möglichen militärischen Einsatz, zum Beispiel zum Zwecke der Military Assistance, liegt in den zu beantwortenden Kernfragen des "ob" und des "wozu": Erscheint ein militärisches Engagement überhaupt sinnvoll und worin liegt der Sinn einer militärischen Beteiligung?[439] Dadurch kann

---

[438] *Fassmann*, Expertenrat für Integration (2011) 2.

[439] Bei diesen hochpolitischen Fragen, die durchwegs Grundsätzliches ansprechen und nach einer umfassenden, zumindest gesamtstaatlichen Strategie streben sollten, würde sich durchaus eine zweigeteilte Vorgehensweise anbieten. Die Analyse / Begründung / Suche nach dem Zweck eines friedenserhaltenden bzw. friedenssichernden Einsatzes läßt sich an Hand der beiden Fragewörter "warum" und "wozu" erarbeiten. Dabei ließe sich die Begründung eines Einsatzes mit der Antwort auf die Frage "Warum nehmen wir an einem gewissen Einsatz teil?" festlegen. Die weitaus entscheidendere Frage, die zu einem großen Teil ideelle Aspekte beleuchtet, stellt sich wie folgt dar: "Wozu nehmen wir eigentlich an dem Einsatz teil?" Dieses soeben dargestellte Zweigestirn der Entscheidungsfindung gewährleistet neben einer nachvollziehbaren Argumentationskette der Begründung vor allem das Auseinandersetzen mit den langfristig zu erreichenden Zielen. Aktuelle sicherheitspolitische Beispiele zeigen nur

von Seiten einer qualitativ hochwertigen und den Grundsätzen der Vernunft folgenden, Wissenschaftsdisziplinen-umfassenden Beratungsleistung erwartet werden, dass es durch die prozessualen, im kritischen Diskurs geführten Abläufe innerhalb des *Sicherheitspolitischen Expertenrates* zumindest zu einer Annäherung, im besten Fall jedoch zu einer Verschmelzung von "Sein" und "Soll" kommt. Diese im Gremium diskutierten und in eine konkrete Stellungnahme gefassten Ergebnisse sollten im Wege einer Empfehlung an den Bundesminister für Landesverteidigung ausgesprochen werden, gerade in Bezug auf anstehende militärische Einsätze des Österreichischen Bundesheeres. Dadurch ist es möglich, dass im Zuge von Empfehlungen an den jeweiligen Bundesminister ethische Urteilsbildung fundamentaler Bestandteil der vorgestaffelten politischen Meinungsbildung wird, jedoch zugleich Expertenberatung, gesellschaftliche Debatten und die tatsächliche politische Entscheidungsfindung voneinander getrennt bleiben.

Gerade die sicherheitspolitischen Entwicklungen im nächsten bzw. nahen Umfeld zu Europa in den Jahren 2013 bis 2017 verdeutlichen die enorme Dynamik direkter und indirekter Bedrohungen, die dazu führen, dass immer häufiger rasche Reaktionen der Staatengemeinschaft auch im militärischen Bereich erwartet werden. So stellte der US Secretary of Defense Ashton Carter im Zuge eines Vortrages in Paris an der Ecole Militaire im Jänner

---

all zu oft, dass dem "wozu" eine viel zu geringe Bedeutung beigemessen wird und stattdessen Teilerfolge medial so vermarktet werden, dass sie über die fehlende Gesamtstrategie hinwegtäuschen sollen. Nachstehende Textpassage eines sicherheitspolitischen US-Artikels aus dem Jahr 2016 verdeutlichtet dieses soeben beschriebene Delta zwischen "Sein" und "Soll" eindrucksvoll:

"In the months immediately following the terrorist attacks on the World Trade Center and Pentagon in the autumn of 2001, a small special operations forces element and interagency team, supported by carrier- and land-based airstrikes, brought down the illegitimate Taliban government in Afghanistan that had been providing sanctuary for al Qaeda. This strinkingly successful unconventional warfare operation was carried out with a U.S. boots on the ground presence of roughly 350 SOF and 110 interagency operatives working alongside an indigenous force of some 15,000 Afghan irregulars. The Taliban regime fell within a matter of weeks. Many factors contributed to this extraordinary accomplishment, but its success clearly underscores the potential and viability of this form of warfare. What followed this remarkably effective operation was more than a decade of challenging and costly large-scale irregular warfare campaigns in Afghanistan and Iraq employing hundreds of thousands of U.S. and coalition troops." (Votel, Joint Force Quarterly 2016, 101-102.)

Dieses Zitat sollte unter anderem zum Anlass genommen werden, den Erfolg eines *extraordinary accomplishment* genauer zu beleuchten und danach zu hinterfragen. Was bringt der rasche militärische Sieg gegen die Taliban, wenn danach riesige Regionen im Chaos versinken und zumindest Jahrzehnte lang, wenn nicht sogar für Jahrhunderte, an ein friedliches Miteinander nicht zu denken ist? Nach den furchtbaren Terroranschlägen des 11. September 2001 wurde sicherlich die Frage des "warum" unverzüglich und mit äußerstem Nachdruck aus US-Sicht beantwortet. Im Nachhinein läßt sich jedoch feststellen, dass die Frage des "wozu", wenn überhaupt, nur unzureichend beantwortet wurde.

2016 zum Themenbereich "transnationaler Terrorismus und Bedrohungen", die vom "Islamischen Staat" ausgehen, fest:

> *"France is already contributing greatly, as are several other nations. Many other nations can do more. And some are on the wrong track entirely. I have personally reached out to the ministers of defense in over 40 countries around the world to ask them to contribute to enhancing the fight against ISIL - more special operations forces, more strike and reconnaissance aircraft, weapons and munitions, training assistance, as well as combat support and combat service support."*[440]

Um einerseits den Fallen der Tagespolitik zu entfliehen, aber andererseits möglichst unabhängige, vernunftbasierende Empfehlungen zu erhalten, bietet sich gerade in Fragen der Sicherheitspolitik und der staatlichen Interessensvertretung nach außen ein *Sicherheitspolitischer Expertenrat* an, der aktuelle Herausforderungen der Kultur- und Werteanalyse verinnerlicht. Worin liegt nun die Bedeutung und der erhoffte Mehrwert eines *Sicherheitspolitischen Expertenrates*, wenn es zum Beispiel um eine erste Beurteilung eines Military Assistance Einsatzes der österreichischen Spezialeinsatzkräfte geht?

Durch eine sinnvolle Zusammensetzung eines solchen Expertenrates, gekennzeichnet durch ein interdisziplinäres plurales Spektrum, kann unter anderem gewährleistet werden, dass die hermeneutische Kulturraumanalyse, oder der Eintritt und das Führen eines ehrlichen Wertediskurses initiiert werden. Da die langfristige Lösung sehr vieler gewalttätiger und kriegerischer Herausforderungen in den weltweiten Krisenherden zunächst einmal im Verstehen der kulturellen Zusammenhänge und der dahinter liegenden Werte liegt, können Empfehlungen, die die kulturelle und wertemäßige Dimension berücksichtigen, als hilfreich anzusehen sein. Um effizient und zielgerichtet im sicherheitspolitischen Umfeld agieren zu können und gleichsam beratender Teil des politischen Entscheidungsprozesses zu sein, müssten folgende Voraussetzungen vorliegen:

Sicherheitspolitischer Expertenrat muss in seiner Beratung frei und souverän sein. Die ausgesprochenen Empfehlungen sind dem politischen Entscheidungsprozess bzw. den Parlamentsdebatten vorgelagert.

Zusammensetzung des *Sicherheitspolitischen Ethikrates* durch ausgewählte Experten der Wissenschaft, der Zivilgesellschaft und des Militärs, um eine möglichst breite Wissens- und Meinungsvielfalt abzubilden.

Etablierung des *Sicherheitspolitischen Expertenrates* innerhalb des Bundesministeriums für Landesverteidigung mit direktem Vorspracherecht beim Bun-

---

[440] *Ash*, Remarks by Secretary Carter at Ecole Militaire in Paris, France (2016) 5.

desminister, um der Beratungsfunktion (Aussprechen von Empfehlungen) möglichst effizient nachkommen zu können.

Nach Rücksprache mit dem Bundesminister für Landesverteidigung informiert der *Sicherheitspolitische Ethikrat* die Öffentlichkeit und fördert dadurch gesellschaftliche Diskussionen sicherheitspolitischer Themen.

Am Beispiel des "Deutschen Ethikrates" bzw. des österreichischen "Expertenrates für Integration" zeigt sich, dass westliche Gesellschaften der Gegenwart mit dem Phänomen konfrontiert sind, dass *"wissenschafts- und technikpolitische Fragen in zunehmendem Maße als Wertekonflikt begriffen und in ethischen Kategorien verhandelt werden"*[441]. Ähnliches trifft auch bei Fragen der Sicherheitspolitik und des internationalen Krisenmanagements zu. Daher würde die Implementierung eines "Sicherheitspolitischen Expertenrates" das Streben nach vernünftigen Grundausrichtungen samt dahinter stehendem Zweck ermöglichen. Durch die Berücksichtung eines möglichst pluralen Spektrums an Wissen und Ansätzen sind durchwegs fundierte und zugleich praktikable Empfehlungen im sicherheitspolitischen Umfeld zu erwarten. Die Gefahr eines Politikersatzes durch weitreichende Expertenberatung wird durch die klare Trennung zwischen vorgestaffelter Beratung (hier endet auch die Zuständigkeit des *Sicherheitspolitischen Expertenrates*) und den politischen Entscheidungen in Parlament und Regierung hintangehalten.[442]

4.2.2 Kulturdiplomatie weiter gefasst

Kulturdiplomatie in ihrer ursprünglichen Ausprägungsform versucht ein Hilfsmittel des diplomatischen Dienstes zu sein, um mit Hilfe immaterieller, kultureller Werte politische Diskussionen und Prozesse anzukurbeln. Zum breit gefächerten Feld der Kulturdiplomatie wurde im Rahmen eines Workshops ("Kulturarbeit im internationalen Kontext: Kulturdiplomatie, Kultur und Entwicklung sowie Praxisbeispiele internationaler Kulturprojekte") der Österreichischen Akademie der Wissenschaften angemerkt:

> *"Die klassischen völkerrechtlich definierten Hauptaufgaben der DiplomatInnen bilden die Berichts- und Präsentationspflicht. Im kulturellen, künstlerischen Bereich führt diese Einschränkung immer wieder zu Schwierigkeiten. Diploma-*

---

[441] *Bogner*, Die Ethisierung von Technikkonflikten[1] (2011) 1.

[442] Stephen Turner thematisierte die Legitimationsproblematik aus demokratietheoretischer Sicht, indem er die Frage stellte, ob profundes Fachwissen und Expertise nicht eine fundamentale Bedrohung für Demokratien darstelle. In seinen weiteren Ausführungen kommt Turner jedoch zum Schluss, dass Wissenschaftskritik zu einer konstitutiven Bedingung der Legitimität von Beratung wird (*Turner*, What is the problem with experts? Social Studies of Science 2001 (123-149.)).

tInnen sehen sich einerseits mit dem Problem der Definition von Kultur und andererseits mit Budgetkürzungen konfrontiert, die ihre Arbeit erschweren und Entwicklungen zum Vorschein bringen, in denen Kultur immer häufiger nicht mehr wegen ihres immateriellen, gesellschaftlichen Wertes als Ziel an sich definiert wird, sondern vermehrt als Instrument eingesetzt wird, um wirtschaftliche und/oder politische Ziele zu erreichen. Der Anspruch einer kreativen Ausdrucksform rückt dabei immer mehr in den Hintergrund."[443]

Angelehnt an dieses traditionelle Verständnis von Kulturdiplomatie, jedoch bereits ein Stückchen weiter in Richtung hermeneutische Tiefe des Kulturbegriffs mit ihrer Wechselwirkung zwischen Kultur und den dazugehörenden Werten kann die Unternehmensphilosophie des Instituts für Kulturdiplomatie[444] in Berlin gesehen werden. Darin heißt es unter anderem, dass Kulturdiplomatie auf die Förderung des gegenseitigen Verstehens, Vertrauens und Dialoges abzielt, da dies die Voraussetzung für eine langfristige, nachhaltige und friedliche Partnerschaft zwischen Menschen, Kulturen und Nationen darstellt.[445]

Die Bedeutung jener Kulturdiplomatie, vor allem in Zeiten der Krise und des Krieges – Konflikte am Schnittpunkt zwischen Kultur und Zivilisation[446] *– hat einen äußerst starken Bezug zur Moralität, da sie Kulturen kritisch beleuchtet und auch hinterfragt.*

Nicht die Kritik einer bestimmten Kultur oder eines spezifischen Kulturraumes steht hierbei im Vordergrund, sondern das stetige Hinterfragen der Wahrung der Existenzwerte einer Gesellschaft stellt das primäre Anliegen dar. In diese Kerbe schlägt auch ein durchaus provokantes Statement von Wolfgang Petritsch, der meinte, dass "*Kunst vieles schafft, aber keinen Frieden.*"[447]

---

[443] *Mantl*, Kulturdiplomatie in der Praxis aus österreichischer Sicht, Workshop: Kulturarbeit im internationalen Kontext: Kulturdiplomatie, Kultur und Entwicklung sowie Praxisbeispiele internationaler Kulturprojekte. (09. März 2013) 1.

[444] Die praktische und theoretische Unterstützung der Kulturdiplomatie stellt die Hauptaufgabe des Instituts für Kulturdiplomatie dar. Bei diesem Institut handelt es sich um eine unabhängige, international gemeinnützige und unparteiische Organisation, die ihre Hauptsitze sowohl in den Vereinigten Staaten als auch in Deutschland hat.

[445] Vgl. *Institut für Kulturdiplomatie*, Kultur und Außenpolitik, <http://www.ifa.de/kultur-und-aussenpolitik/organisationen/internationale-organisationen-und-transnationale-netzwerke/institut-fuer-kulturdiplomatie-icd.html> (abgefragt am 7. 1. 2016)

[446] Kultur und Zivilisation sind jenes klassische Begriffspaar, das seit Kant eine zentrale Rolle innerhalb der Kulturkritik einnimmt. Für ihn lag das Unterscheidungsmerkmal dieser beiden Begrifflichkeiten in der Moralität: Verhält man sich ausschließlich auf Grund der geltenden Gesetze und Regeln gemeinschaftskonform, ist man lediglich zivilisiert. Kultiviert ist man erst dann, wenn man dieses Verhalten auf Grund seiner Überzeugung an den Tag legt (Vgl. *Früchtl*, Information Philosophie. Die Zeitschrift, die über Philosophie informiert. 2010, 2.).

[447] *Mantl*, Kulturdiplomatie in der Praxis aus österreichischer Sicht, 2.

Deswegen sollte gerade für Krisenzeiten eine Ausprägung von Kultudiplomatie gefunden werden, die das Große Ganze nie aus den Augen verliert. Das Verstehen der kulturellen Zusammenhänge in möglichen Einsatzräumen stellt die Voraussetzung dar, um langfristig nachhaltige staatliche Strukturen zu schaffen, die gemäß dem "zivilisatorischen Hexagon" für ein friedliches Miteinander sorgen.

Aus der bisherigen Bearbeitung erscheint richtig verstandenes Kulturverständnis, die hermeneutische Tiefe des Kulturbegriffs berücksichtigend, der Schlüssel zu einer erfolgsversprechenden Beurteilung der jeweiligen Krisenregion zu sein. Werden bereits in diesem ersten Schritt Fehleinschätzungen bzw. zu schnelle Schlüsse gezogen, werden in den meisten Fällen die darauf folgenden militärischen bzw. nicht-militärischen Interventionen, auf lange Sicht gesehen, scheitern, da Kulturen darauf programmiert sind, sich innerhalb ihres Wertekorsetts zu bewegen. Dazu stellte eine US-Studie fest:

> *"Washington, like Moscow, used military assistance as an instrument of policy well, ill-advisedly, and sometimes foolishly. Neither Washington nor Moscow ever resolved the dilemma of the influence-restraint paradox or solved the problems of recipient reverse leverage. Although Washington's negative approach of using American values as a dichotomous condition for arms transfers proved ineffective, the positive Soviet approach of interpartly linkages was no more successful."*[448]

Daraus ergibt sich die Anforderung an die politischen Verantwortungsträger, dass bereits im politischen Entscheidungsfindungsprozess über mögliche künftige Einsätze durchwegs mit Vernunft agiert wird.

Dieses Mit-Vernunft-Agieren bedeutet im konkreten Fall die Erarbeitung vernünftiger, auf Werten basierender Konzepte, die bereits eine notwendige "Nachkriegsordnung" mit berücksichtigten muss.

Die Schwierigkeit der Erarbeitung solch vernünftiger Konzepte liegt sicherlich in der Problematik des Sicherheitstransfers in Krisenregionen, die einem anderen Kulturraum angehören. Nicht zu vergessen sind die durchaus unterschiedlichen Zielsetzungen verschiedenster staatlicher und nicht-staatlicher Organisationen, denen fragile Staaten im Rahmen von Stabilisierungsbemühungen unterzogen werden. Man denke dabei nur an die beiden notwendigen, aber in ihrer Implementierung unterschiedlichen Elemente des "zivilisatorischen Hexagons": der "Rechtsstaatlichkeit" und der "sozialen Gerechtigkeit".

---

[448] *Mott*, United States military assistance, no. 218, 311.

Die kulturelle Dimension in Verbindung mit mannigfaltigen Zielsetzungen der Stabilisierungsmaßnahmen ergibt ein durchwegs komplexes Geflecht, innerhalb dessen vernünftige Konzepte erarbeitet und implementiert werden müssen. Ein stetes Bewusstsein dieser Macht des Faktischen ist daher unumgänglich:

"Aufgrund derartiger Zielkonflikte muss Staatsbildung immer in Relation zu anderen Zielen, wie zum Beispiel Menschenrechtsschutz, Armutsbekämpfung und Demokratisierung gedacht und implementiert werden."[449]

Darüber hinaus gibt es meist keine oder eine nur sehr geringe Überschneidung der beiden Problemhorizonte (Europa/Österreich versus Einsatzland). Ein Übereinanderlegen der verschiedenen Problemfelder und ein "zwischen den Zeilen Lesen" wäre zwingend erforderlich, um nicht Gefahr zu laufen, einer Wertetransformation zu verfallen. Nachstehendes Zitat erläutert einerseits die Komplexität im Umgang mit kulturellen Fragen, aber andererseits auch die verbindenden Elemente:

> *"Die Vielfalt der Welt besteht in den verschiedenen Kulturen, die individuelle Experimente zur Lösung der universalen Problemstellungen menschlicher Existenz darstellen. Die Vielheit der Kulturen beruht auf der Verschiedenheit und Vielheit der Lösungswege für die Universalismen menschlicher Existenz."*[450]

Der Autor verdeutlicht, dass Kulturen auf universelle Herausforderungen und Menschheitsfragen bezogen sind. Menschen stehen weltweit vor ähnlichen existenziellen Fragen, die oftmals einen universellen Anspruch aufweisen. Deren Differenzierung geschieht durch spezifische, kulturelle Lösungsmechanismen. Dabei wird mit durchwegs verschiedenen Werten, Normen, Einstellungen bzw. Verhaltensmustern auf diese Existenzfragen geantwortet – Menschen als direkte und zugleich erste Elemente der Kulturen. Kulturen wiederum gestalten die allgegenwärtige Daseinswelt der Menschen. Ein profundes Wissen über die enge Vernetzung von Mensch und Kultur ermöglicht ein leichteres Eintauchen bzw. Einlassen mit anderen Kulturen, das wiederum dem gegenseitigen Verständnis dient.

Zusammenfassend läßt sich Kulturdiplomatie wie folgt beschreiben:

Den äußeren Rahmen bildet die hermeneutische Tiefe des Kulturbegriffes, die Wechselwirkung zwischen Kultur und den dazugehörenden Werten der jeweiligen Gesellschaft. Dabei dient als Richtschnur für das gerade noch

---

[449] *Lambach*, Fragile Staatlichkeit als Konfliktursache und Möglichkeiten der Bearbeitung (2014) 2.

[450] *Koslowski*, Die Kulturen der Welt als Experimente richtigen Lebens, Passagen Heft, Bd. 3 (1990) 20.

Erlaubte die nicht zu verletzenden Existenzwerte des eigenen Kulturraumes. Da Diplomatie auch immer etwas mit In-Verhandlung-Treten zu tun hat, müssten dem Verständnis nach vernünftige Konzepte entwickelt werden. Solche Konzepte müssen zwingend die Werte des jeweiligen Kulturraumes berücksichtigen, um den Anforderungen des "zivilisatorischen Hexagons" zu entsprechen. Werden diese Eckpunkte nachhaltiger Kulturdiplomatie eingehalten, wird die Gefahr einer Wertetransformation minimiert.

4.3. Realitätscheck vor Ort

Nachdem zunächst die gesamtstaatlichen Implikationen sowie die militärstrategischen Rahmenbedingungen von Military Assistance Einsätzen im Lichte des Versuchs tiefgreifenden Verständnisses untersucht wurden, fokussiert abschließend nachstehender Abschnitt auf den Kern der dargelegten Einsatzart von Spezialeinsatzkräften, nämlich der *"Unterstützung von Menschen"*[451]. Dabei wird nun, nachdem der Bogen ausgehend von sicherheitspolitischen über strategische hin zu militärstrategischen Überlegungen gespannt wurde, jener Fähigkeitsbereich analysiert, der den vor Ort eingesetzten Soldaten der Spezialeinsatzkräfte ein nachhaltiges Verstehen des vorgefundenen sozio-kulturellen Umfeldes ermöglicht. Eine angloamerikanische Studie, die Military Assistance Einsätze an Hand konkreter kriegshistorischer Beispiele charakterisiert, kommt bezüglich des Gesamtrahmens bzw. einer möglichen gesamtstaatlichen Einbetttung dieser speziellen Einsatzart zu folgendem Schluss:

> *"[...] The results of identifying the historical uniformities relating the features of the wartime donor- recipient relationship to achieving donor aims and exposing the complexities of that relationship and of the mediation process suggest that military assistance is an electic and useful policy instrument. Revealing the criticality of donor control and troop commitment has made it clear that neither economics nor political science, nor even policymakers or soldiers, can continue to ignore that relationship. It is important; it can transform government giveaway programs into powerful instruments of donor policy and purpose; it can also corrode the best of intentions to wasteful loss of resources and tragic loss of life. Its potentiality is persistent and pervasive. As an academic magisterium, military assistance extends beyond both political science and economics, as well as mili-*

---

[451] *Zechner*, Die Bedeutung und der Einfluss von interkultureller Kompetenz auf den Einsatz und die Ausbildung von Spezialeinsatzkräften in der Einsatzart Militärische Unterstützung im Hinblick auf zukünftige Einsätze der österreichischen Spezialeinsatzkräfte, 9.

tary science, and intrudes deeply into political-economic theory and policy-making. It involves diplomacy, politics, economics, law and war."[452]

All diese ganzheitlich erscheinenden Rahmenbedingungen und Voraussetzungen für einen erfolgsversprechenden Military Assistance Einsatz im Hinterkopf berücksichtigend, gepaart mit dem von Dilthey beschriebenen Verstehensprozess, der besonders die Einheit des Fühlens, des Wollens und des Denkens betont, soll dazu führen, den Begriff der *interkulturellen Kompetenz* mit Leben für einen möglichen Einsatz von österreichischen Spezialeinsatzkräften in dieser Einsatzart zu füllen. Nachstehende drei Erklärungsschritte sind als Orientierungshilfe für Soldaten vorgesehen, um sich in *"[...] Lebenswelten, die sich Menschen durch ihr Handeln geschaffen haben und ständig neu schaffen"*[453] zurechtzufinden und um nachhaltig, im Sinne von vernunftbasierten Ausbildungskonzepten wirksam zu werden:

Zunächst wird der Frage nachgegangen, wie sich Anforderungsprofile für Soldaten der Spezialeinsatzkräfte im Lichte interkultureller Gesellschaften darstellen. Darauf aufbauend wird sich dem Thema des Vertrauens als Basis der zwischenmenschlichen Interaktion gerade bei Military Assistance Einsätzen und der damit verbundenen Implikationen einer effizienten Auftragserfüllung gewidmet. Auftragserfüllung im Lichte des in Österreich bestimmenden Führungsprinzips der Auftragstaktik deutet im internationalen Umfeld auf ein interessantes dialektisches Verhältnis hin: Inwieweit hindert bzw. unterstützt das Prinzip der Auftragstaktik die konkrete Auftragserfüllung im Rahmen von Military Assistance? Dieses Spannungsfeld im Nahbereich des Verständnisses der Lebenswelt ferner Einsatzräume bildet zugleich den Abschluss nachstehender Erläuterungen.

4.3.1 Anforderungsprofil für Soldaten der Spezialeinsatzkräfte

Bereits der theoretische Ausgangspunkt von Diltheys Überlegungen im Hinblick auf ein umfassendes Verständnis von Lebenswelten (inneres Erkennen aus Zeichen, die von außen sinnlich gegeben sind), die *kopernikanische Wende Kants,* deutet in Richtung Hineinversetzen in das geistige Subjekt und in Richtung Berücksichtigung sowohl psychischer als auch kultureller Innenräume im historischen Kontext und eröffnet dadurch den zutiefst persönlichen Horizont der interkulturellen Kompetenz. Eine erste Auflösung dieser interkulturellen Dimension ergibt sich aus dem zunächst kom-

---

452 *Mott*, Military assistance, Contributions in military studies, no. 170 (1999) 272-273.
453 *Bolten*, Interkulturelle Kompetenz (2007) 24.

pliziert erscheinenden ganzheitlichen synergetischen Zusammenspiel von individuellem, sozialem, fachlichem und strategischem Handeln im interkulturellen Kontext, die es dem eingesetzten Soldaten vor Ort ermöglicht, zu reüssieren. In diesem Zusammenhang wies die Wochenzeitung "Die Zeit" mit der Formel *"zwischen Dschihad und McWorld"* darauf hin, dass im interkulturellen Diskurs ein Weg zu finden ist, wie eine humane und friedliche Weltgesellschaft erreicht werden kann.[454] Zusammengefasst stellt sich für Spezialeinsatzkräfte folgende Frage:

"Welche Fähigkeiten im Bereich der interkulturellen Kompetenz müssen Soldaten der Spezialeinsatzkräfte für einen Military Assistance Einsatz aufweisen?"

Der einzelne Soldat der Spezialeinsatzkräfte, der im Rahmen von Military Assistance eingesetzt ist, steht im Brennpunkt des Findens eines ausgewogenen Gleichgewichts zwischen dem Anspruch der kulturellen Autonomie und der kulturellen Integration. In dieser spezifischen Einsatzart, die sich zu einem guten Teil im zwischenmenschlichen Bereich abspielt, muss sich der Soldat tagtäglich dem interkulturellen Diskurs stellen, der von Wolfgang Welsch mit dem Begriff *"Transkulturalität"*[455] beschrieben wird. Dabei ist stets die kulturelle Diskrepanz zwischen *kollektiver Programmierung des Geistes* (gemäß Hofstede) und *nach innen hin integrativ, nach außen hin hierarchisch und ausgrenzend* (gemäß Böhme) zu berücksichtigen. Im Kern geht es darum, den jeweiligen Soldaten ein gewisses Maß an *interkultureller Kreativität* mitzugeben,

---

[454] Vgl. *Flechsig*, Auf dem Weg zur interkulturellen Gesellschaft (2011) 2.

[455]Mit dem Begriff der *Transkulturalität* macht Welsch auf die Veränderungen der kulturellen Systeme aufmerksam und grenzt diese als Veränderung identifizierte Erscheinungsform der Gegenwart vom klassischen Konzept der Einzelkulturen wie auch von den neueren Konzepten der Interkulturalität und Multikulturalität ab. Diese Abgrenzung charakterisiert Welsch wie folgt:

> *"Die Kritik am traditionellen Konzept der Einzelkulturen sowie an den neueren Konzepten der Interkulturalität und der Multikulturalität läßt sich folgendermaßen resümieren: Wenn die Kulturen tatsächlich noch immer, wie diese Konzepte unterstellen, inselartig und kugelhaft verfaßt wären, dann könnte man das Problem ihrer Koexistenz und Kooperation weder loswerden noch lösen. Nur ist die Beschreibung der Kulturen als Kugeln bzw. Inseln heute deskriptiv falsch und normativ irreführend. Die Kulturen haben de facto nicht mehr die unterstellte Form der Homogenität und Separiertheit. Dies ist der Ausgangspunkt des Konzepts der Transkulturalität."*

(*Welsch*, Transkulturalität, Zeitschrift für Kulturwissenschaft 1995 (40.))

Welsch versucht mit seinem Konzept der *Transkulturalität* traditionelle Kulturbegriffe, die meist aus dem 18. und 19. Jahrhundert stammen, zu überwinden und anstatt dessen Verflechtung, Verstehen und Interaktion zu setzen. Demzufolge entwickelt sich eine Vielzahl unterschiedlicher Lebensformen transkulturellen Zuschnitts, die durch hohe Individualisierung und Differenzierung gekennzeichnet sind. Nicht mehr geografische oder nationale Vorgaben sind Ausdruck dieser Differenzierung, sondern kulturelle Austauschprozesse:

"In der Epoche der Transkulturalität schwindet die Bedeutung der Nationalstaatlichkeit oder der Muttersprache für die kulturelle Formation."

um transkulturelles Lernen zu ermöglichen. Die von Bernd Krewer aufgestellte Theorie der *interkulturellen Kreativität* verdeutlicht an Hand von fünf Schritten[456] die Entwicklung interkultureller Kompetenz.[457] In letzter Konsequenz führt praktisch angewandte interkulturelle Kompetenz gemäß der Forderung von Welsch zu folgender Situation:

"Es kommt künftig darauf an, die Kulturen jenseits des Gegensatzes von Eigenkultur und Fremdkultur zu denken."[458]

Daraus läßt sich schließen, dass interkulturelle Kompetenz einerseits fordernd und andererseits das Ergebnis eines langfristigen und umfassenden Lehr- und Lernprozesses ist. Die Herausforderung jedes einzelnen liegt darin, den offensichtlichen Widerspruch zwischen den eigenen und den fremden Werten zu überbrücken.[459] Krewers fünfstufigem Modell zur Erlangung *interkultureller Kreativität* folgend stellt sich die Frage nach didaktischen Konzepten, die eine praktische Umsetzung der bisherigen Ausführungen zur *Transkulturalität* im Bereich der Spezialeinsatzkräfte ermöglichen. Vom Endpunkt aus gedacht, umriss Krewer die fünfte und somit letzte Entwicklungsstufe zur Erreichung interkultureller Kompetenz mit nachstehenden Sätzen:

---

[456] Die fünf Schritte der Entwicklung interkultureller Kompetenz gemäß Krewer stellen sich wie folgt dar:
1. Stufe: *Ethnozentristische Personalisierung*
Diese erste Stufe ist dadurch gekennzeichnet, dass eigenes Verhalten als normal, abweichendes Verhalten jedoch als seltsam gedeutet wird. In diesem Bereich spielt noch das fehlende Wissen um kulturelle Unterschiede eine Rolle, welches oftmals in der Ablehnung fremden Verhaltens gipfelt.
2. Stufe: *Kulturalistische Überinterpretation*
In dieser Phase werden Fremden national-typische Eigenschaften zugeschrieben, fremdkulturelle Partner werden depersonalisiert.
3. Stufe: *Kulturbewusste Re-Personalisierung*
Das Erkennen individueller Unterschiede innerhalb von Kollektiven, sowie das Verständnis kultureller Relativität werden erkannt
4. Stufe: *Selektive Aneignung*
Diese Phase beschreibt zwei Aspekte: Auf der einen Seite werden fremde Verhaltensweisen und Wahrnehmungsmuster angeeignet, auf der anderen Seite wird die eigene kulturelle Identität gewahrt und weiterentwickelt.
5. Stufe: *Interkulturelle Kreativität (Synergie)*
Interkulturelle Kreativität ist dann gegeben, wenn kulturelle Vorläufigkeit akzeptiert und kulturelle Weiterentwicklung ermöglicht wird, kulturinnovative Lösungen entwickelt werden und Gestaltungsmöglichkeiten für interkulturelles Handeln gegeben sind.

[457] Vgl. *Flechsig*, Auf dem Weg zur interkulturellen Gesellschaft, 8.

[458] *Welsch*, Zeitschrift für Kulturwissenschaft 1995, 39.

[459] Vgl. Hess, Julius in: *Ebner*, Interkulturelle Kompetenz und deren Notwendigkeit für Einsatz und Führung, Schriftenreihe der Landesverteidigungsakademie, Bd. 2013,12 (2013) 306.

"Mit der Einsicht in die Gestaltungsmöglichkeit interkultureller Handlungsregeln und -formen treten die interpersonalen und intergruppalen Potenziale der Schaffung neuer interkultureller Lösungen in den Vordergrund. Voraussetzung dafür ist die ständige Bereitschaft zur Entwicklung und die Akzeptanz der Vorläufigkeit jeweils gefundener Muster der Kooperation und der Kommunikation. Trainingsprogramme auf dieser Stufe fokussieren auf Strategien zur interkulturellen Problemlösung. Förderung der Kommunikationsfähigkeit und flexible Identitätskonstruktion in interkulturellen Überschneidungssituationen [...] und die Entwicklung von Umsetzungsstrategien für innovative Neuschöpfungen in den jeweiligen Herkunftskulturen."[460]

Die fünf Entwicklungsstufen interkultureller Kompetenz nach Krewer lassen sich in drei Kategorien unterteilen:

Kategorie 1: *Kulturelle Abgrenzung*

Ethnozentristische Personalisierung (1. Stufe) und *kulturalistische Überinterpretation* (2. Stufe) stellen Alltagsphänomene dar, die sich im ethnologischen Kulturbegriff wiederfinden und sich mit folgenden Worten Clifford Geertz beschreiben lassen: *"selbstgesponnenes Bedeutungsgewebe"*[461]. Auf Grund der Tatsache, dass viele Menschen in dieser ersten Kategorie der kulturellen Abgrenzung verhaftet bleiben, jedoch noch kein selbstreflexiver Prozess als Grundlage des Verstehens stattfindet, ist diese Phase als eine Art Bewusstseinsbildung in ein interkulturelles Trainingsprogramm für Soldaten von Spezialeinsatzkräften aufzunehmen. Allein das Wissen über das Phänomen der klaren, oftmals negativ wirkenden Abgrenzung kultureller Bezugssysteme kann als manifestierende Grundlage der weiterführenden interkulturellen Entwicklungsschritte für Soldaten dienen. Im Vergleich dazu entspricht dies der ersten Stufe Diltheys hermeneutischer Trias des Verstehensprozesses, der Stufe des Erlebnisses bzw. der sinnlichen Unmittelbarkeit.

Kategorie 2: *Kulturbewusstsein*

Kulturbewusste Re-Personalisierung (3. Stufe) stellt jene Phase innerhalb der Entwicklung interkultureller Kompetenz dar, an der im Rahmen der Einsatzvorbereitung vertieft bzw. horizonterweiternd gearbeitet werden kann.[462] Eine wissenschaftliche Auseinandersetzung mit interkultureller

---

[460] *Flechsig*, Auf dem Weg zur interkulturellen Gesellschaft, 8.

[461] *Geertz*, Dichte Beschreibung, Bd. 696, 9.

[462] Zum Thema Kulturbewusstsein und dessen Bedeutung für das Gesamtverständnis von Konfliktbildern merkte der ehemalige Kommandant der Combined Joint Task Force-76 (Major-General Benjamin C. Freakley) in Afghanistan im Jahr 2006 folgendes an:

Kompetenz in Auslandseinsätzen der deutschen Bundeswehr weist in dieselbe Richtung: Dort heißt es, dass die Entwicklung von interkultureller Sensibilität vor dem Einsatz von größter Bedeutung ist.[463] Vergleichbar mit Kants normativem Kulturbegriff findet sich hier die Verbindung von Kultur, Moralität und Würde des Seins, die eine interkulturelle Vergleichsbasis von Gesellschaften erst ermöglicht. Das Herausarbeiten der eigenen kulturellen Rahmenbedingungen und des eigenen, westlich geprägten Wertehorizontes (abgestützt auf die Unterscheidung zwischen Existenz- und Exzellenzwerten), im Bewusstsein der immanenten Gefahr der Anwendung eines Wertungsregimes (Stichwort: *Tyrannei der Werte* bzw. eigene Wertemuster dienen als Beurteilungsgrundlage jeweils anderer Kulturen und ihrer Werte[464]), ermöglicht erst eine kritische Auseinandersetzung mit anderen Kulturräumen. Die Möglichkeit zu erhalten, mit anderen Gesellschaften in einen gleichberechtigten Wertediskurs zu treten stellt die Schlüsselvoraussetzung für tiefergreifendes Verständnis anderer kultureller Bezugssysteme dar. In diesem Zusammenhang spricht unter anderem Trompenaars von *"transcultural competence"*[465], der Fähigkeit zur Versöhnung "kultureller Orientierungen von Menschen"[466]. In dieser Phase der interkulturellen Ausbildung sollen die

---

"Cultural awareness will not necessarily always enable us to predict what the enemy and non-combatants will do, but it will help us better understand what motivates them, what is important to the host nation in which we serve, and how we can either elicit the support of the population or at least diminish their support and aid to the enemy."
(Spencer, Solving the people puzzle, 124.)

[463] Bei der angesprochenen Studie handelte es sich um eine quantitative Panelstudie unter etwa 4500 Soldaten der Bundeswehr, die im Jahr 2010 in Afghanistan im Rahmen der International Security and Assistance Force im militärischen Einsatz standen. Das Leitthema der Studie war: *"Zur Wirksamkeit und Ausprägung interkultureller Kompetenz im Einsatz"* (Vgl. Hess, Julius in: *Ebner*, Interkulturelle Kompetenz und deren Notwendigkeit für Einsatz und Führung, Bd. 2013,12 (2013) 305-327.).

[464] Vgl. Trauner, Karl-Reinhart in: *Ebner*, Interkulturalität als Instrumentarium für Einsatz und Führung, Schriftenreihe der Landesverteidigungsakademie, Bd. 2013,5 (2013) 167.

[465] *Trompenaars/Hampden-Turner*, Riding the waves of culture[2] (1997)

[466] In diesem Zusammenhang spricht Trompenaars vom Ausgleich bzw. der Versöhnung unterschiedlicher kultureller Orientierungen von Menschen, ganz egal aus welchen Staaten die Menschen kommen, aus dem Ausland oder aus dem Inland. Kulturelle Orientierungen lassen sich dabei in vier Kategorien unterteilen:

1. *Einstellungen zu:* Umwelt, Zeit, Lebensführung, Raum, Gleichheit/Ungleichheit, Gerechtigkeit/Ungerechtigkeit, soziale Grundbeziehungen;
2. *Kommunikationsformen und -stile:* ausführlich informierend bzw. stillschweigend voraussetzend, direkt oder indirekt, emotional oder sachbezogen, formell oder informell, Blickkontakt erwünscht oder wird vermieden, Körperkontakt erwünscht oder wird vermieden;
3. *Soziale Bezugssysteme:* Betonung von Gemeinsamkeiten oder Unterschieden, Individuum versus Gemeinschaft;

Soldaten unter anderem erlernen, Beurteilungen bzw. Bewertungen zwischen verschiedenen Wertehorizonten[467] vornehmen zu können. Dabei lassen sich drei Möglichkeiten der Unterscheidung festmachen:

Erstens treten keine Unterschiede zwischen dem eigenen Wertekosmos und dem Wertekosmos des Gegenübers auf. Daher sind keine weiteren Beurteilungen vorzunehmen.

Zweitens treten Unterschiede im Vergleich der beiden Wertekosmen auf. Jedoch handelt es sich dabei "ausschließlich" um sogenannte Exzellenzwerte, also um jene Werte, die kulturell bedingt sind und daher keine Auswirkungen auf die Grundwerte haben.

Und drittens treten gravierende Unterschiede im Wertediskurs auf. Vor allem die sogenannten Existenzwerte - *"Grundwerte bilden den letzten Sinn einer menschlichen Gemeinschaft."*[468] - sind davon betroffen und stellen eine unüberwindbare Kluft im Wertediskurs dar.

Kurzbezeichnungen für die drei Möglichkeiten der Unterscheidung charakterisieren recht eindrucksvoll und leicht verständlich deren tieferen Sinn: *Akzeptanz* ist das Schlüsselwort immer dann, wenn keine Unterschiede im Vergleich der verschiedenen Wertekosmen in Erscheinung treten. Von *Toleranz* kann man sprechen, wenn Unterschiede ausschließlich in den identifizierten Exzellenzwerten auftreten. *Kulturelle Asymmetrie* ist jene Metapher, die sowohl eine nicht akzeptierbare als auch eine nicht tolerierbare Divergenz der Wertekosmen darstellt. Mit der hier dargestellten *kulturellen Asymmetrie* findet sich auch die bereits identifizierte erste Grenze der Ausbildungsverantwortung der Einsatzart Military Assistance wieder, die gleichsam auch Grenze von interkultureller Kompetenz bedeutet.[469]

Vergleicht man diese zweite Kategorie innerhalb des Entwicklungsprozesses interkultureller Kompetenz mit Diltheys Verstehensprozess, ähnelt sie der

---

4. *Ordnungsvorstellungen und Denkstile:* linear-analytisch oder synthetisch-ganzheitliches Denken, induktives oder deduktives Denken, Regeln/Vereinbarungen wichtig oder flexible Anwendung.

[467] Karl-Reinhart Trauner bezeichnet diesen Diskurs verschiedener Wertehorizonte als *Cultural Gap,* der sich rein systematisch und daher auch simplifiziert dadurch ausdrückt, dass das Eigene, die eigene Kultur dem Anderen oder der fremden Kultur gegenübersteht. Interkulturelle Kompetenz stellt demnach jenes Instrument der Überbrückung des *Cultural Gaps* dar, mit dem vorurteilsgelenkte Beurteilung verhindert und eine vorurteilsfreie Beurteilung erst ermöglicht wird (Vgl. Trauner, Karl-Reinhart in: *Ebner,* Interkulturalität als Instrumentarium für Einsatz und Führung, Bd. 2013,5 (2013) 164-165.).

[468] *Detjen,* Die Werteordnung des Grundgesetzes, 30.

[469] Vgl. Trauner, Karl-Reinhart in: *Ebner,* Interkulturalität als Instrumentarium für Einsatz und Führung, Bd. 2013,5 (2013) 168-169.

zweiten Stufe, der Stufe des Ausdrucks, des Abstandnehmens von erlebten Dingen und deren Reflexion.

Kategorie 3: *Interkulturelle Kompetenz*

Selektive Aneignung (4. Stufe) und *interkulturelle Kreativität* (5. Stufe) sind jene Teilaspekte innerhalb des Entwicklungsprozesses, die mit Masse im jeweiligen Einsatzraum durch die Soldaten aktiv zu bewerkstelligen sind. In dieser Phase der aktiven militärischen Unterstützung von vor Ort eingesetzten Soldaten ist eine erfahrungsunabhängige willentliche Setzung von Werten auf jeden Fall zu vermeiden. Lufs Wertekritik folgend laufen Wertehierarchien, die den vernunftbasierten Charakter des Menschen ausblenden, Gefahr, auf Grund ihrer Realitätsferne die Berechtigung bei der einheimischen Bevölkerung zu verlieren. Deshalb sollten Soldaten der Spezialeinsatzkräfte die zu Unterstützenden als geschichtliche Wesen betrachten, die durch Tradition, Kultur und soziales Umfeld geprägt sind und dementsprechend auch ihre Handlungen setzen. Erst ein Aufeinanderzugehen auf Augenhöhe ermöglicht das Nutzen der verschiedenen Potenziale und die Gestaltungsmöglichkeiten für interkulturelles Handeln. Innerhalb Diltheys Verstehensprozesses ergibt sich hierbei die Vergleichbarkeit mit der dritten Stufe, der Stufe des Verstehens.

Interkulturelle Kompetenz bedingt zunächst kulturelle Abgrenzung, dann darauf aufbauend Kulturbewusstsein. Jedoch erst in der Synthese der Bewusstseinsbildung auf der einen Seite und den Voraussetzungen für einen Wertediskurs auf der anderen Seite kann sich interkulturelle Kompetenz der vor Ort eingesetzten Soldaten im Rahmen von Military Assistance bilden. Diese interkulturelle Kompetenz beruht auf fundiertem Wissen des eigenen Wertehorizontes und dem gleichberechtigten Diskurs in Fragen kultureller und wertemäßiger Herausforderungen.

Eine weitere Dimension der interkulturellen Kompetenz mit weitreichenden praktischen Auswirkungen auf die militärische Auftragserfüllung in fremden Kulturräumen handelt vom unmittelbaren Wirksamwerden der eingesetzten Soldaten der Spezialeinsatzkräfte im Rahmen von Military Assistance innerhalb eines fremden Wertekosmos. Diese direkte Unmittelbarkeit erläutert Bolten in seinem Buch "Interkulturelle Kompetenz" an Hand des Prozesses der Transferleistung von vier speziellen Handlungskompetenzen[470] aus dem

470 Bolten gliedert dabei die persönlich zu erarbeitenden und zu erlernenden Handlungskompetenzen, die Voraussetzung für ein erfolgreiches Agieren innerhalb der eigenen Lebenswelt bzw. des eigenen Wertekosmos sind, in vier Teilkompetenzen:

eigenen in einen anderen Kulturraum.[471] Dieser Theorie folgend kann interkulturelle Kompetenz nur dann wirksam werden, wenn es zu einem erfolgreichen und gesamtheitlichen Zusammenspiel von fachlichem, strategischem, individuellem und sozialem Handeln im interkulturellen Kontext kommt. In diesem Zusammenhang weisen zwei ausgewiesene Experten der österreichischen Spezialeinsatzkräfte darauf hin, dass neben der Bedeutung der hermeneutischen Tiefe des Kulturbegriffes, die ohne Zweifel den Kern interkultureller Kompetenz darstellt, insbesonders soziale Kompetenzen, wie zum Beispiel Empathie oder verbale/paraverbale/nonverbale Kommunikationsfähigkeit[472] für Soldaten von größter Wichtigkeit sind, ohne denen Military Assistance nur in geringem Maße bzw. meist gar nicht leistbar ist.[473] Da Empathie bzw. Einfühlungsvermögen eng mit vertrauensbildenden Maßnahmen verknüpft ist und dies in einem ursächlichen Zusammenhang mit Wesen und Charakteristik der Einsatzart Military Assistance steht, lohnt es sich an dieser Stelle, einen kurzen Blick auf notwendige Kommunikationsfähigkeiten, im Speziellen auf das Ausmaß hilfreicher Fremdsprachenkenntnisse der einzusetzenden Soldaten zu werfen. Klar erscheint, dass die verbale Kommunikation eines jener Instrumente darstellt, die eine direkte Kontaktaufnahme mit anderen Menschen ermöglicht. Führt man sich jedoch die enorme Sprachenvielfalt und deren Dialekte in möglichen Einsatzräumen des österreichischen Bundesheeres vor Augen, scheint es unmöglich zu sein, einer vertretbaren Anzahl von Soldaten gewisse Sprachen erlernen zu lassen. Eine praktikable Lösung in diesem Bereich ist die begleitende Sprachausbildung aus dem Sprachenpool der kulturübergreifenden Sprachen, wie zum Beispiel Französisch, Arabisch oder Spanisch. Verbale Kommunikationsfähigkeit unter Zuhilfenahme der jeweiligen Fremdsprache ist zwar nicht Voraussetzung für einen erfolgreichen Military Assistance

---

Interkulturelle Fachkompetenz: Fachkenntnisse im Aufgabenbereich, Berufserfahrung, Kenntnisse der beruflich-fachlichen Infrastruktur;
Interkulturelle strategische Kompetenz: Organisationsfähigkeit, Wissensmanagement, Problemlösungs- Entscheidungsfähigkeit;
Interkulturelle individuelle Kompetenz: Lernbereitschaft, Rollendistanz, Ambiguitätstoleranz, optimistische Grundhaltung;
Interkulturelle soziale Kompetenz: Teamfähigkeit, Empathie, Toleranz, Kommunikations- und Mediationsfähigkeit, Anpassungsfähigkeit (Vgl. *Bolten,* Interkulturelle Kompetenz, 86.);

471 Vgl. *Bolten,* Interkulturelle Kompetenz, 81-88.

472 Vgl. *Garger,* Military Assistance - Profil für Soldaten des Jagdkommandos, 1.

473 Vgl. *Zechner,* Die Bedeutung und der Einfluss von interkultureller Kompetenz auf den Einsatz und die Ausbildung von Spezialeinsatzkräften in der Einsatzart Militärische Unterstützung im Hinblick auf zukünftige Einsätze der österreichischen Spezialeinsatzkräfte, 30.

Einsatz, jedoch kann sie als äußerst hilfreich angesehen werden.[474] Eine Studie der US Special Operations University beschäftigte sich mit dem Verhältnis zwischen spezifischen Fremdsprachenkenntnissen (*language*) und dazu gehörendem kulturellem Wissen (*culture*). Das Ergebnis war ziemlich eindeutig und sagte aus, dass in der konkreten Aufgabenerfüllung der Soldaten ein umfassendes kulturelles Wissen Vorteile gegenüber ausschließlich vorhandenen Fremdsprachenkenntnissen aufweist. Einschränkend muss man aber ebenfalls festhalten, dass linguistische Strömungen die Meinung vertreten, dass das Erlernen einer Fremdsprache auch gleichzeitig das Lernen der jeweiligen Kultur impliziert.[475] Die nochmalige Bestätigung der Bedeutung von tiefgreifendem Wissen kultureller Besonderheiten soll nicht darüber hinwegtäuschen, dass Kommunikation, und insbesondere die Sprache, wesentliche Bestandteile von Kulturen darstellen.[476] Deshalb sollte zunächst danach getrachtet werden, dass eine ausreichende Anzahl Soldaten die Möglichkeit erhält, einzelne kulturübergreifende Sprachen zu erlernen und in einem weiteren Schritt – im Zuge der Einsatzvorbereitung – sollten alle vorgesehenen Soldaten zumindest einzelne Phrasen des Alltagslebens kennenlernen, um den Gesamtprozess der Transferleistung der Handlungskompetenzen zu erleichtern.

4.3.2 Vertrauen schaffen

Unter dem Motto "Vertrauen schaffen" veröffentlichte die Organisation für Sicherheit und Zusammenarbeit in Europa ihren Jahresbericht 2012 und wies dabei eindringlich auf die entscheidende Bedeutung unterschiedlichster vertrauensbildender Maßnahmen in den "drei Dimensionen der Sicher-

---

474 Vgl. *Zechner*, Der Einsatz einer österreichischen Special Operations Task Group im multinationalen Umfeld im Szenario "Seperation of Parties by Force" als Beitrag Österreichs zur internationalen Friedenssicherung mit Fokus auf die Durchführung von Military Assistance und dem möglichen Einsatz von ausgebildeten Kräften unter Anleitung, 43.

475 Vgl. *Turnley*, Cross-Cultural Competence and Small Groups: Why SOF are the way SOF are, Bd. 2011 (2011) 21-22.

476 Ein weiteres Indiz für die Integrationskraft der Kenntnisse der jeweiligen Landessprache läßt sich aus einem im Jahr 2000 durchgeführten Truppenversuch der deutschen Bundeswehr bei einem Infanteriebataillon in Berlin ableiten. Dabei wurde unter anderem der Frage nachgegangen, durch welche Faktoren die Integration von Rekruten verschiedener Nationen begünstigt wird. Nicht die Nähe zum westeuropäischen Kulturhorizont, sondern Kenntnisse der deutschen Sprache - in diesem konkreten Fall - waren ausschlaggebend für die kulturelle Integration der Soldaten (Vgl. Peischel, Wolfgang in: *Ebner*, Interkulturalität als Instrumentarium für Einsatz und Führung, Bd. 2013,5 (2013) 25.).

heit"[477], die zugleich ihre Tätigkeitsfelder darstellen, hin.[478] Ein weiteres Indiz für die steigende Bedeutung vertrauens- und sicherheitsbildender Maßnahmen im internationalen Krisenmanagement liefert Heinz Gärtners Nachschlagewerk "Internationale Sicherheit", in dem der Politikwissenschafter darauf hinweist, dass "Vertrauen" und "Sicherheit" bereits die Grundlage für die ersten Schritte aller Beteiligten in Richtung kooperativer Absichten bedeutet.[479]

Dieses enge Verhältnis zwischen Vertrauen auf der einen und Sicherheit auf der anderen Seite kann zugleich als Sinnbild für die militärische Einsatzart Military Assistance gesehen werden.

Dabei steht die nachhaltige Verbesserung der befreundeten Streitkräfte als militärische Beitragsleistung zur regionalen Stabilität im Zentrum der sicherheitsrelevanten Bemühungen der eingesetzten Spezialeinsatzkräfte; Vertrauen hingegen stellt den zwischenmenschlichen Kitt dar, ohne den eine reine Ausbildungsvermittlung an die zu unterstützenden Soldaten zum Scheitern verurteilt ist. Einen ähnlichen Standpunkt vertritt ebenfalls der sich im Ruhestand befindliche hochdekorierte Vier-Sterne-General Stan McChrystal, wenn er im Zusammenhang mit *"Americas longest war"* folgendes ausführt:

> *"Driving reform in the Afghan government will require continuous coordination with the Afghans themselves, and many more than three cups of tea. Improving Afghanistan's institutions will take the long-term work of building human capital and changing officials' behavior, rather than short-term infrastructure or other projects."*[480]

Um das notwendige Maß an Vertrauen theoretisch zu erarbeiten, bietet es sich an, Vertrauen zunächst als soziales Phänomen zu betrachten. Zur ge-

---

477 Seit ihrer Gründung beim Gipfeltreffen von Helsinki im Jahr 1975 (Schlussakte von Helsinki) gliederte zunächst die Konferenz für Sicherheit und Zusammenarbeit in Europa und seit 1995 ihre Nachfolgerin, die Organisation für Sicherheit und Zusammenarbeit in Europa ihre Aufgaben in drei sogenannte Körbe bzw. in drei Betätigungsfelder:
Die politisch-militärische Dimension:
Rüstungskontrolle, Bekämpfung der Internetkriminalität, Bekämpfung des Terrorismus, Konfliktverhütung und Konfliktlösung, Militärreform , Polizeireform;
Die Wirtschafts- und Umwelt-Dimension:
Bekämpfung der Geldwäsche, Wirtschaft, Energie, Unternehmertum, Umwelt, Good Governance;
Die menschliche Dimension:
Wahlen, Menschenrechte, Medien- und Meinungsfreiheit, Rechtsstaatlichkeit, Toleranz.

478 Vgl. *Masi-Reithofer*, Jahresbericht 2012 (2013) 8-12.

479 Vgl. *Gärtner*, Internationale Sicherheit, Bd. 9, 257.

480 *Kosh Sadat/ Stan McChrystal*, Majalla 2017, 10.

naueren Einordnung des Vertrauensbegriffes kann folgendes Wortspiel von Nooteboom herangezogen werden:

"Someone has trust in something, in some respect and under some conditions."[481]

In diesem kurzen Satz werden vier wesentliche Elemente angesprochen: Das *Vertrauenssubjekt*, das *Vertrauensobjekt*, die *Bedeutung des Verhaltensaspektes* und die Rahmenbedingungen der Interaktion. Die Berücksichtigung und das notwendige Wissen um alle vier Teilaspekte schafft die notwendige Ausgangsbasis für Soldaten in der Einsatzart Military Assistance um nachhaltiges Vertrauen zu gewinnen. Daher wird nachstehend der Versuch unternommen, diese grundlegenden Elemente im Lichte des Einsatzes von Spezialeinsatzkräften in der Einsatzart Military Assistance näher zu bestimmen:

Vertrauenssubjekt

Die wissenschaftliche Auseinandersetzung mit dem Phänomen *Vertrauen* ist durch unterschiedliche Annäherungen gekennzeichnet, die allesamt versuchen, verschiedene Perspektiven zu beleuchten. Prominente Beispiele sind unter anderem die Nominaldefinitionen von R. Schottlaender (Vertrauen als der Glaube an das Gute im Menschen) bzw. von Jackson (Vertrauen als der Glaube, dass der andere einmal das tun wird, was man bereits für ihn getan hat),[482] der funktionalistische Zugang zum Wesen des Vertrauens von Niklas Luhmann,[483] oder moderne Ansätze, die den Informationsaspekt hervorheben. M. Platzköster sprach in diesem Zusammenhang von der Charakteristik von Vertrauen:

"[...] der bewusste Verzicht auf Information zur Erhöhung der Erwartungssicherheit bei positiver Wertschätzung der Erwartung und einer ihr zugemessenen Eintretenswahrscheinlichkeit."[484]

Abgesehen von den unterschiedlichen wissenschaftlichen Ansätzen zum Thema Vertrauen lassen sich gemäß Martin Schweer vier grundlegende

---

[481] *Nooteboom*, Trust (2002) 8.

[482] Vgl. *Jammal*, Vertrauen im interkulturellen Kontext[1] (2008) 13.

[483] Für Luhmann liegt die Bedeutung des Vertrauens im effektiven Umgang mit der vorgefundenen Komplexität der sozialen Wirklichkeit. Durch die Reduktion der Komplexität, unter teilweiser Ausblendung der Freiheit desjenigen, dem Vertrauen geschenkt wird, erhöht sich die eigene Handlungssicherheit, die Anzahl der Handlungsmöglichkeiten, und letztendlich ergibt sich die Möglichkeit der Zukunftsplanung:
„Wo es Vertrauen gibt, gibt es mehr Möglichkeiten des Erlebens und Handelns, steigt die Komplexität des sozialen Systems, also die Zahl der Möglichkeiten, die es mit seiner Struktur vereinbaren kann, weil im Vertrauen eine wirksamere Form der Reduktion von Komplexität zur Verfügung steht."
(*Luhmann*, Vertrauen[4], UTB für Wissenschaft, Bd. 2185 (2000) 8-9.)

[484] *Platzköster*, Vertrauen (1990) 48.

Merkmale von Vertrauen feststellen, die allesamt Vertrauenssubjekte näher spezifizieren:[485]

Risiko: Vertrauenshandlungen sind Entscheidungen gegen Kontrolle und erscheinen als Wagnis, welches enttäuscht werden kann.

Reziprozität: Basierend auf gesellschaftlichen Traditionen wird das Erwidern von entgegengebrachtem Vertrauen erwartet; ähnlich einer Vertrauensspirale soll durch entgegengebrachte Vertrauensbeweise die Beziehung untereinander stetig gefestigt und verbessert werden.

Zeit: Vertrauen benötigt Zeit und eine Vielzahl kleiner vertrauensbildender Schritte, um eine stabile Vertrauensbeziehung zu erreichen.

Bereichsspezifität: Nicht jeder Lebensbereich unterstützt in gleicher Art und Weise die Bildung von Vertrauen. So erleichtert das nahe Umfeld (Familie) den Prozess der Vertrauensbildung, hingegen stellt sich dieses Unterfangen im transkulturellen Bereich deutlich schwieriger dar. Kulturen weisen neben universellen (etics) auch kulturspezifische Elemente (emics) bzw. Variationen davon auf. Triandis verdeutlichte diesen Zusammenhang an Hand eines Beispiels:

> *"All human experience social distance from out-groups (etic factor). That is, they feel closer to their family and to those whom they see as similar to them than to those whom they see as different. But the basis of social distance is often an emic attribute: In some cultures, it is based only on tribe or race; in India, caste and ideas about ritual pollution are important."*[486]

Setzt man die vier vorgestellten Merkmale des Vertrauens in Relation mit der militärischen Einsatzart Military Assistance, lassen sich folgende Ableitungen für das Fähigkeitenprofil dieser Einsatzart treffen:

Vertrauensmerkmal *Risiko:*

In diesem Zusammenhang wird Vertrauen viel eher auf informelle Art gewonnen als unter Abstützung auf strenge Disziplin und formeller Uniform.[487] Daher umfasst Vertrauen die Bereitschaft der Soldaten der Spezialeinsatzkräfte, sich in speziellen Situationen des militärischen Einsatzes gegenüber den zu unterstützenden Soldaten verwundbar zu machen. Dieses bewusste Akzeptieren der eigenen Verwundbarkeit setzt aber voraus, dass eine positive Erwartungshaltung bezüglich des erwartbaren Verhaltens der auszubildenden Soldaten vorherrscht. Das Gewähren von Freiräumen an

---

485 Vgl. Schweer, Martin in: *Jammal,* Vertrauen im interkulturellen Kontext (2008) 13-14.

486 *Triandis,* Culture and social behavior, McGraw-Hill series in social psychology (1994) 20.

487 Vgl. *Garger,* Military Assistance - Profil für Soldaten des Jagdkommandos, 1.

die auszubildenden Soldaten[488] ist von entscheidender Bedeutung, auch wenn diese Freiräume zunächst unkonventionell erscheinen und von traditionellen militärischen Strukturen abweichen. Jedoch ermöglichen diese Ermessensspielräume den unterstützten Soldaten, das in sie gesetzte Vertrauen *"so oder anders zu berücksichtigen"*[489].

Vertrauensmerkmal *Reziprozität:*

Peter M. Blau vertrat bereits 1964 die These, dass Vertrauen, das die Ökonomie so dringend braucht, nicht ökonomisch herzustellen ist:

"Only social exchange tends to engender feelings of personal obligation, gratitude, and trust; purly economic exchange as such does not."[490]

Dieses Beispiel aus der Wirtschaft zeigt die Bedeutung des zwischenmenschlichen Austausches (*exchange*) immer dann, wenn es um vertrauensbildende Maßnahmen geht. Nicht zu vergessen ist das gegenseitige, im Idealfall abwechselnde Setzen von vertrauensstärkenden Aktionen, das in seiner Gesamtheit eine nachhaltige Vertrauensbasis schaffen sollte. Da gerade während eines Military Assistance Einsatzes je nach kulturellem Kontext unterschiedliche Normen und Werte sowie differente gesellschaftliche Kommunikationsformen im gegenseitigen Wertediskurs schlagend werden, muss gerade auf Seiten der unterstützenden Soldaten die Bereitschaft vorherrschen, die persönliche, subjektive Wirklichkeitsauffassung zu verlassen, um die ersten Schritte in Richtung gegenseitigen Vertrauensaustausches zu wagen. In Abwandlung des bekannten soldatischen Spruchs "bewusst in die Gefahr hinein handeln", muss es in Bezug auf das Vertrauensmerkmal *Reziprozität* heißen: "Bewusst auf Augenhöhe kommunizieren, auch unter Berücksichtigung eines anderen Wertekosmos."

---

488 Die Anwendung dieses Grundprinzips einer liberalen Pädagogik, des erziehungstheoretischen Grundsatzes der Aufforderung zur freien Selbsttätigkeit nach Fichte (Vgl. *Fichte*, Grundlage des Naturrechts[1], Ausgewählte Werke, Bd. 2 (1962)) sollte auch bei der praktischen Ausbildungstätigkeit im Rahmen von Military Assistance seinen Niederschlag finden.

489 Hartmann, Martin in: *Peng-Keller Simon/Hunziker, Andreas, u.a.*, Vertrauen Verstehen (2010) 164.

490 *Blau*, Exchange and power in social life (1986) 94.

Quelle: AUT MTT, November 2017

Gefechtsdienstausbildung mit afghanischen Soldaten

Vertrauensmerkmal *Zeit:*

So wie Roland Paris auf den oftmals zu schnell erfolgten Versuch der Installierung westlich geprägter Demokratien in Krisenregionen hinweist[491], verhält es sich auch mit dem Erarbeiten von gegenseitigem Vertrauen. Westlich geprägtes militärisches Denken und Handeln ist einerseits vorhersehbar, konventionell und unter Umständen auch umständlich[492], andererseits – und dies wirkt oft noch schwerwiegender – kann es in der kulturell geprägten Wahrnehmung der zu unterstützenden Soldaten befremdend und negativ wirken.[493] Daher ist gerade die Anfangszeit eines Military Assistance Einsatzes intensiv zu nutzen, um eine gemeinsame Vertrauensbasis zu schaffen. Dies verlangt von den Soldaten der Spezialeinsatzkräfte neben einer ausgeprägten Kommunikationsfähigkeit und Toleranz vor allem eine ausgeprägt starke Identität und hohe Kompetenz- und Kontrollüberzeugung. In der jeweiligen Einsatzplanung ist darauf Rücksicht zu nehmen, dass gerade zu

---

491 Vgl. *Paris,* At war's end (2004)

492 Vgl. *Garger,* Military Assistance - Profil für Soldaten des Jagdkommandos, 2.

493 Vgl. Späth, Julia F. in: *Jammal,* Vertrauen im interkulturellen Kontext (2008) 115.

Beginn eines Military Assistance Einsatzes ausreichend Zeit und Freiraum einzuräumen ist, um nicht zu früh und überhastet die rein militärische Aufgabenvermittlung in das Zentrum der Überlegungen zu stellen. Gerade diese spezielle Einsatzart, die zu einem hohen Teil auf der zwischenmenschlichen Komponente beruht, fordert in ihrer Ausplanung folgende Elemente: Erstens die Anwendung des Führungsprinzips der Auftragstaktik, um die Aufgabenorientierung dezentral durchgeführter Ausbildungen der Spezialeinsatzkräfte nicht aus den Augen zu verlieren. Zweitens die Berücksichtigung der Notwendigkeit, den auszubildenden Soldaten das Gefühl der aktiven Partizipation am gemeinsamen Ziel zu geben. Ein solches Empfinden kann weder durch Rechtsbeschlüsse[494] noch durch militärisches Befehlen erzwungen werden, sondern muss im alltäglichen Kampf, um die Anerkennung und die Bereitschaft zu vertrauen, gewonnen werden. Auf einem Zeitstrahl betrachtet, muss zunächst Vertrauen zwischen den Soldaten gewonnen werden, um danach fachliche Kompetenz im Rahmen von Military Assistance vermitteln zu können.

Vertrauensmerkmal *Bereichsspezifität:*

Kulturen stellen ein Werte- und Orientierungssystem dar, welches die jeweilige Gesellschaft mannigfaltig prägt und das Werten und Handeln der Menschen maßgeblich beeinflusst. Auf Grund der besonderen Konstellation und Charakteristik der Einsatzart Military Assistance, nämlich, dass in vielen Fällen die konkrete Ausbildungsunterstützung – aus Sicht der Unterstützenden – im fremden Kulturraum stattfindet, jedoch die baldige Eigenverantwortung der Unterstützten ein besonderes Augenmerk verdient, scheint der proaktive Wertediskurs zur Pflicht der Soldaten der Spezialeinsatzkräfte zu werden. Das offenkundige und ehrlich gemeinte Akzeptieren eines fremder scheinenden Wertehorizontes unter Wahrung der klaren Grenze zwischen Existenz- und Exzellenzwerten stellt eine Grundvoraussetzung dar. Dazu kommt notwendigerweise auch Gelassenheit und die Fähigkeit, innerhalb des eingesetzten Ausbildungselements der Spezialeinsatzkräfte erlebte Ungerechtigkeiten zu reflektieren und damit umgehen zu lernen. Auf Grund der Tatsache, dass Vertrauensgewinn keine linear ansteigende Funktion darstellt, sondern auch durch Rückschläge und Vertrauensverluste gekennzeichnet ist, sollten die Soldaten den übergeordneten Zweck ihres Einsatzes nicht aus den Augen verlieren. Ein hoher Grad an Selbstdisziplin, Distanzierungsfähigkeit und die Fähigkeit zur Dissoziation (Trennung der Inhalte der Wahr-

[494] Vgl. Hartmann, Martin in: *Peng-Keller Simon/Hunziker, Andreas, u.a.,* Vertrauen Verstehen, 170-171.

nehmungs- und Gefühlsebene von Gedächtnis- und Verstandsmomenten) wirken dabei unterstützend.

Vertrauensobjekt

Gerade im Bereich des Vertrauensobjektes unterstützt die Denkweise Diltheys – nämlich ganzheitliche Betrachtungsweise weit über die Vernunft hinaus bzw. die Einheit des Fühlens, des Wollens und des Denkens bzw. das Verstehen kognitiver Prozesse aus dem historischen Kontext – die militärische Aufgabenstellung vor Ort. Nur ein möglichst breiter Ansatz, begründet auf einer vorab durchgeführten hermeneutischen Kulturraumanalyse ermöglicht ein besseres Verstehen tiefverwurzelter kultureller Werte, die einer Gesellschaft Kontinuität und Orientierung geben.[495] Diese Akzeptanz gilt vor allem gegenüber Vorstellungen des Rechtsverständnisses, gesellschaftlich stark ausgeprägter Clan-Strukturen oder Grundüberlegungen des Staatsverständnisses, die in Europa meist seit Ende der Aufklärung überwunden wurden. Zieht man jedoch die lange Zeitdauer in Betracht, in der sich in Europa die derzeit bekannte demokratische Werteordnung entwickelt hat, verwundert es kaum, dass ähnliche Modelle in nur einigen wenigen Einsatzjahren in anderen Kulturräumen nicht verwirklichbar sind.[496] Der Hinweis von Simon Chesterman, dass der Zusammenbruch staatlicher Strukturen nicht automatisch zu einem Machtvakuum führen muss[497], ist deshalb erwähnenswert, da in den meisten Krisenregionen der Welt an Stelle staatlicher Strukturen und Ordnungsmechanismen regionale Autoritäten treten, die informell Ordnungsfunktionen ausüben. Dieses Wissen zu haben, erleichtert die Herangehensweise der zu unterstützenden Streitkräfte im Bereich der Ausbildung. Weniger starke Ausprägung zentraler Strukturen, dafür eine breitere Abstützung auf regionale Spezifika zeichnen auch die internen Organisationsmechanismen der zu unterstützenden Streitkräfte aus. Diese von westlich geprägten Armeen abweichende Organisationskultur impliziert für die konkrete Auftragserfüllung vor Ort zweierlei: Zunächst einmal gilt vor allem für den beratenden, streitkräfteplanerischen Bereich *(Advising)* der Hinweis, nicht zu versuchen, westlich geprägte Strukturmerkmale unter allen Umständen zu implementieren, da dafür in den meisten Fällen das Verständnis und die Akzeptanz fehlt. Die eingesetzten Soldaten der Spezialeinsatzkräfte müssen lernen, mit den weit verbreiteten, eher in-

---

495 Vgl. *Jahnke*, Wirtschaftlichkeitsaspekte interkultureller Kommunikation, Schriftenreihe Unternehmensführung, Bd. 13 (1996) 108.

496 Vgl. Peischel, Wolfgang in: *Ebner*, Interkulturalität als Instrumentarium für Einsatz und Führung, Bd. 2013,5 (2013) 22.

497 Vgl. *Chesterman*, You, the people, Project of the International Peace Academy (2005)

formell als strikt militärisch geführten Ausbildungselementen einen dementsprechenden Ausbildungsrahmen und die dafür benötigte Ausbildungsinfrastruktur zu schaffen, die es ermöglicht, unter Berücksichtigung der kulturellen und strukturellen Eigenheiten die geforderten Ausbildungsziele zu erreichen.

Bedeutung des Verhaltensaspektes

Vertrauen, gespiegelt im jeweiligen Verhalten des Einzelnen oder als Verhaltensmuster koordinierter vertrauensbildender Maßnahmen betritt die riesige Spielwiese der beiden großen Mächte des Seins: Für Schelling ist das Absolute der wahre Ursprung alles Seins, das sich wiederum in der Natur (Reales) und im Geist (Ideales) ausdrückt. Der Raum der Natur bedarf notwendigerweise einer Gegenmacht, nämlich der Menschenwelt. Die von Schelling vorgebrachte dialektische Dimension findet in ähnlicher Art und Weise im täglich stattfindenden Vertrauensprozess der Einsatzart Military Assistance statt. Militärstrategische Zielvorstellungen (end states), davon abgeleitete operative Ziele oder im Laufe der Ausbildungsunterstützung zu erreichende Ausbildungsziele sind oftmals als idealtypisch anzusehen und daher, Schelling folgend, dem Geist zuzurechnen. Auf der anderen Seite liegt die Herausforderung für die vor Ort eingesetzten Soldaten darin, ständige Anpassungen und Adaptierungen im Rahmen des vorgefundenen Umfeldes durchzuführen. Die Kunst der Soldaten der Spezialeinsatzkräfte ist es, einen täglichen Ausgleich unter Berücksichtigung der vorgefundenen Gegebenheiten in einem fremden Kulturraum im Zielkonflikt zwischen der realen und der idealen Dimension zu finden.

Rahmenbedingunge der Interaktion

"Wege aus dem Misstrauen", so heißt der Titel eines Vortrages, gehalten auf dem VIII. Tarabya-Forum in Istanbul im Juni 2010, der im Kern den Phänomenbereich des Vertrauens und des Misstrauens thematisierte.[498] Unter anderem sind daraus folgende Aspekte zu entnehmen: Auch wenn es Lebenssituationen gibt, in denen es verständlich und auch rational ist, misstrauisch zu sein, muss es das erklärte Ziel des interkulturellen Austausches sein, vorhandenes Misstrauen zu überwinden, um Vertrauen gewinnen zu können. Ganz zu Beginn könnten all die negativen Erfahrungen, die Misstrauen in sich vereinen, zur Sprache gebracht werden, um die Ursachen negativer Schwingungen im Zwischenmenschlichen anzusprechen und,

498 Vgl. *Peng-Keller Simon/Hunziker, Andreas, u.a.,* Vertrauen Verstehen, 160-171.

wenn nötig, auch anzuerkennen. Wie sehr Vergangenes bei aktuellen Konflikten mitschwingt, verdeutlicht Michael Ignatieff an Hand des Bürgerkrieges im ehemaligen Jugoslawien:

> *"The past continues to torment because it is not the past [...] Reporters in the Balkan war often observed that when they were told atrocity stories they were occasionally uncertain whether these stories had occured yesterday or in 1941, 1841 or 1441."*[499]

Demnach schwingen vergangene Verbrechen oftmals in aktuellen Krisen und Kriegen mit, schüren Misstrauen und verhindern die Heranbildung einer gegenseitigen Vertrauensbasis. Betrachtet man Vertrauen aus der Perspektive einer engagierten Einstellung, Ziele zu verfolgen, wird im täglichen Miteinander meist jenen Vertrauen geschenkt, die sich bereit erklären, unsere Ziele kooperativ zu unterstützen. Auf Grund der engen Bande zwischen Vertrauenssubjekt und Vertrauensobjekt kommt es alsbald zu einem gegenseitigen Abgleich und Ausgleich unterschiedlicher Ziele. Dabei scheint es von großer Bedeutung zu sein, ob die Ziele des anderen einfach nur nicht geteilt werden, oder ob sie offensichtlich abgelehnt werden. Diesem Aspekt kommt gerade im kulturübergreifenden Einsatz von Soldaten im Rahmen von Military Assistance eine nicht zu vernachlässigende Größe zu, die die kanadischen Spezialeinsatzkräfte wie folgt beschreiben:

"[...] Candian Forces members need to respect the moral code of the host nation population. This is not altruistic demand but a practical consideration."[500]

Aus alldem ergibt sich die Forderung, Bereitschaft aufzubringen, sowohl zu vertrauen als auch sich als vertrauenswürdig ("Gast" zu Ausbildungszwecken in einem fremden Land) zu erweisen. Military Assistance sollte in einem solchen sozialen Umfeld durchgeführt werden, in dem soziale Anerkennung zwischen Ausbildern und Auszubildenden vorherrscht und Ziele auch dann noch gegenseitig unterstützt werden, wenn man sie nicht teilt. Gerade Menschen, die im Zuge bewaffneter Konflikte vieles verloren haben, entwickeln ein ausgesprochen feines Gefühl für die unterschiedlichen, nicht immer humanitären Zielsetzungen der Unterstützer. Umso wichtiger ist für die vor Ort eingesetzten Soldaten glaubhaft gelebte Empathie und engagiertes Bemühen im Sinne der Ausbildungsverantwortung. Nur so kann gewährleistet werden, dass Military Assistance den schmalen Grat zwischen

---

[499] Zitiert nach M. Minow, Breaking the Cycles of Hatred. Memory, Law and Repair, Princeton 2002, 28. Hartmann, Martin in: *Peng-Keller Simon/Hunziker, Andreas, u.a.*, Vertrauen Verstehen, 166.

[500] *Spencer*, Solving the people puzzle, 140.

der Wahrnehmung als Unterstützer und des Vorwurfes als Besatzer erfolgreich beschreitet.[501]

4.3.3 Auftragstaktik – Vor- oder Nachteil?

Kulturraumspezifische Unterschiede wirken sich nicht nur im Wertediskurs (Stichwort: *Cultural Gap, Transcultural competence*) aus, sondern auch in der nationalen Ausprägung der jeweiligen militärischen Führungsphilosophie. Diese unterschiedlichen Ausprägungen, die in einem engen Zusammenhang mit der geistesgeschichtlichen Entwicklung einzelner Kulturen zu sehen sind, spiegeln die charakteristischen Eigenschaften der jeweiligen Bevölkerung wider und legen daher den Schluss nahe, dass Führungsphilosophien kulturraumspezifisch sind. Bereits in den westlich geprägten Kulturen zeigen sich diese kulturellen Eigenheiten und Besonderheiten innerhalb der militärischen Führungsphilosophien. Wolfgang Peischel erläutert diesen interessanten kulturellen Aspekt an Hand eines Vergleichs zwischen dem angloamerikanischen und dem kontinentaleuropäischen militärischen Führungsverständnis:[502]

Auf der einen Seite steht der angloamerikanische Kulturraum, in dem vor allem induktiv-empirisch, erfahrungsgetriebene Theorieansätze die Wissenschaft prägen. Begründet liegt dieser erkennntnistheoretische Empirismus vor allem in den Überlegungen von Thomas Hobbes, John Locke oder David Hume und können als philosophische Gegenposition zu den kontinentaleuropäischen Rationalisten gesehen werden. Äußeres Kennzeichen des induktiv-empirischen Zuganges ist es, dass Merkmale wie Praxis, Erfahrung, Handeln oder "lessons learned-Prozesse" direkt das entsprechende Führungssystem prägen, hingegen systemisch bedingte Fehlleistungen nicht im primären Fokus stehen.

Das Gegenmodell dazu, vor allem im kontinentaleuropäischen bzw. deutschsprachigen Raum verbreitet, stellt das rational-deduktive Wissenschaftsparadigma mit seinen Wesensmerkmalen *Theorie, Denken* oder *Philosophie* dar. Rationalistische Denker wie Descartes, Spinoza oder Leibniz begründeten diese Denkschule, die das theoretische Entwickeln von Plänen und Konzepten sowie deduktive Ableitungen aus theoretischen Wirkungsprinzipien für künftige Anlassfälle in den Vordergrund ihrer Überlegungen stellten. Im Lichte der Gegenüberstellung erfahrungsgeprägter (*Empirie*) mit

[501] Vgl. Peischel, Wolfgang in: *Ebner*, Interkulturalität als Instrumentarium für Einsatz und Führung, Bd. 2013,5 (2013) 21.

[502] Vgl. Peischel, Wolfgang in: *Ebner*, Interkulturalität als Instrumentarium für Einsatz und Führung, Bd. 2013,5 (2013) 25-28.

rationalgeprägter (*a priori*) Konzepte zeigt sich das dualistische Element dieser beiden westlich geprägten Kulturräume.

Nachstehender Exkurs soll jedoch zeigen, dass es durchaus Stimmen innerhalb des theoretischen Diskurses der Entwicklung der Auftragstaktik gibt, die die Ursprünge dieses besonderen Führungsprinzips nicht in einem bestimmten freiheitlichen Menschenbild verorten, sondern viel eher in Lösungsmechanismen neuartiger technologischer und wehrtechnischer Errungenschaften. Beginnend mit der Reform der preußischen Armee nach den Niederlagen bei Jena und Auerstedt im Jahr 1806, weiter vorangetrieben durch die waffentechnischen Neuerungen ab den späten 1850er Jahren und den damit einhergehenden Auflockerungen der Truppenverbände auf dem Gefechtsfeld, war der Weg in Richtung mehr Eigenverantwortung und Initiative der militärischen Kommandanten auf allen Ebenen bereitet. Das Exerzierreglement der preußisch-deutschen Armee aus dem Jahr 1888 setzte die Auftragstaktik als verbindliches und leitendes Führungsprinzip fest.[503] Ein weiterer Aspekt, der die Herausbildung der beiden konträren Führungsprinzipien (Auftragstaktik, Befehlstaktik) abseits kultureller Gegebenheiten zu erklären versucht, ist der Umgang mit Informationen als zentrales Beurteilungskriterium der Entschlussfassung militärischer Führung. Clausewitz folgend stellt der Umgang mit Informationen bzw. die Ungewissheit ein Hauptmerkmal von Kriegen dar:

"Drei Viertel derjenigen Dinge, worauf das Handeln im Kriege gebaut wird, liegen im Nebel einer mehr oder weniger grossen Ungewissheit."[504]

Die hier skizzierte Problematik der Informationsbeschaffung in kriegerischen Auseinandersetzungen wird im angloamerikanischen Raum durchwegs als *"the fog of war"* bezeichnet.[505] Dazu schrieb der stellvertretende Vorsitzende der amerikanischen Joint Chiefs of Staff in den 1990er Jahren, Bill Owens, folgende Textpassage:

"Not in Napoleon's time, nor in the Balkans today – has a military commander been granted an omniscient view of the battlefield in real time, by day and night, and in all weather conditions [...]."[506]

Der Umgang mit Ungewissheit am Gefechtsfeld führte unter anderem zu zwei großen Ausprägungsformen verschiedener Führungsprinzipien. Auf der einen Seite, und hier vor allem bei den Streitkräften des ehemaligen

---

503 Vgl. *Bühlmann/Braun*, Auftragstaktik in Vergangenheit, Gegenwart und Zukunft, Military Power Revue der schweizer Armee 2010 (52-57.)

504 *Clausewitz*, Vom Kriege, 64.

505 Vgl. *Bühlmann/Braun*, Military Power Revue der schweizer Armee 2010, 52.

506 *Owens/Offley*, Lifting the fog of war (2001) 14.

Warschauer Paktes, aber auch bei den angelsächsischen Streitkräften, wurde die Befehlstaktik entwickelt, die danach trachtet, den jeweiligen militärischen Kommandanten ein möglichst vollständiges, aktuelles und genaues Lagebild zu liefern. Militärische Aufträge enthalten hierbei sämtliche Einzelheiten der Durchführung, mögliche Freiräume der Untergebenen werden stark limitiert, um so der Ungewissheit am Gefechtsfeld zu begegnen. Auf der anderen Seite steht jene Geisteshaltung, die davon ausgeht, dass der Vorgesetzte niemals das ganze Geschehen auf dem Gefechtsfeld überblicken kann, und daher lediglich Eigenverantwortung auf allen Ebenen und das Führen durch Auftrag bzw. Zielvorgaben das erfolgsversprechende Prinzip darstellt. Bereits dieser kurze Diskurs zeigt, dass die Ursprünge und Wurzeln der Entstehung der Auftragstaktik durchaus mannigfaltig sind, sie sollen trotz alledem nicht darüber hinwegtäuschen, dass kulturelle Vorprägungen bzw. zu Grunde liegende Menschenbilder bestimmter Staaten und Gesellschaften wahrscheinlich auch einen nicht zu unterschätzenden Anteil am Entstehen von Führungsprinzipien haben.

Gerade für österreichische Soldaten mit ihrem leitenden Führungsprinzip der Auftragstaktik, die aus geistesgeschichtlichen Überlegungen dem rational-deduktiven Ansatz zuzuordnen sind, ergeben sich folgende kulturraumspezifische Besonderheiten: Die Ent- und Weiterentwicklung von Funktionsprinzipien der militärischen Führung eher auf Basis theoretisch-deduktiver Zugänge als auf Basis konkreter Einsatzerfahrungen begünstigt in der Regel den numerisch bzw. ressourcenbedingt Unterlegenen. Die Überlegung dahinter zielt darauf ab, eine Führungsüberlegenheit zu erreichen, die sich im Kern auf qualitative Unterführer und ein dementsprechendes Führungsprinzip (Auftragstaktik) abstützt – "*in den Köpfen geschaffen*"[507]. Voraussetzung für eine solch systematische Denkweise ist ein überdurchschnittlich hoher Bildungsaufwand, den man seinen Soldaten auf allen Führungsebenen zukommen lassen muss, ohne den das vernunftbasierte Prinzip der Auftragstaktik nicht funktioniert. Darüber hinaus kann man den beiden, in ihrer Argumentation durchaus unterschiedlichen wissenschaftlichen Abhandlungen zum Thema des Ursprungs und der Entwicklung der Auftragstaktik von Franz Uhle-Wettler[508] und Dirk Oetting[509] folgende Gemeinsamkeit entnehmen, dass nämlich geistesgeschichtliche Entwicklungen großer Teile Europas wie die Aufklärung, der Humanismus oder das ganzheitliche

[507]Peischel, Wolfgang in: *Ebner*, Interkulturalität als Instrumentarium für Einsatz und Führung, Bd. 2013,5 (2013) 28.
[508] Vgl. *Uhle-Wettler*, Auftragstaktik. Was ist das? Können wir sie wiederbeleben? Truppenpraxis 1992 (131-135.)
[509] Vgl. *Oetting*, Auftragstaktik (1993)

Bildungsideal Wilhelm von Humboldts jenes Umfeld ermöglichten, in dem Auftragstaktik entstehen konnte.

Daraus ist die kulturraumspezifische Dimension unterschiedlicher Führungsprinzipien ersichtlich, die dazu führt, dass ein Transfer oder die Implementierung des Führungsprinzips der Auftragstaktik in Kulturen, die eine andere geistesgeschichtliche Tradition als der deutschsprachige Raum aufweisen, als nicht sinnvoll erscheint. Dies stellt zugleich die zweite identifizierte Grenze der Ausbildungsverantwortung im Rahmen der Einsatzart Military Assistance dar.

Gerade rund um die Einsatzart Military Assistance stellt sich die Frage, inwieweit und in welchem Ausmaß österreichische Soldaten der Spezialeinsatzkräfte ihr tradiertes, bewährtes und immer wieder angepasstes Führungsprinzip der Auftragstaktik im jeweiligen Einsatzraum (zumeist innerhalb eines anderen Kulturraumes) anwenden können. Diesbezüglich müssen zumindest die Innensicht und die Außenwirkung der Auftragstaktik unter den vorgefundenen Rahmenbedingungen beleuchtet werden. In der Theorie behandelt die Innensicht die Anwendung der Prinzipien der Auftragstaktik innerhalb des vor Ort eingesetzten militärischen Organisationselementes. Sobald Soldaten verschiedener Nationen zusammenarbeiten – dies stellt auch die Norm im internationalen Krisenmanagement dar – kommt es zum Aufeinandertreffen unterschiedlicher Führungsprinzipien. Gerade bei Ausbildungsmissionen der Europäischen Union (zum Beispiel EUTM Mali) ist es üblich, dass bereits auf untersten Führungsebenen Soldaten verschiedener westlicher Nationen vertreten sind. Zu einer teilweisen Überbrückung dieser kulturraumspezifischen Unterschiede kann es nur in einer Verbindung von theoretischen und empirischen Elementen der Führungsprinzipien kommen. Das jeweilige Ausmaß und die Ausprägung des Ausgleichs unterschiedlicher Führungsprinzipien wird im konkreten Anlassfall meist durch jene Nation vorgegeben, die die Hauptlast der Führung im jeweiligen militärischen Organisationselement trägt. Jedoch sollte man nicht außer Acht lassen, dass bereits eine Special Operations Task Unit[510] in der Einsatzart Military Assistance einen konkreten, selbstständig durchzuführenden Ausbildungsauftrag erhält, der ganz im Sinne der Auftragstaktik zu erfüllen ist. Eine solche Erarbeitung von systematisch, ebenenbezogenen und rationalen Ausbildungsprinzipien, mit Hilfe derer befreundete Streitkräfte auszubilden sind, wird durch die Denkschule der Auftragstaktik unterstützt.

---

[510] Die Special Operations Task Unit stellt das kleinste taktisch einsetzbare Element der Spezialeinsatzkräfte dar, das zu Spezialeinsätzen, auch Military Assistance, befähigt ist. Je nach Auftrag kann sich die Special Operations Task Unit in Teams aufteilen.

Erscheint es aus österreichischer Sicht bereits im internationalen Umfeld schwierig zu sein, die Auftragstaktik als leitendes Führungsprinzip zur Gänze zur Wirkung zu bringen, ergeben sich aus einer möglichen praktischen Schulung befreundeter Streitkräfte im Bereich des Führungsprinzips Auftragstaktik durchwegs riesige, kaum überwindbare Herausforderungen. Zunächst trifft in diesen Situationen die bereits festgestellte zweite Grenze der Ausbildungsverantwortung im Rahmen von Military Assistance vollinhaltlich zu, nämlich die geisteswissenschaftlich begründete Schwierigkeit der Implementierung des Führungsprinzips der Auftragstaktik in einen anderen als den deutschsprachigen Kulturraum. Denkt man jedoch über die sehr allgemein gehaltenen Schranken eines solchen Wissenstransfers, wie zum Beispiel geistesgeschichtliche Entwicklungen, kulturraumspezifische Gegebenheiten oder vorherrschende Wissenschaftsparadigmen hinweg und betrachtet stattdessen die verschiedenen militärischen Führungsebenen, in denen sich grundsätzlich Military Assistance abspielen kann, ergibt sich folgendes Bild:

Peischel weist in einem militärwissenschaftlichen Aufsatz unter dem Titel "Kulturelle Diversität als Bedingungsgröße für die militärische Führung" darauf hin, dass obwohl der Ursprung der Quellenlage nicht geklärt ist, es mehrere Literaturstellen aus dem Themenbereich der Führungslehre gibt, bei denen ein dreigeteilter Vergleich zwischen militärischer Führung und Sprachwissenschaften gezogen wird.

Die unterste militärische Führungsebene, die der Gefechtstechnik,[511] entspricht der Ordnung von Buchstaben zu einem sinnvollen Wort, also der Orthographie.

Der taktischen Führungsebene, die den "Kampf der verbundenen Waffen"[512] und den "Einsatz der verbundenen Kräfte"[513] plant und führt, wird

---

[511]Die Gefechtstechnik entspricht dem häufigsten Lösungsansatz von Gefechtsproblemen der untersten militärischen Führungsebenen - von der Gruppe über den Zug bis zur Kompanie. Charakteristisch dabei sind drillmäßig angeeignete Verfahren, die ein Beherrschungslevel aufweisen müssen, dass sie automatisiert zur Anwendung kommen können. Auf Grund der Notwendigkeit eines raschen, situativen Handelns beschränkt sich die Beurteilung meist auf eine Kurzbeurteilung einiger weniger Entscheidungskriterien.

[512] Der "Kampf der verbundenen Waffen" zeichnet sich dadurch aus, dass Kräfte und Mittel verschiedener Waffengattungen im Gefecht unter gemeinsamer Führung zur Wirkung gebracht werden.

[513] Der "Einsatz der verbundenen Kräfte" beruht auf einer ähnlichen Charakteristik wie der "Kampf der verbunden Waffen", nur dass er bei friedensunterstützenden Einsätzen zur Wirkung kommt. Hierbei ist der Waffeneinsatz in den meisten Fällen nur zur Selbstverteidigung oder im Rahmen der Nothilfe unter Berücksichtigung der Verhältnismäßigkeit erforderlich.

die nach grammatikalischen Regeln erfolgte Bildung von Sätzen gegenübergestellt. Ein Indiz dafür sind ältere Lehrbücher der deutschen Bundeswehr mit dem Titel "Taktische Grammatik".

Für die operative Führungsebene wird der Vergleich mit der Kunstform einer Sprache herangezogen, die ihre Wirkungskraft auch nach erfolgter Übersetzung von großen Gedichten oder Dramen in eine andere Sprache beibehält. Anders verhält es sich mit einzelnen Worten und grammatikalischen Regeln, die ausschließlich in ihrer Sprache zur Geltung kommen.

Ähnlich wie mit der Kunstform einer Sprache verhält es sich mit der operativen Führungsebene, der als Einzige eine Brückenfunktion zwischen verschiedenen Führungsphilosophien zukommt. Charakteristisch für Stäbe der operativen Ebene sind deren multinationale Zusammensetzung (combined), aber auch deren teilstreitkräfteübergreifende Arbeitsweise (joint). Durch ihre vor allem koordinierende operative Planung ergibt sich die Möglichkeit, dass die sich in der Hierachie darunter befindlichen Kommanden der oberen taktischen Führung gemäß ihres jeweiligen Führungsprinzips (Stichwort: "taktische Grammatik") in der konkreten Auftragserfüllung keinen Einschränkungen bezüglich ihrer national-taktischen Verfahren ausgesetzt sehen:

> *"Interoperabilität auf operativer Ebene in Verbindung mit einer Übersetzung der operativen Zielsetzung in die jeweilige nationalen taktischen Führungsverfahren würde es den Verbänden ermöglichen, ihr spezifisches Leistungsvermögen zu bewahren."*[514]

Daraus läßt sich nun eine weitere Grenze der Ausbildungsverantwortung ableiten: Auf Grund der Tatsache, dass beinahe alle westlich geprägten Ausbildungsmissionen auf der einen Seite die Ausbildung vom einzelnen Soldaten bis inklusive der taktischen Führungsebene (Training) forcieren, andererseits aber auch militärstrategische bzw. streitkräfteberatende Aufgaben (Mentoring), unter gleichzeitigem Aussparen der operativen Ebene, wahrgenommen werden, ergeben sich kaum überwindbare Hürden innerhalb der Ausbildung der Auftragstaktik.

Ähnlich wie bei den bereits erläuterten kulturraumspezifischen Unterschieden ergibt sich die dritte Grenze der Ausbildungsverantwortung im Rahmen von Military Assistance bei dem Versuch der praktischen Implementierung des Führungsprinzips der Auftragstaktik auf gefechtstechnischer sowie taktischer Führungsebene.

Die gefechtstechnischen und taktischen Führungsebenen stellen jene entscheidenden Elemente innerhalb von Streitkräften dar, die ihre volle

---

[514] Peischel, Wolfgang in: *Ebner,* Interkulturalität als Instrumentarium für Einsatz und Führung, Bd. 2013,5 (2013) 27.

Kampfkraft nur dann entfalten können, wenn sie ihr spezifisches, über Generationen entwickeltes leitendes Führungsprinzip anwenden können. Für mögliche künftige Einsätze der österreichischen Spezialeinsatzkräfte im Rahmen von Military Assistance bedeutet dies, bezogen auf die jeweilige Führungsebene, folgendes:

Die Einzelausbildung des Soldaten (als Beispiele seien hier angeführt: Waffen- und Schießdienst, Sanitätsausbildung, Gefechtsdienst, Fernmeldeausbildung, ...) kann zur Gänze und ohne Einschränkungen wahrgenommen werden. Kulturraumspezifische Besonderheiten sind während der persönlichen Interaktion zu beachten, die Vermittlung eines spezifischen Führungsprinzips spielt hierbei noch keine Rolle, da es sich ausschließlich um Einzelausbildung handelt.

Die Ausbildung der gefechtstechnischen Ebene (hier spricht man von der Gruppen-, über die Zugs- bis zur Kompanieausbildung) kann eingeschränkt wahrgenommen werden. Standardisierte Gefechtssituationen können im Rahmen von diversen Drillausbildungen durchgeführt werden, jedoch kann der große österreichische Bonus der Auftragstaktik, der auf dieser Führungsebene das erste Mal zur Wirkung kommen könnte, nicht vermittelt werden.

Ähnlich wie bei der gefechtstechnischen Ausbildung verhält es sich mit der taktischen Führungsebene. Standardverfahren und allgemeine Führungsprinzipien des Kampfes der verbundenen Waffen können im Rahmen der Ausbildung vermittelt werden. Das auf Handeln im Sinne der übergeordneten Absicht ausgelegte Führungsprinzip der Auftragstaktik findet auch hier keinen Niederschlag.

Die operative Führungsebene, die sicherlich die Ausnahme im Rahmen von Military Assistance Einsätzen darstellt, wäre jedoch eine Ebene, bei der eine praktikable Überbrückung der unterschiedlichen Führungsphilosophien stattfinden kann. Als Hilfsmittel und Stütze steht hiezu der Comprehensive Operations Planning Directive (COPD)[515] der NATO zur Verfügung.

Militärberatung in den Bereichen Militärstrategie und Streitkräfteplanung bzw. Streitkräfteentwicklung kann durch einzelne ausgewählte Experten der Spezialeinsatzkräfte durchgeführt werden. Während solcher Beratungstätigkeiten hilft die Denkschule der Auftragstaktik, da auf Grund der vorgefundenen Situation rational Prinzipien entwickelt werden können, die zu einer Verbesserung der Streitkräftesituation beitragen.

[515] Vgl. *NATO*, Comprehensive Operations Planning Directive V2.0

5. Zusammenfassung und Ausblick

Hermeneutische Kulturraumanalyse – Conditio sine qua non für das Gelingen von Military Assistance Einsätzen

„Das Beleben aller technischen Vollkommenheit ist der Mensch. Wohl dem Vorgesetzten, der bis auf das Herz seiner Soldaten vorzudringen versteht."
Gottlieb von Haeseler, Generalfeldmarschall

Quelle: AUT MTT, November 2017

Camp MARMAL im Norden Afghanistans

Der Versuch der Annäherung an eine mögliche Erklärung der sicherheitspolitischen Rahmenbedingungen, innerhalb derer sich Österreich zu orientieren hat, muss idealtypisch über die Grenzen der Europäischen Union hinausgehen. Phänomene wie zum Beispiel "Krieg der Medien", "Krieg im Internet", "globalisierte Kriege" oder "irreguläre Kriegsführung", die Rüdiger Voigt in einem Artikel mit dem bezeichnenden Titel "Entgrenzung des Krieges" anführt, machen vor Unions- oder Staatsgrenzen nicht Halt[516]. Demgegenüber steht die Forderung westlich geprägter Gesellschaften nach umfassender Sicherheit als Grundlage von Prosperität und Selbstentfaltung. Folgt man dabei Arnold Wolfers Charakterisierung von Sicherheit, nämlich als die Abwesenheit von Bedrohung der erreichten wirtschaftlichen, kulturellen und moralischen Werte, ergibt sich dadurch sowohl eine innere als auch äußere Facette der Sicherheit[517].

Ganz allgemein bedeutet dieses Zweigestirn der Sicherheit für die Einsatzart Military Assistance, dass die innere Dimension der Sicherheit in ihrer Forderung nach Übertragung von Eigenverantwortung an die auszubildenden Soldaten liegt; die äußere Dimension hingegen wird durch den dahinter stehenden Zweck dieser Einsatzart bestimmt - nachhaltige strukturelle Verbesserung der Fähigkeiten der befreundeten Streitkräfte als militärische Beitragsleistung zur regionalen Stabilität. Erst die konkrete Synthese dieser beiden Dimensionen ermöglicht ein vernunftbasiertes und nachhaltiges Wirksamwerden der Einsatzart Military Assistance im Rahmen des "zivilisatorischen Hexagons".

Der kulturspezifische Aspekt des Zweigestirns der Sicherheit ergibt sich durch den notwendigen Eintritt bzw. das zeitweise Hineinstoßen in einen anderen Wertehorizont. Vorgefundene Situationen in möglichen Einsatzräumen müssen stets im Lichte von Existenz- und Exzellenzwerten beurteilt werden, um nicht in jene schwerwiegende Falle zu tappen, eigene Exzellenzwerte, und damit einhergehend eigene kulturelle, gesellschaftliche und staatliche Vorstellungen, unreflektiert exportieren zu wollen. Auf der anderen Seite stellt eine mögliche Missachtung eigener Existenzwerte durch die auszubildenden Soldaten bzw. staatlichen Organe zugleich eine identifizierte Grenze der Ausbildungsverantwortung dar.

Die strategische bzw. militärstrategische Perspektive, die sich daraus ergibt, steht im Zusammenhang mit dem frühzeitigen militärischen Agieren innerhalb des sicherheitspolitischen Aktionsfensters, das als Paradebeispiel für die enge Verbindung zwischen innerer und äußerer Sicherheitsdimension gese-

---

516 Vgl. *Voigt*, Krieg, Instrument der Politik? 293-334.

517 Vgl. *Gärtner*, Internationale Sicherheit, Bd. 9, 20.

hen werden kann. Stabilität und Sicherheit an den Peripherien haben direkten positiven Einfluss auf die Sicherheitslage in Europa. Military Assistance ermöglicht es, als ein probates, vorausschauendes und langfristig abzielendes militärisches Mittel wahrgenommen zu werden, um im Sinne einer umfassenden Resilienzvorsorge aufkommenden Krisen zu begegnen. Drei Aspekte gewinnen daher an Bedeutung: Erstens muss interkulturelle Kompetenz von Spezialeinsatzkräften notwendigerweise von der hermeneutischen Tiefe des Kulturbegriffes aus gedacht werden, wodurch identitätsstiftende Werte einer Gesellschaft in den Vordergrund rücken. Schelers Überlegungen des Wertfühlens ermöglichen subjektorientierte Wertvorstellungen und zugleich eine leichtere Annäherung an andere Wertehorizonte. Zweitens die Weiterführung der Idee eines *Sicherheitspolitischen Expertenrates* als politisches Beratungsgremium auf militärstrategischer Ebene und einer "Comprehensive Planning Group" zur konkreten Ausplanung der gewählten militärstrategischen Option, um sowohl die politischen Entscheidungen zu beschleunigen, als auch kulturraumspezifische Aspekte des Einsatzes mit zu beurteilen. Drittens kann die Frage nach Grundlagen und Grenzen der Ausbildungsverantwortung von Military Assistance Einsätzen in ihrem Kern mit folgenden Schlagworten skizziert werden: Die höchste Prämisse einer vernünftigen Ausbildungsambition stellt das Übertragen und das tägliche Bewusstmachen von Eigenverantwortung an die anvertrauten Soldaten dar. Sowohl transzendental erscheinende Existenzwerte als auch die praktische Projizierung der Anwendung des Führungsprinzips der Auftragstaktik stellen die identifizierten Grenzen der Ausbildungsverantwortung dar.

6. Abstract

"The changing nature of warfare requires a deeper understanding of adversary culture. The more unconventional the adversary (and the further away from Western cultural norms), the more we need to understand their society and underlying cultural dynamics."[518]

Quelle: Pixabay 2018

Military Assistance … Quo vadis?

[518] *Montgomery McFate*, Does Culture Matter? The Military Utility of Understanding Adversary Culture (2005) 20.

Ideally, any attempt at explaining the security-political framework conditions within which Austria must orient itself, has to go beyond the borders of the European Union. Phenomena such as *war &the media*, *war in the internet*, *globalised war*, or *irregular warfare*, listed by Rüdiger Voigt in an article with the significant title *Dis-limitation of War*, do not stop at Union or national borders.[519] In contrast to this stands the demand by western societies for comprehensive security and individual safety as the basis of prosperity and self-fulfilment. Employing Arnold Wolfer's definition of security – i.e. security as the absence of threats to the economic, cultural, and moral values – produces a domestic as well as an international facet of security.[520] This security tandem can be used as a metaphor for the research done for this book: for *military Assistance* (as a type of operation) this means in general that the domestic dimension of security lies in its demand to transfer responsibilities to the soldiers to be trained; the international dimension, however, is determined by the purpose informing this type of operation – sustainable structural improvements of the capabilities of friendly armed forces as a military contribution to regional stability. Only the concrete synthesis of both dimensions makes effective, reason-based and sustainable *Military Assistance* possible within the framework of the *civilisatory hexagon*. The culture-specific aspect of this security tandem results from the necessary entry into a world of different values, or from being temporarily thrust into the same. Situations discovered in possible areas of operations always have to be evaluated from the perspective of existence and excellence values, so as not to fall into the dangerous trap of blindly trying to export one's own excellence values with the concomitant cultural, social, and national ideas. A possible disregard of one's own existence values by the soldiers to be trained or by organs of the state represents a clear limit to training responsibility. The strategic or military-strategic perspective resulting therefrom is connected to early military actions within the security-political window of action, which can be seen as the best example of the close link between the domestic and the international security dimension. Stability and security at the periphery have a direct, positive influence on Europe's security situation. *Military Assistance* can be identified as a military means that is proven, forward-looking, and long-term, in order to meet emerging crises in the sense of comprehensive resilience provision. Three important research aspects are decisive:

(1) in future, the intercultural competence of special operations forces must, by necessity, be defined on the basis of the concept of culture's hermeneutic profundity, which turns the spotlight on a society's identity-generating val-

[519] cf. *Voigt*, Krieg. Instrument der Politik?, 293-334.
[520] cf. *Gärtner*, Internationale Sicherheit, vol. 9, 20.

ues; Scheler's philosophy makes subject-oriented value perceptions possible and, at the same time, facilitates the immersion in different values.

(2) Developing the idea of a *security-political panel of experts* as a political advisory board on the military-strategic level, and of a *comprehensive planning group* to enable concrete planning of the chosen military-strategic option, in order to speed up the political decision-making process, as well as to assess cultural aspects specific to the area of operations.

(3) Possible questions pertaining to principles of and limits to training responsibilities regarding *Military Assistance* operations can be sketched as follows: the highest priority of a sensible training ambition is the transfer of personal responsibility to the soldiers to be trained, as well as making them aware every day of this responsibility. The limits to the training responsibility identified are set by seemingly transcendental existence values, as well as by the practical projection of mission-type tactics as a command principle.

7. Anhang

7.1 Militärwissenschaftliches Glossar

An dieser Stelle sind einige ausgewählte, essenzielle Begriffe näher beschrieben, um dem Leser einen raschen Überblick der maßgebenden Fachterminologie aus dem Bereich Military Assistance zu geben.

Militärwissenschaftliches Glossar "Military Assistance"
Military Assistance
Die Einsatzart Military Assistance ist durch ein breitgefächertes militärisches Maßnahmenpaket gekennzeichnet, welches sich durch Ausbildungsunterstützung (*Training*), Beratungsfunktion (*Advising*) und/oder gemeinsam geführte Operationen (*Mentoring/Partnering*) ausdrückt. Ziel dabei ist der Aufbau bzw. die Stärkung der militärischen Fähigkeiten von befreundeten Streitkräften. Die nachhaltige strukturelle Verbesserung der befreundeten Streitkräfte als militärische Beitragsleistung zur regionalen Stabilität stellt den Zweck dieser militärischen Einsatzart dar.
Auftragstaktik
Die Auftragstaktik stellt das leitende Führungsprinzip des österreichischen Bundesheers dar und zeichnet sich durch das selbstständige Handeln von Soldaten und Kommandanten im Sinne der übergeordneten Führungsebene (eigene Absicht) aus. Charakteristisch sind: Einräumen von Freiräumen, Kreativität, Initiative und das Vertrauen zwischen Vorgesetzten und Untergebenen. Vor allem gute Ausbildung/Bildung der Unterführer ermöglicht erst das Wirksamwerden des Führungsprinzips "Führen durch Auftrag".
Hermeneutische Kulturraumanalyse
Erweiterung des strategischen Lagebildes um den Kulturraum-spezifischen Aspekt der Werte, um ein besseres Verständnis des *selbstgesponnenen Bedeutungsgewebes* (gemäß Geertz) zu erhalten. Bei Verstoß gegen Existenzwerte (Menschenrechte) wird Kulturkritik zur Pflicht des eigenen Handelns, da genau die hermeneutische Tiefe, der Kern jeglicher Kultur, die Existenzwerte, bedroht sind.

Kulturdiplomatie
Erarbeitung vernünftiger auf Werten basierender Konzepte, die bereits eine notwendige "Nachkriegsordnung" mitberücksichtigen. Solche Konzepte müssen zwingend die Werte des jeweiligen Kulturraumes beachten, um den Anforderungen des "zivilisatorischen Hexagons" zu entsprechen, und die Gefahr einer Wertetransformation wird zugleich minimiert.
Sicherheitspolitischer Expertenrat
Wissenschaftsdisziplinen-umfassende Beratungsleistung der militärstrategischen Ebene in den beiden Kernfragen des "ob" und des "wozu" eines möglichen Military Assistance Engagements österreichischer Spezialeinsatzkräfte. Durch kritischen Diskurs sollte es zumindest zu einer Annäherung, im besten Fall jedoch zu einer Verschmelzung von "Sein" und "Soll" kommen, so dass eine konkrete Empfehlung an den Bundesminister für Landesverteidigung und Sport ausgesprochen werden kann.

7.2 Literaturverzeichnis

Abteilung Militärstrategie, Grundlegende militärische Verfahren und Aufgaben im Einsatz (2015)

Angstrom/Duyvesteyn, Understanding victory and defeat in contemporary war, Contemporary security studies (2007), Routledge, London, New York

Arndt, Zur völkerrechtlichen Kategorisierung von Konflikten (2010), Berlin

Ash, Remarks by Secretary Carter at Ecole Militaire in Paris, France (2016), Paris

Assmann, Erinnerungsräume. Formen und Wandlungen des kulturellen Gedächtnisses[5], C. H. Beck Kulturwissenschaft (2010), Beck, München

Ast, Grundlinien der Grammatik, Hermeneutik und Kritik (1808), Jos. Thomann, Landshut, Ger.

Augustinus/Andresen, Vom Gottesstaat. (De civitate dei), dtv, Bd. 34393 (2007), Dt. Taschenbuch-Verl., München

Baecker, Gesellschaft als Kultur. Warum wir beschreiben müssen, wenn wir erkennen wollen., Lettre International, 1999

Barany, How to Build Democratic Armies, PRISM: A Journal of the center for complex operations, 2012

Barnett, Thomas P. M, The Pentagon's new map. War and peace in the twenty-first century (2004), G.P. Putnam's Sons, New York

Bayertz, Verantwortung. Prinzip oder Problem? (1995), Wissenschaftliche Buchgesellschaft, Darmstadt

Beard/Graf, Einleitung in die lateinische Philologie, Einleitung in die Altertumswissenschaft (1997), Teubner, Stuttgart

Beaudette, JSOTF-P uses Whole-Of-Nation Approach to bring stability to the Philippines (2012)

Beck, Verantwortung oder Pflicht? Zeitschrift für Praktische Philosophie, 2015

Beham/Fink/Janik, Völkerrecht verstehen (2015), Facultas, Wien

Bennett, Culture. A reformer's science (1998), Sage Publications, London, Thousand Oaks, Calif.

Berghaus, Luhmann leicht gemacht. Eine Einführung in die Systemtheorie[3], UTB, 2360: Soziologie, Medien- und Kommunikationswissenschaft, Geisteswissenschaft (2011), Böhlau, Köln

Blamauer, Zu Fragen der Materialität des Bewusstseins in Schellings Naturphilosophie - Kritik und Aktualität

Blau, Exchange and power in social life (1986), Transaction Books, New Brunswick (U.S.A.)

BMLV, Militärstrategisches Konzept des Österreichischen Bundesheeres. Bundesheer 2010 (2006), Wien

Böckenförde, Staat, Gesellschaft, Freiheit. Studien zur Staatstheorie und zum Verfassungsrecht[1], Suhrkamp Taschenbuch Wissenschaft, Bd. 163 (1976), Suhrkamp, Frankfurt am Main

Böckenförde, Deutsche Sicherheitspolitik. Herausforderungen, Akteure und Prozesse[2], UTB L (Large-Format), Bd. 8388 (2012), UTB, Leverkusen

Bogner, Die Ethisierung von Technikkonflikten. Studien zum Geltungswandel des Dissenses[1] (2011), Velbrück Wiss., Weilerswist

Böhlke/Etienne, Montesquieu. Franzose-Europäer-Weltbürger (2005), Akademie Verlag, Berlin

Bollnow, Dilthey. Eine Einführung in seine Philosophie[3] (1967), Kohlhammer, Stuttgart

Bolten, Interkulturelle Kompetenz (2007), Landeszentrale für Politische Bildung Thüringen, Erfurt

Bonhöffer, Die Ethik des Stoikers Epictet (1968), F. Frommann, Stuttgart-Bad Cannstatt

Bredow, Handbuch zur deutschen Außenpolitik. Deutschland seit der Vereinigung (2015), Wiesbaden

Bueb/Frevert, Alte Werte - neue Werte. Schlaglichter des Wertewandels (2008), Vandenhoeck & Ruprecht, Göttingen

Bühlmann/Braun, Auftragstaktik in Vergangenheit, Gegenwart und Zukunft, Military Power Revue der schweizer Armee, 2010

Bundeskanzleramt Österreich, Österreichische Sicherheitsstrategie. Sicherheit in einer neuen Dekade - Sicherheit gestalten (2013), Wien

Bundesministerium für Europa, Integration und Äußeres, Identität (2015)

Bundesverfassungsgericht, *Ermächtigung der Streitkräfte gemäß Luftsicherheitsgesetz, Luftfahrzeuge, die als Tatwaffe gegen Mensch und Leben eingesetzt werden sollen, durch unmittelbare Einwirkung mit Waffengewalt, abzuschießen.*, BVerfGE 115, 118-166 2006

Byron, Transformational versus Transaction Leadership (2007)

Chakrabarty, Europa als Provinz. Perspektiven postkolonialer Geschichtsschreibung, Theorie und Gesellschaft, Bd. 72 (2010), Campus Verlag, Frankfurt am Main/New York

Chaloupek, Ökonomie in Theorie und Praxis. Festschrift für Helmut Frisch (2002), Springer, Berlin

Chang, Wert und Kultur. Eine kritische Auseinandersetzung mit Wilhelm Windelbands Kulturphilosophie (2011), Trier

Chesterman, You, the people. The United Nations, transitional administration, and state-building, Project of the International Peace Academy (2005), Oxford University Press, Oxford, New York

Chiari, Afghanistan. Wegweiser zur Geschichte[3] (2009), Ferdinand Schöningh, Paderborn

Chwaszcza/Kersting, Politische Philosophie der internationalen Beziehungen[1], Suhrkamp Taschenbuch Wissenschaft, Bd. 1365 (1998), Suhrkamp, Frankfurt am Main

Clausberg/Sahner, Kultur und Gesellschaft, Lüneburger Universitätsschriften / Universität Lüneburg, Bd. 4 (1992), Univ., Lüneburg

Clausewitz, Vom Kriege (2000), Cormoran, München

Clausewitz/Kuster, Strategie. Aus dem Jahr 1804, mit Zusätzen von 1808 und 1809 (2011), Paradeplatz-Verlag, Zürich

Coles, Incorporating Cultural Intelligence into Joint Doctrine, I SPHERE, Joint Information Operations Center, 2006

Cordesman, The Lessons of the Iraq War: Main Report (2003), Washington D.C.

Couch, A tactical ethic. Moral conduct in the insurgent battlespace (2010)

Damböck, Wilhelm Diltheys empirische Philosophie und der rezente Methodenstreit in der analytischen Philosophie (2012), Wien

Demandt, Der Fall Roms. Die Auflösung des römischen Reiches im Urteil der Nachwelt (1984), C. H. Beck, München

Department of Defense, United States of America, Sustaining U.S. Global Leadership. Priorities for 21st century defense (2012), Washington

Depenheuer, Selbstbehauptung des Rechtsstaates[2], Schönburger Gespräche zu Recht und Staat, Bd. 8 (2007 [ersch.] 2008), Schöningh, Paderborn, München [u.a.]

Derboven/Kumbruck, Interkulturelles Training. Trainingsmanual zur Förderung interkultureller Kompetenzen in der Arbeit[2] (2009), Springer, Berlin, Heidelberg

Detjen, Die Werteordnung des Grundgesetzes[1] (2009), VS Verl. für Sozialwissenschaften, Wiesbaden

Detjen, Verfassungswerte. Welche Werte bestimmen das Grundgesetz?[742], Schriftenreihe / Bundeszentrale für Politische Bildung, Bd. 1294 (2012), Bundeszentrale für Politische Bildung, Bonn

Deutsche UNESO-Kommission, Erklärung von Mexiko-City über Kulturpolitik, <http://www.unesco.de/infothek/dokumente/konferenzbeschluesse/erklaerung-von-mexiko.html> (05. 11. 2015)

Development, Concepts and Doctrine Centre, Partnering Indigenous Forces. Joint Doctrine Note 6/11 (2011), Shrivenham

Dilthey/Gründer, Wilhelm Diltheys gesammelte Schriften. Band V[6] (1974), Teubner, Stuttgart

Dilthey/Pöggeler, Das Wesen der Philosophie, Philosophische Bibliothek, Bd. 370 (1984), F. Meiner, Hamburg

Dilthey, Der Aufbau der geschichtlichen Welt in den Geisteswissenschaften[8] (1992), Teubner; Vandenhoeck & Ruprecht, Stuttgart, Göttingen

Dörr, Fundament der Geisteswissenschaften. Dilthey's Kritik der historischen Vernunft (2012), CreateSpace, Wien

Eagleton, Was ist Kultur? Eine Einführung[2] (2001), Beck, München

Easton, A systems analysis of political life (1965), Wiley, New York NY u.a.

Ebner, Interkulturalität als Instrumentarium für Einsatz und Führung, Schriftenreihe der Landesverteidigungsakademie, Bd. 2013,5 (2013), Bundesminister für Landesverteidigung und Sport, Wien

Ebner, Interkulturelle Kompetenz und deren Notwendigkeit für Einsatz und Führung. Workshopbeiträge 2013, Schriftenreihe der Landesverteidigungsakademie, Bd. 2013,12 (2013), Republik Österreich Bundesminister für Landesverteidigung und Sport, Wien

Eckert, Defeating the idea: Unconventional Warfare in southern Philippines

Ehrenmüller, Wilhelm Diltheys Philosophie der Philosophie, <http://www.jp.philo.at/texte/EhrenmuellerJ1.pdf> (07. 06. 2015)

Ehrhart/Kaestner, Afghanistan: Scheitern oder Strategiewechsel? 43/2008 (Mai 2008), Hamburg

Eichhorn, Agenda Setting Prozesse. Eine theoretische Analyse individueller und gesellschaftlicher Themenstrukturierung (2005), München

Eisler, Philosophen-Lexikon. Leben, Lehren und Werke der Denker (1912), Mittler, Berlin

Ertl, Politische Bildung im Österreichischen Bundesheer

Europäische Union, Europäische Sicherheitsstrategie. Ein sicheres Europa in einer besseren Welt (12. Dezember 2003), Brüssel

Europäische Union, Konsolidierte Fassung des Vertrags über die Europäische Union und des Vertrags über die Arbeitsweise der Europäischen Union (2010), Luxemburg

European Union External Action, About EUTM Mali, <http://www.eutmmali.eu/?page_id=222> (03. 03. 2015)

European Union External Action, Common Security and Defence Policy, 2013

European Union External Action, EUTM Somalia. EU military mission to contribute to the building up and strengthening of the Somali National Armed Forces (2014)

European Union Military Staff, DRAFT European Union Concept for Special Operations (2014), Brüssel

EUTM Somalia Headquarters, EUTM Somalia Mission Plan (2010), Brüssel

Fanon, Die Verdammten dieser Erde[1], Suhrkamp-Taschenbuch, Bd. 668 (1981), Suhrkamp, Frankfurt am Main

Farris, Joint Special Task Force-Philippines (2009), Fort Leavenworth, Kansas

Fassmann, Expertenrat für Integration. Arbeitsprogramm (2011), Wien

Fichte, Grundlage des Naturrechts[1], Ausgewählte Werke, Bd. 2 (1962), Wiss. Buchges., Darmstadt

Fingar, Global trends 2025. A transformed world (2008), National Intelligence Council; For sale by the Supt. of Docs., U.S. G.P.O., [Washington, D.C.]

Flashar/Gründer/u.a., Philologie und Hermeneutik im 19. Jahrhundert (1979), Vandenhoeck & Ruprecht, Göttingen

Flashar/Kraus, Eidola. Ausgewählte kleine Schriften (1989), B.R. Grüner, Amsterdam

Flechsig, Auf dem Weg zur interkulturellen Gesellschaft. Konzepte zur interkulturellen Arbeit (2011), München

Fontane/Lehmann, Der Stechlin. Roman, Hamburger Lesehefte, H. 215 (2005), Hamburger-Lesehefte-Verlag, Husum/Nordsee

Freedman, The transformation of strategic affairs[1], Adelphi Paper, Bd. 379 (2006), Routledge, Milton Park u.a.

Friedrich-Ebert Stiftung, Die Grundwerteforen 2015: Freiheit, Gerechtigkeit, Solidarität, fes.de/de/die-grundwerteforen-2015/

Friesl/Hamachers-Zuba/Polak, Die Österreicher/-innen. Wertewandel 1990-2008 (2009), Czernin, Wien

Fröschl/Kramer/Kreisky, Politikberatung. Zwischen Affirmation und Kritik (2007), Braumüller, Wien

Früchtl, Ist Kulturkritik heute noch möglich? Information Philosophie. Die Zeitschrift, die über Philosophie informiert., 2010, S. 7-13.

Fuchs, Kulturbegriffe, Kultur der Moderne, kultureller Wandel, Kulturelle Bildung online, 2013

Fulda, Hegels Begriff des absoluten Geistes (2014), Heidelberg

Gabriel, Sein, Mensch, Bewußtsein. Tendenzen der neueren Forschung zur Spätphilosophie Schellings, Philosophische Rundschau, 2005, S. 271–301

Gadamer, Gesammelte Werke. Grundzüge einer philosophischen Hermeneutik[5] (1986), Mohr, Tübingen

Gadamer, Wahrheit und Methode (1990), J.C.B. Mohr (Paul Siebeck), Tübingen

Gant, One tribe at a time (2009), Nine Sisters Imports, Los Angeles, California

Garger, Military Assistance - Profil für Soldaten des Jagdkommandos (2012), Wiener Neustadt

Garratt, Developing strategic thought. Rediscovering the art of direction-giving, McGraw-Hill developing organizations series (1995), McGraw-Hill, New York NY u.a.

Gärtner, Internationale Sicherheit. Definitionen von A-Z[1], Wiener Schriften zur internationalen Politik, Bd. 9 (2005), Nomos, Baden-Baden

Gauster, Whole of Nation-Ansätze auf dem Prüfstand, Schriftenreihe der Landesverteidigungsakademie, 2013

Geertz, Dichte Beschreibung. Beiträge zum Verstehen kultureller Systeme[1], Suhrkamp-Taschenbuch Wissenschaft, Bd. 696 (1987, c1983), Suhrkamp, Frankfurt am Main, Germany

Geneva Peacebuilding Platform, White Paper on Peacebuilding (2015), Geneva

Goethe, Johann Wolfgang von, Faust. Eine Tragödie : erster und zweiter Teil (1997), Deutscher Taschenbuch Verlag, München

Goldfein, JP 3-24, Counterinsurgency (2013)

Good, Max Scheler im Gegenwartsgeschehen der Philosophie (1975), Francke, Bern

Good, Max Scheler. Eine Einführung[1], Philosophie und andere Künste (1998), ParErga, Düsseldorf

Götze, Szenario-Technik in der strategischen Unternehmensplanung[2], DUV. Wirtschaftswissenschaft (1993), Dt. Univ.-Verl. [u.a.], Wiesbaden

Gray, Modern strategy (1999), Oxford University Press, New York

Gray, War, peace and international relations. An introduction to strategic history (2007), Routledge, London, New York

Gregory D. Miller, Chris Rogers, Francis J. H. Park, On Strategy as Ends, Ways and Means, ssi.armywarcollege.edu/pubs/parameters/issues/Spring_2017/15_DialogueOnStrategy.pdf (10. 11. 2017)

Gruber, Friede im 21. Jahrhundert. Eine entwicklungspolitische Herausforderung? Schriftenreihe der Landesverteidigungsakademie : Studien und Berichte, Bd. 2001,9 (2001), Landesverteidigungsakad., Inst. für Friedenssicherung, Wien

Habermas, Theorie des kommunikativen Handelns[1] (1981), Suhrkamp, Frankfurt am Main

Habermas, Erläuterungen zur Diskursethik[1], Suhrkamp Taschenbuch Wissenschaft, Bd. 975 (1991), Suhrkamp, Frankfurt am Main

Habermas, Bestialität und Humanität, Die Zeit, 1999

Habersatter, EU-Trainingsmission Somalia. Unterlagen bzw. Erfahrungen EinsFüKdo/DBw (2010), Berlin

Harrer, Der "Failed State" und seine Problematik im Völkerrecht (2012), Halle-Wittenberg

Hartmann, Ethik[4] (1962), Gruyter, Berlin

Hartung/Weingart, Leitlinien Politikberatung (2008), Berlin

Heidegger, Holzwege[5] (1972), Klostermann, Frankfurt am Main

Heidelberg Institute for international conflict research, Conflict Barometer 2013. disputes, non-violent crises, violent crises, limited wars, wars (Februar 2014), Heidelberg

Heidelberg Institute for international conflict research, Conflict Barometer 2016 (2017), Heidelberg

Heidrick & Struggles, Embracing the paradoxes of leadership and the power of doubt. The CEO report (2014), New York

Hellmann, Der Vertrag von Lissabon. Vom Verfassungsvertrag zur Änderung der bestehenden Verträge - Einführung mit Synopse und Übersichten (2009), Springer-Verlag, Berlin, Heidelberg

Henkel, Einführung in die Rechtsphilosophie. Grundlagen des Rechts[2] (1977), Beck, München

Heraklit von Ephesos, Fragmente. Griechisch und deutsch[14], Sammlung Tusculum (2007), Artemis & Winkler, München

Herder, Johann Gottfried von, Auch eine Philosophie der Geschichte zur Bildung der Menschheit[1], Theorie : 1 (1967), Suhrkamp, Frankfurt am Main

High Representative of the European Union for foreign affairs and security policy, Communication on comprehensive approach, 2013

Hobsbawm, Das Zeitalter der Extreme. Weltgeschichte des 20. Jahrhunderts[7], Dtv-Taschenbücher, Bd. 30657 (2004), Dt. Taschenbuch-Verl, München

Hofer/Vorhofer, Strategisches Denken und Handeln im sicherheitspolitischen Aktionsfenster, Österreichische Militärische Zeitschrift

Hofer, Die Bedeutung der geschichtlichen Entwicklung für ein umfassendes Konfliktverständnis am Beispiel des Libanon unter besonderer Berücksichtigung der Kohlenwasserstoffe. Dissertation (2014), Graz

Hofer, Unterricht: Militärdiplomatischer Strategieansatz (2014), Wien

Höffe, Klassiker der Philosophie, Beck'sche Reihe, 1792-1793 (2008), C.H. Beck, München

Hofstede/Hofstede, Lokales Denken, globales Handeln. Interkulturelle Zusammenarbeit und globales Management[4], dtv, 50807 : Beck-Wirtschaftsberater (2009), Dt. Taschenbuch-Verlag; Beck, München, [München]

Holmstrom, SOF Military Assistance, Unconventional and conventional expertise networked and synchronized to optimize the employment of Allied and Partner Special Operations Forces (26. Juni 2015), Mons

Holzer/Pospisil, Transition in Afghanistan: Anspruch und Wirklichkeit, Podiumsdiskussion (31. Mai 2012), Wien

Huntington, The soldier and the state. The theory and politics of civil-military relations[11] (1994), Belknap Press, Cambridge, Mass.

Inglehart, Values change the world. Worls Value Survey (2013), Stockholm

Institut für Kulturdiplomatie, Kultur und Außenpolitik, <http://www.ifa.de/kultur-und-aussenpolitik/organisationen/internationale-organisationen-und-transnationale-netzwerke/institut-fuer-kulturdiplomatie-icd.html> (07. 01. 2016)

Jäger/Beckmann, Handbuch Kriegstheorien, SpringerLink : Bücher (2012), VS Verlag für Sozialwissenschaften / Springer Fachmedien, Wiesbaden

Jahnke, Wirtschaftlichkeitsaspekte interkultureller Kommunikation. Interkulturelle Kommunikation in international tätigen Untenehmen unter besonderer Berücksichtigung von Führungskräften, Schriftenreihe Unternehmensführung, Bd. 13 (1996), Verlag Wissenschaft & Praxis, Sternenfels-Berlin

Jammal, Vertrauen im interkulturellen Kontext[1] (2008), Verlag für Sozialwissenschaften, Wiesbaden

Janke, Die dreifache Vollendung des Deutschen Idealismus. Schelling, Hegel und Fichtes ungeschriebene Lehre, Fichte-Studien-Supplementa, 22 (2009), Rodopi, Amsterdam

Joas/Mead, Praktische Intersubjektivität. Die Entwicklung des Werkes von George Herbert Mead[1], Suhrkamp-Taschenbuch Wissenschaft, Bd. 765 (1989), Suhrkamp, Frankfurt am Main, Germany

Joas, Die Entstehung der Werte[1], Suhrkamp Taschenbuch Wissenschaft, Bd. 1416 (1999), Suhrkamp, Frankfurt am Main

Joas, Die kulturellen Werte Europas[2], Fischer-Taschenbücher, Bd. 16402 (2005), Fischer-Taschenbuch-Verl., Frankfurt am Main

Johnson, Internal Defense and the Foreign Service, Foreign Service Journal, 1962

Joint Chiefs of Staff, Joint Publication 3-07.1. Joint Tactics, Techniques and Procedures for Foreign Internal Defense (FID) (1996), Washington

Joint Chiefs of Staff, Joint Operation Planning. Joint Publicaton 5-0 (2011)

Joint Chiefs of Staff, Joint Publication 3-05. Special Operations (2014)

Joint Doctrine & Concepts Centre, Joint Operations Execution. Joint Warfare Publication 3-00 (2004), Shrivenham

Joisten, Philosophische Hermeneutik, Akademie Studienbücher - Philosophie (2008), Akademie Verlag Berlin, Berlin

Jonas, Das Prinzip Verantwortung. Versuch einer Ethik für die technologische Zivilisation[1], Suhrkamp-Taschenbuch, Bd. 1085 (1984), Suhrkamp, Frankfurt am Main

Jost/Olbrich, Luhmanns Gesellschaftstheorie: Anregung und Herausforderung für eine allgemeine Theorie komplexer Systeme, Soziale Systeme 13, 2007

Jung, Wilhelm Dilthey zur Einführung[2], Zur Einführung (2014), Junius Hamburg, Hamburg

Jurekovic, Wege und Irrwege des Krisenmanagements. Von Afghanistan bis Südsudan, Internationale Sicherheit und Konfliktmanagement, Bd. 7 (2014), Böhlau Wien, Wien, Köln, Weimar

Kaim/Stelzenmüller, Neue Macht neue Verantwortung. Elemente einer deutschen Außen- und Sicherheitspolitik für eine Welt im Umbruch (2013), Berlin

Kaldor, New & old wars[2] (2006), Polity Press, Cambridge [England], Malden, MA

Kant, Abhandlungen nach 1781, Werke, Akademie-Textausgabe; unveränderter fotomechanischer Abdruck der Textes der von der Preußischen Akademie der Wissenschaften 1902 begonnenen Ausgabe / Immanuel Kant ; 008 (1968), de Gruyter, Berlin

Kant, Kants Werke, Bd. 4 (1968), de Gruyter, Berlin [u.a.]

Kant, Grundlegung zur Metaphysik der Sitten, Universal-Bibliothek, Bd. 4507 (2008), Reclam, Stuttgart

Kapusta, The Gray Zone (2015), Tampa, Florida

Kersting, Pax Kantiana: Towards a Political Philosophy of International Relations, prima philosophia, 1993

Kersting, Kritik der Gleichheit. Über die Grenzen der Gerechtigkeit und der Moral[1] (2002), Velbrück, Weilerswist

Kilcullen, Fundamentals of Company-level Counterinsurgency, Small Wars Journal, 2006

King, The transformation of Europe's armed forces. From the Rhine to Afghanistan (2011), Cambridge University Press, Cambridge, UK, New York

Kirchenamt der evangelischen Kirche in Deutschland, Für ein Zukunft in Solidarität und Gerechtigkeit (1997), Hannover/Bonn

Klecatsky, Die Wiener rechtstheoretische Schule (1968), Europa Verlag, Wien

Klein, Die Europäische Sicherheits- und Verteidigungspolitik (ESVP): Finalität europäischer Integration und Projekt dauerhaften Friedens. Eine Konzeption auf der Grundlage der Zivilisierungstheorie von Dieter Senghaas (2003), Düsseldorf

Klinke, Kulturbegriff heute: Clifford Geertz: Dichte Beschreibung. Beiträge zum Verstehen kultureller Systeme (2000), Karlsruhe

Koller Peter, Internationale Ordnung und globale Gerechtigkeit, Die politische Herausforderung des Kosmopolitismus (2006), Frankfurt am Main

Konersmann, Kulturphilosophie[1], Zur Einführung (2003), Junius, Hamburg

Kosh Sadat/Stan McChrystal, Staying the Course in Afghanistan, Majalla, 2017

Koslowski, Die Kulturen der Welt als Experimente richtigen Lebens. Entwurf für eine Weltausstellung, Passagen Heft, Bd. 3 (1990), Passagen, Wien

Kosow/Gassner, Methoden der Zukunfts- und Szenarioanalyse. Überblick, Bewertung und Auswahlkriterien, Werkstattbericht / Institut für Zukunftsstudien und Technologiebewertung, Nr. 103 (2008), IZT, Berlin

Kraft, Kolonialgeschichten. Regionale Perspektiven auf ein globales Phänomen (2010), Campus-Verl, Frankfurt am Main u.a.

Krobath, Werte in der Begegnung. Wertgrundlagen und Wertperspektiven ausgewählter Lebensbereiche (2011), Königshausen u. Neumann, Würzburg

Kuhn, The structure of scientific revolutions, Phoenix books, Bd. 159 (1962), Univ. of Chicago Press [u.a.], Chicago Ill. u.a.

Kunz/Mona, Rechtsphilosophie, Rechtstheorie, Rechtssoziologie. Eine Einführung in die theoretischen Grundlagen der Rechtswissenschaft[1], UTB, Bd. 2788 (2006), Haupt Verlag, Bern

Kurz, Neue globale Bildungsagenda der UN muss Vermittlung von Werten beinhalten (2014), Wien

Lambach, Fragile Staatlichkeit als Konfliktursache und Möglichkeiten der Bearbeitung (2014), Berlin

Launiala, Assessment of finnish SSR Expertise in the security sector reform in Afghanistan (2011), Tuusula

Laws.com, Government Programs Laws, government-programs.laws.com/lend-lease-act (23. 10. 2017)

Lenk/Ropohl, Technik und Ethik[2] (1993), Reclam, Stuttgart

Lessenich, Wohlfahrtsstaatliche Grundbegriffe. Historische und aktuelle Diskurse, Theorie und Gesellschaft, Bd. 56 (2003), Campus, Frankfurt, New York

Lessing, Wilhelm Dilthey. Eine Einführung, UTB, Bd. 3486 (2011), Böhlau u.a., Köln, Wien u.a

Livingston, Building the Capacity of Partner States Through Security Force Assistance (2011), Washington

Lohmann, Nach dem Krieg in Mali: den Frieden gewinnen (März 2013), Berlin

Ludwig/Kant, Die Kritik der reinen Vernunft[13], dtv, Bd. 30135 (2008), Dt. Taschenbuch-Verlag, München

Luf, Freiheit als Rechtsprinzip. Rechtsphilosophische Aufsätze (2008), Facultas.WUV, Wien

Luhmann, Vertrauen. Ein Mechanismus der Reduktion sozialer Komplexität[4], UTB für Wissenschaft, Bd. 2185 (2000), Lucius und Lucius, Stuttgart

Lukes, Power: a radical view, Studies in sociology (1995), Macmillan, Houndmills

Luserke/Glaser, Literaturwissenschaft - Kulturwissenschaft. Positionen, Themen, Perspektiven, WV-Studium Literaturwissenschaft, Bd. 171 (1996), Westdeutscher Vlg, Opladen

MacIntyre, Der Verlust der Tugend. Zur moralischen Krise der Gegenwart, Suhrkamp-Taschenbuch Wissenschaft, Bd. 1193 (1995), Suhrkamp, Frankfurt am Main

MacIntyre, Der Verlust der Tugend. Zur moralischen Krise der Gegenwart, Bd. 1193 (1995), Suhrkamp, Frankfurt am Main

Makkreel, Dilthey. Philosoph der Geisteswissenschaften[1] (1991), Suhrkamp, Frankfurt am Main

Mantl, Kulturdiplomatie in der Praxis aus österreichischer Sicht, Workshop: Kulturarbeit im internationalen Kontext: Kulturdiplomatie, Kultur und Entwicklung sowie Praxisbeispiele internationaler Kulturprojekte. (09. März 2013), Wien

Mara Karlin, Why Military Assistance Programs Disappoint, Foreign Affairs, 2017

Martin Hartmann, Wege aus dem Misstrauen. Theoretische und praktische Überlegungen, Islam und Europa als Thema der deutsch-türkischen Zusammenarbeit (Juni 2010), Istanbul

Masi-Reithofer, Jahresbericht 2012. Vertrauen schaffen (2013), Wien

Masi-Reithofer, Vertrauen schaffen. Jahresbericht 2012 (2013), Wien

McChrystal/Collins/Silverman/Fussell, Team of teams. New rules of engagement for a complex world (2015), Penguin Random House UK

McNamara, In Retrospect The Tragedy and Lessons of Vietnam, copyright 1995 - 414, Times Books, NY

Meier/Nelte/Huhn, Wörterbuch zur Sicherheitspolitik. Deutschland in einem veränderten internationalen Umfeld[7] (2008), Mittler, Hamburg, Berlin, Bonn

Merk, Selbstbewusstsein im Deutschen Idealismus (2010), Regensburg

Messner, Failed States Index - 2013 (2013), Washington D.C.

Meyerle, Jerry/Katt, Megan/Gavrilis, Jim, On the ground in Afghanistan. Counterinsurgency in practice (2012), Marine Corps University Press, Quantico, Virginia

Millotat, Christian E. O, Das preussisch-deutsche Generalstabssystem. Wurzeln, Entwicklung, Fortwirken, Strategie und Konfliktforschung (2000), Vdf, Hochschulverlag an der ETH Zürich, Zürich

Mintzberg, The strategy concept II. Another look at why organizations need strategies (1987)

Mintzberg/Ahlstrand/Lampel, Strategy safari. A guided tour through the wilds of strategic management (1998), Free Press, New York

Mittelstrass, Wissenschaft und Militär (20. Oktober 2015), Wien

Montgomery McFate, Does Culture Matter? The Military Utility of Understanding Adversary Culture (2005)

Mott, Military assistance. An operational perspective, Contributions in military studies, no. 170 (1999), Greenwood Press, Westport, Conn.

Mott, United States military assistance. An empirical perspective, Contributions in military studies, no. 218 (2002), Greenwood Press, Westport, Conn.

Münkler, Die neuen Kriege, Der Bürger im Staat, 2004

Münkler, Sicherheit und Risiko. Über den Umgang mit Gefahr im 21. Jahrhundert, Sozialtheorie (2010), Transcript-Verlag, Bielefeld

Münkler, Der europäische Traum vom ewigen Frieden (15. September 2014), Berlin

NATO, Comprehensive Operations Planning Directive V2.0 (2013), Mons

NATO, Allied Joint Doctrine for the military contribution to peace support (2014)

NATO Special Operations Headquarters, Military Assistance Handbook[2] (2014), Shape, Belgien

Nida-Rümelin, Freiheit, Werte und Politik - Kongress (2012)

Niemann, Lexikon des kritischen Rationalismus (2006), Mohr Siebeck, Tübingen

Noetzel, Die Bedeutung der Geschichte bei Droysen. Eine nachmetaphysische Leseart seiner Historik in Bezug auf Hermeneutik, Pragmatismus und Neue Kulturgeschichte (2007), Köln

Nohlen, Lexikon der Politikwissenschaft. Theorien, Methoden, Begriffe[4], Beck'sche Reihe, Bd. 1464 (2010), C.H. Beck, München

Noller, Schelers Kritik der Kantischen Morallehre im Rahmen der Materialen Wertethik, XXII. Deutscher Kongress für Philosophie (2011), München

Nooteboom, Trust. Forms, foundations, functions, failures and figures (2002), Edward Elgar, Cheltenham [u.a.]

Nothelle-Wildfeuer/Öztürk, Politische Grundwerte, Aus Politik und Zeitgeschichte, 2013,34/36 (2013), Bundeszentrale für Politische Bildung, Bonn

Nünning, Vielfalt der Kulturbegriffe (2009)

Oetting, Auftragstaktik. Geschichte und Gegenwart einer Führungskonzeption (1993), Report Verlag, Frankfurt am Main

Owens/Offley, Lifting the fog of war (2001), Johns Hopkins University Press, Baltimore

Paris, At war's end. Building peace after civil conflict (2004), Cambridge University Press, Cambridge, U.K., New York, NY

Parsons, Theories of society. Foundations of modern sociological theory (1961), Free Press of Glencoe, New York

Paus, Werte, Rechte, Normen (1979), Butzon & Bercker; Styria, Kevelaer, Graz [etc.]

Peng-Keller Simon/Hunziker, Andreas, u.a., Vertrauen Verstehen. Hermeneutische Blätter (2010), Zürich

Pieper, Über die Tugenden. Klugheit, Gerechtigkeit, Tapferkeit, Mass (2004), Kösel, München

Platzköster, Vertrauen. Theorie und Analyse interpersoneller, politischer und betrieblicher Implikationen (1990), Beleke, Essen

Polak, Zukunft-Werte-Europa. Die Europäische Wertestudie 1990-2010: Österreich im Vergleich (2011), Böhlau, Wien

Prange, Werte. Von Plato bis Pop : alles, was uns verbindet (2006), Droemer, München

Pryer, Controlling the Beast Within. The Key to Success on 21st-Century Battlefields (JAN 2011), Defense Technical Information Center, Ft. Belvoir

Ramsey, Advising indigenous forces. American advisors in Korea, Vietnam, and El Salvador, Long war occasional papers, Bd. 18 (2006), Combat Studies Institute Press, Fort Leavenworth, Kan.

Raschke/Tils, Politische Strategie. Eine Grundlegung[1] (2007), VS, Verlag für Sozialwissenschaften, Wiesbaden

Ravlo/Gleditsch, Colonial war and the democratic peace, Journal of Conflict Resolution, 2003, S. 520–548

Reckwitz, Die Transformation der Kulturtheorien. Zur Entwicklung eines Theorieprogramms[1] (2000), Velbrück Wiss, Weilerswist

Reininger, Wertphilosophie und Ethik. Die Frage nach dem Sinn des Lebens als Grundlage einer Wertordnung[2] (1946), Wilhelm Braumüller, Wien-Leipzig

Rice, The Challenge for Americans, US Institute of Peace (2004), Washington D.C.

Riegler, Aktuelle Debatte zum Kulturbegriff (2003), Wien

Riemer, Comprehensive Approach. Schriftenreihe LVAk, 9/2011 (2011), Wien

Riklin, Machtteilung. Geschichte der Mischverfassung (2006), Wissenschaftliche Buchgesellschaft, Darmstadt

Ripley, Iraqi train and equip programme begins, IHS Jane's Defence Weekly, Vol 52, 2015

Ritter, Das Deutsche Polizeiberaterteam in Afghanistan, Europäische Sicherheit

Robert M. Gates, Helping others defend themselves, Foreign Affairs, 2010

Rogge, Historische Kulturwissenschaft(en) - Eine Einführung in die aktuelle Debatte (12. Mai 2006), Trier

Rubinstein, Cross-Cultural Considerations in Complex Peace Operations, Negotiation Journal, 2003

Rumsfeld, Transforming the Military, Foreign Affairs, Vol 81, 2002

Safranski, Romantik. Eine deutsche Affäre, Fischer, Bd. 18230 (2009), Fischer-Taschenbuch-Verl., Frankfurt, M

Sandkühler/D'Alfonso, Handbuch Deutscher Idealismus (2005), Metzler, Stuttgart

Schadenböck, Von der Taktik der Landstreitkräfte, Schriftenreihe der Landesverteidigungsakademie, Bd. 2013,15 (2013), Republik Österreich Bundesminister für Landesverteidigung und Sport, Wien

Scheler, Der Formalismus in der Ethik und die materiale Wertethik (1921), Verlag von Max Niemeyer, Halle a.d.S.

Scheler, Gesammelte Werke. Band 3 : Vom Umsturz der Werte : Abhandlungen und Aufsätze[5] (1972), Francke Verlag, Berlin

Scheler, Späte Schriften, Gesammelte Werke / Max Scheler, Bd. 9 (1976), Francke, Bern u.a.

Schelling, Friedrich Wilhelm Joseph von/Fuhrmans, Über das Wesen der menschlichen Freiheit, Universal-Bibliothek, Nr. 8913-15 (1964), P. Reclam, Stuttgart

Schmidt, Ausbildung der Afghanischen Nationalen Polizei (ANP), SIAK-Journal - Zeitschrift für Polizeiwissenschaft und polizeiliche Praxis, 2011

Schmitt, Die Tyrannei der Werte[3] (2011), Duncker & Humbolt, Berlin

Schnädelbach, Kritik der reinen Vernunft, Die Zeit, 1984

Schnädelbach, Vorträge und Abhandlungen[1], Suhrkamp Taschenbuch Wissenschaft, Bd. 1690 (1987), Suhrkamp, Frankfurt

Schneider, Wertelite und Macht. Max Schelers Beitrag zum Elitediskurs (2001), Berlin

Schreiner, Würde, Respekt, Ehre. Werte als Schlüssel zum Verständnis von anderen Kulturen[1] (2013), Huber, Bern

Schurz, Erklären und Verstehen: Tradition, Transformation und Aktualität einer klassischen Kontroverse (2002), Erfurt

Seitz, Afrika wird armregiert oder Wie man Afrika wirklich helfen kann, dtv premium, Bd. 26038 (2014), dtv, München

Senghaas, Den Frieden denken. Si vis pacem, para pacem[1], Edition Suhrkamp (1995), Suhrkamp, Frankfurt am Main

Sharp, Von der Diktatur zur Demokratie. Ein Leitfaden für die Befreiung[4], Beck'sche Reihe, Bd. 1837 (2014), Beck, C H, München

Sil/Katzenstein, Analytic Eclecticism in the Study of World Politics: Reconfiguring Problems and Mechanisms across Research Traditions, Perspectives on Politics, 2010, S. 411–431

Sopko, SIGAR Special Inspector General for Afghanistan Reconstruction. Quarterly Report to the United States Congress (30. Oktober 2014), Virginia

Speck, Grundprobleme der großen Philosophen, Uni-Taschenbücher, Bd. 183 (1973), Vandenhoeck und Ruprecht, Göttingen

Spencer, Solving the people puzzle. Cultural intelligence and special operations forces (2010), Dundurn Group, Toronto

Spinoza, Abhandlung über die Verbesserung des Verstandes. Abhandlung vom Staate[3], Philosophische Bibliothek Hamburg, Bd. 95 (1907), Leipzig

Sprenger, Über die Unverzichtbarkeit der Rechtsphilosophie. Hermann Klenner zum 80. Geburtstag (2006)

Stadler, Krieg[1], Grundbegriffe der europäischen Geistesgeschichte, Bd. 3234 (2009), Facultas.WUV, Wien

Stadler, Rechtskultur zwischen Wert und Wirklichkeit. Zur integrativen Bedeutung von Verfassung und Verfassungsprinzipien, Juristischer Workshop des BM.I (2013), Wien

Stapelfeldt, Widerspruchsgeist. Der Geist des Widerspruchs. Studien zur Dialektik. Erster Band. (2012), Freiburg

Steinmüller, Szenarien. Instrumente für Innovation und Strategiebildung (2003), Essen

Stiller, Scheler: Leben und Werk. Materialien zu Leben und Werk von Scheler (2013), Münster

Strachan, The lost meaning of strategy, Survival, 2005, S. 33–54

Straub, Zur Tyrannei der Werte (2010), Klett-Cotta, Stuttgart

Strauss, Persecution and the art of writing (1995), Univ. of Chicago Press, Chicago Ill. u.a.

Stupka, Militärwissenschaften. Ihre Grundlagen und ihr System, Schriftenreihe der Landesverteidigungsakademie Wien: Sonderpublikation, Bd. 2011,1 (2011), Republik Österreich, Bundesminister für Landesverteidigung und Sport, Wien

The Development Concepts and Doctrine Centre, JDP 3-40 Security and Stabilisation: The Military Contribution (2009), Shrivenham

Thukydides, Der Peloponnesische Krieg, Übersetzer: Vretska und Rinner, Universal-Bibliothek, Nr. 1808 (2000), P. Reclam, Stuttgart

Thürer, Der "zerfallene Staat" und das Völkerrecht, Die Friedens-Warte, 1999, S. 275–306

Triandis, Culture and social behavior, McGraw-Hill series in social psychology (1994), McGraw-Hill, New York

Trompenaars/Hampden-Turner, Riding the waves of culture. Understanding cultural diversity in business[2] (1997), Brealey, London

Turner, What is the problem with experts? Social Studies of Science, 2001

Turnley, Cross-Cultural Competence and Small Groups: Why SOF are the way SOF are, Bd. 2011 (2011), Tampa, Florida

Uhle-Wettler, Auftragstaktik. Was ist das? Können wir sie wiederbeleben? Truppenpraxis, 1992

United Nations, Department of Peacekeeping Operations, Military Special Forces Manual (2015), New York

Vetter, Globale Forschung und Verantwortung, Infobrief des Deutschen Ethikrates, 2016

Vogl/Wenda, Neue Herausforderungen für den Rechtsschutz. 10. Rechtsschutztag des BM.I am 9. November 2012 im Bundesministerium für Inneres, Großer Vortragssaal[1], Schriftenreihe BM.I, Bd. 15 (2013), NWV Verlag, Wien

Vogt, Frieden als Zivilisierungsprojekt. Neue Herausforderungen an die Friedens- und Konfliktforschung[1], Schriftenreihe der Arbeitsgemeinschaft für Friedens- und Konfliktforschung e.V, Bd. 21 (1995), Nomos, Baden-Baden

Voigt, Krieg, Instrument der Politik? Bewaffnete Konflikte im Übergang vom 20. zum 21. Jahrhundert[1] (2002), Nomos, Baden-Baden

Vorhofer/Hofer, Strategisch denken und handeln im sicherheitspolitischen Aktionsfenster, Österreichische Militärische Zeitschrift, Heft 2/2016, 2016

Votel, Unconventional Warfare in the Gray Zone, Joint Force Quarterly, 2016

Wæver, Securitization and desecuritization, Working papers / Centre for Peace and Conflict Research, Bd. 5 (1993), Center for Freds- og Konfliktforskning, Kbh.

Wagener, Über das Wesen der Strategie, Österreichische Militärische Zeitschrift, 2010

Wagnsonner, Militärische Kulturen. Beiträge zum Seminar "Militärische Kulturen", 4. - 6. Mai 2010, Heeresunteroffiziersakademie, Towarek-Schulkaserne Enns, Ethica Themen (2011), Republik Österreich, Bundesminister für Landesverteidigung und Sport, Wien

Wasserbly, Army of adaption, Jane's Defence Weekly, 2014

Weber, Gesammelte Aufsätze zur Wissenschaftslehre[2] (1951), Mohr, Tübingen

Webinger, Stable States. Rethinking social cohesion and good governance (2014), Österreichische Staatsdruckerei, Wien

Welsch, Transkulturalität, Zeitschrift für Kulturwissenschaft, 1995

Werner, Hans Jonas' Prinzip Verantwortung

Wertheim, Learning in DOD. Changing the Culture (21. Juni 2005), Colorado Springs

West, Leo Strauss and the American Founding, The Review of Politics, 1991, S. 157

Westerwelle, Beteiligung deutscher Soldaten an der Ausbildungsmission der Europäischen Union zur Ausbildung somalischer Sicherheitskräfte in Uganda (EUTM Somalia) (2010), Berlin

Williams, Words, Images, Enemies: Securitization and International Politics, International Studies Quarterly, 2003

Wilson, Die Einheit des Wissens, Goldmann, 15079. (2000), Goldmann, München

Windelband, Geschichte und Naturwissenschaft (1894), Straßburg

Windelband, Lehrbuch der Geschichte der Philosophie[18] (1993), Mohr, Tübingen

Wintersteiner/Grobbauer Heidi, Global Citizenship Education. Politische Bildung für die Weltgesellschaft (2014), Wien

Zechner, Der Einsatz einer österreichischen Special Operations Task Group im multinationalen Umfeld im Szenario "Seperation of Parties by Force" als Beitrag Österreichs zur internationalen Friedenssicherung mit Fokus auf die Durchführung von Military Assistance und dem möglichen Einsatz von ausgebildeten Kräften unter Anleitung (2011), Wien

Zechner, Die Bedeutung und der Einfluss von interkultureller Kompetenz auf den Einsatz und die Ausbildung von Spezialeinsatzkräften in der Einsatzart Militärische Unterstützung im Hinblick auf zukünftige Einsätze der österreichischen Spezialeinsatzkräfte (2011), Wien

Zeit online, Militäreinsatz für deutsche Wirtschaftinteressen? <http://www.zeit.de/politik/deutschland/2010-05/koehler-bundeswehr-wirtschaft-2> (07. 12. 2015)

Zhang, Wertapriori und Wertsein in der materialen Wertethik Max Schelers (2010), Erfurt

ZIF - Zentrum für Internationale Friedenseinsätze, Vernetztes Handeln, Comprehensive Approach, <http://www.zif-berlin.org/de/schwerpunkte/vernetztes-handeln-comprehensive-approach.html> (08. 01. 2015)

Zinni, Cultural-Centric Warfare (1996), Washington D.C.

Zürcher, Transnationale Solidarität - Grundlage für ein soziales Europa (2000), Frankfurt am Main

Carola Hartmann Miles-Verlag

Militär und Gesellschaft

Eberhard Birk, Winfried Heinemann, Sven Lange (Hrsg.), *Tradition für die Bundeswehr. Neue Aspekte einer alten Debatte,* Berlin 2012.

Angelika Dörfler-Dierken, *Führung in der Bundeswehr,* Berlin 2013.

Wolf Graf von Baudissin, *Grundwert Frieden in Politik – Strategie – Führung von Streitkräften,* hrsg. von Claus von Rosen, Berlin 2014.

Marcel Bohnert, Lukas J. Reitstetter (Hrsg.), *Armee im Aufbruch. Zur Gedankenwelt junger Offiziere in den Kampftruppen der Bundeswehr,* Berlin 2014.

Arjan Kozica, Kai Prüter, Hannes Wendroth (Hrsg.), *Unternehmen Bundeswehr? Theorie und Praxis (militärischer) Führung,* Berlin 2014.

Angelika Dörfler-Dierken, Robert Kramer, *Innere Führung in Zahlen. Streitkräftebefragung 2013,* Berlin 2014.

Phil C. Langer, Gerhard Kümmel (Hrsg.), *„Wir sind Bundeswehr." Wie viel Vielfalt benötigen/vertragen die Streitkräfte?,* Berlin 2015.

Alois Bach, Walter Sauer (Hrsg.), *Schützen.Retten.Kämpfen. Dienen für Deutschland,* Berlin 2016.

Claas Siano, *Die Luftwaffe und der Starfighter. Rüstung im Spannungsfeld von Politik, Wirtschaft und Militär, Band 4 der Reihe: Schriften zur Geschichte der Deutschen Luftwaffe.* Berlin 2016.

Marcel Bohnert, Björn Schreiber (Hrsg.), *Die unsichtbaren Veteranen. Kriegsheimkehrer in der deutschen Gesellschaft,* Berlin 2016.

Donald Abenheim and Carolyn Halladay, *Soldiers, War, Knowledge and Citizenship: German-American Essays on Civil-Military Relations,* Berlin 2017.

Dirk Freudenberg, *Theorie des Irregulären. Erscheinungen und Abgrenzungen von Partisanen, Guerillas und Terroristen im Modernen Kleinkrieg sowie Entwicklungstendenzen der Reaktion, 3 Bde.,* Berlin 2018.

Markus Reisner, *Robotic Wars – Legitimatorische Grundlagen und Grenzen des Einsatzes von Military Unmanned Systems in modernen Konfliktszenarien,* Berlin 2018.

Angelika Dörfler-Dierken (Hrsg.), *Hinschauen! Geschlecht, Rechtspopulisums, Rituale: Systemische Probleme oder individuelles Fehlverhalten?,* Berlin 2019.

Erinnerungen und Tradition

Blue Braun, *Erinnerungen an die Marine 1956–1996,* Berlin 2012.

Harald Volkmar Schlieder, *Kommando zurück!,* Berlin 2012.

Klaus Grot, *So war's, damals. Dienstchronik eines Pionieroffiziers im Kalten Krieg 1954–1991,* Berlin 2014.

Gustav Lünenborg, *Bürger und Soldat. Innere Führung hautnah 1956–1993, 1993–2015,* Berlin 2015.

Adolf Brüggemann, *Als Offizier der Bundeswehr im Auswärtigen Dienst. Meine Erinnerungen als Militärattaché in Seoul (Republik Korea) 1978–83 und in Prag (Tschechoslowakei/Tschechien) 1988–1993,* Berlin 2015.

Rainer Buske, *Eine Reise ins Innere der Bundeswehr. Wundersame Geschichten aus einer anderen Welt,* Berlin 2016.

Heinz Laube, *Duell am Himmel,* Berlin 2016.

Viktor Toyka, *Dienst in Zeiten des Wandels. Erinnerungen aus 40 Jahren Dienst als Marineoffizier 1966-2000,* Berlin 2017.

Dieter Hanel, *Military Link. Sicherheitspolitische Zeitreise eines Offiziers und Rüstungsmanagers,* Berlin 2018.

Joachim Welz, *Vom Kontingentsheer zum Reichsheer: Militärkonventionen als Motor der Wehrverfassung,* Berlin 2018.

Donald Abenheim, Uwe Hartmann (Hrsg.), *Tradition in der Bundeswehr. Zum Erbe des deutschen Soldaten und zur Umsetzung des neuen Traditionserlasses,* Berlin 2018.

Standpunkte und Orientierungen

Daniel Giese, *Militärische Führung im Internetzeitalter – Die Bedeutung von Strategischer Kommunikation und Social Media für Entscheidungsprozesse, Organisationsstrukturen und Führerausbildung in der Bundeswehr,* Berlin 2014.

Dirk Freudenberg, *Auftragstaktik und Innere Führung. Feststellungen und Anmerkungen zur Frage nach Bedeutung und Verhältnis des inneren Gefüges und der Auftragstaktik unter den Bedingungen des Einsatzes der Deutschen Bundeswehr,* Berlin 2014.

Uwe Hartmann (Hrsg.), *Lernen von Afghanistan. Innovative Mittel und Wege für Auslandseinsätze,* Berlin 2015.

Fouzieh Melanie Alamir, *Vernetzte Sicherheit – Quo Vadis?,* Berlin 2015.

Hartwig von Schubert, *Integrative Militärethik. Ethische Urteilsbildung in der militärischen Führung,* Berlin 2015.

Uwe Hartmann, *Hybrider Krieg als neue Bedrohung von Freiheit und Frieden. Zur Relevanz der Inneren Führung in Politik, Gesellschaft und Streitkräften,* Berlin 2015.

Klaus Beckmann, *Treue.Bürgermut.Ungehorsam. Anstöße zur Führungskultur und zum beruflichen Selbstverständnis in der Bundeswehr,* Berlin 2015.

Florian Beerenkämper, Marcel Bohnert, Anja Buresch, Sandra Matuszewski, *Der innerafghanische Friedens- und Aussöhnungsprozess,* Berlin 2016.

Martin Sebaldt, *Nicht abwehrbereit. Die Kardinalprobleme der deutschen Streitkräfte, der Offenbarungseid des Weißbuchs und die Wege aus der Gefahr,* Berlin 2017.

Christian J. Grothaus, *Der „hybride Krieg" vor dem Hintergrund der kollektiven Gedächtnisse Estlands, Lettlands und Litauens,* Berlin 2017.

Uwe Hartmann, *Der gute Soldat. Politische Kultur und soldatisches Selbstverständnis heute,* Berlin 2018.

Christian Bauer, Marcel Bohnert, Jan Pahl, *Vitalis Innere Führung! Zum Status Quo der Führungskultur in den deutschen Streitkräften,* Berlin 2018.

Militärgeschichte

Eberhard Kliem, Kathrin Orth, *"Wir wurden wie blödsinnig vom Feind beschossen". Menschen und Schiffe in der Skagerrakschlacht 1916,* Berlin 2016.

Eberhard Birk, *"Auf Euch ruht das Heil meines theuern Württemberg!". Das Gefecht bei Tauberbischofsheim am 24. Juli 1866 im Spiegel der württembergischen Heeresgeschichte des 19. Jahrhunderts,* Berlin 2016.

Eckhard Lisec, *Der Unabhängigkeitskrieg und die Gründung der Türkei 1919–1923,* Berlin 2016.

Hans Frank, Norbert Rath, *Kommodore Rudolf Petersen. Führer der Schnellboote 1942–1945. Ein Leben in Licht und Schatten unteilbarer Verantwortung,* Berlin 2016.

Eckhard Lisec, *Der Völkermord an den Armeniern im 1. Weltkrieg – Deutsche Offiziere beteiligt?,* Berlin 2017.

Ingo Pfeiffer, *Heinz Neukirchen. Marinekarriere an wechselnden Fronten,* Berlin 2017.

Eberhard Birk und Heiner Möllers (Hrsg), *Luftwaffe und Luftverteidigung, Bd. 6 der Reihe: Schriften zur Geschichte der Deutschen Luftwaffe,* Berlin 2017.

Siegfried Lautsch, *Grundzüge des operativen Denkens in der NATO. Ein zeitgeschichtlicher Rückblick auf die 1980er Jahre,* Berlin ^{2}2018.

Eckhard Lisec, *Die Türkische Armee – Von Mete Han (209 v. Chr.) über Atatürk zur Gegenwart,* Berlin 2018.

Joachim Welz, *Erfolgsstory oder Trauma – die Übernahme von Armeen. Lehren aus der Übernahme des österreichischen Bundesheeres in die Wehrmacht 1938 und der Reste der NVA in die Bundeswehr 1990,* Berlin 2018.

Joachim Welz, *Vom Kontingentsheer zum Reichsheer. Militärkonventionen als Motor der Wehrverfassung,* Berlin 2018.
Georg Neuhaus, *Am Anfang war ein Speer. Eine Chronographie der Kriegs- und Militärtechnologien,* Berlin 2018.
Hans Delbrück / Peter Paret, *Krieg, Geschichte, Theorie. Zwei Studien über Clausewitz, herausgegeben von Peter Paret,* Berlin 2018.
Hans-Werner Ahrens, *Die Transportflieger der Luftwaffe 1956 bis 1971. Konzeption – Aufbau – Einsatz. (Bd. 8 der Reihe: Schriften zur Geschichte der Deutschen Luftwaffe),* Berlin 2019

Einsatzerfahrungen

Kay Kuhlen, *Um des lieben Friedens willen. Als Peacekeeper im Kosovo,* Eschede 2009.
Sascha Brinkmann, Joachim Hoppe (Hrsg.), *Generation Einsatz, Fallschirmjäger berichten ihre Erfahrungen aus Afghanistan,* Berlin 2010.
Artur Schwitalla, *Afghanistan, jetzt weiß ich erst… Gedanken aus meiner Zeit als Kommandeur des Provincial Reconstruction Team FEYZABAD,* Berlin 2010.
Uwe Hartmann, *War without Fighting? The Reintegration of Former Combatants in Afghanistan seen through the Lens of Strategic Thought,* Berlin 2014.
Rainer Buske, *KUNDUZ. Ein Erlebnisbericht über einen militärischen Einsatz der Bundeswehr in AFGHANISTAN im Jahre 2008,* Berlin [2]2016.
Marcel Bohnert, Andy Neumann, *German Mechanized Infantry on Combat Operations in Afghanistan,* Berlin 2017.

Monterey Studies

Uwe Hartmann, *Carl von Clausewitz and the Making of Modern Strategy,* Potsdam 2002.
Zeljko Cepanec, *Croatia and NATO. The Stony Road to Membership,* Potsdam 2002.
Ekkehard Stemmer, *Demography and European Armed Forces,* Berlin 2006.
Sven Lange, *Revolt against the West. A Comparison of the Current War on Terror with the Boxer Rebellion in 1900-01,* Berlin 2007.
Klaus M. Brust, *Culture and the Transformation of the Bundeswehr,* Berlin 2007.
Donald Abenheim, *Soldier and Politics Transformed,* Berlin 2007.
Michael Stolzke, *The Conflict Aftermath. A Chance for Democracy: Norm Diffusion in Post-Conflict Peace Building,* Berlin 2007.

Frank Reimers, *Security Culture in Times of War. How did the Balkan War affect the Security Cultures in Germany and the United States?*, Berlin 2007.

Michael G. Lux, *Innere Führung – A Superior Concept of Leadership?*, Berlin 2009.

Marc A. Walther, *HAMAS between Violence and Pragmatism*, Berlin 2010.

Frank Hagemann, *Strategy Making in the European Union*, Berlin 2010.

Ralf Hammerstein, *Deliberalization in Jordan: the Roles of Islamists and U.S.-EU Assistance in stalled Democratization*, Berlin 2011.

Jochen Wittmann, *Auftragstaktik*, Berlin 2012.

Michael Hanisch, *On German Foreign und Security Policy. Determinants of German Military Engagement in Africa since 2011*, Berlin 2015.

Grégoire Monnet, *The Evolution of Strategic Thought Since September 11, 2001*, Berlin 2016.

Stefan Klein, *America First? Isolationism in U.S. Foreign Policy from the 19th to the 21st Century*, Berlin 2017.

Torsten Gojowski und Sebastian Koegler, *Building Special Operations Relationships with Fragile Partners – Best Practices from Iraq, Syria, and Afghanistan.* Berlin 2019.

Jahrbuch Innere Führung

Uwe Hartmann, Claus von Rosen, Christian Walther (Hrsg.), *Jahrbuch Innere Führung 2009. Die Rückkehr des Soldatischen*, Eschede 2009.

Helmut R. Hammerich, Uwe Hartmann, Claus von Rosen (Hrsg.), *Jahrbuch Innere Führung 2010. Die Grenzen des Militärischen*, Berlin 2010.

Uwe Hartmann, Claus von Rosen, Christian Walther (Hrsg.), *Jahrbuch Innere Führung 2011. Ethik als geistige Rüstung für Soldaten*, Berlin 2011.

Uwe Hartmann, Claus von Rosen, Christian Walther (Hrsg.), *Jahrbuch Innere Führung 2012. Der Soldatenberuf zwischen gesellschaftlicher Integration und suis generis-Ansprüchen*, Berlin 2012.

Uwe Hartmann, Claus von Rosen (Hrsg.), *Jahrbuch Innere Führung 2013. Wissenschaften und ihre Relevanz für die Bundeswehr als Armee im Einsatz*, Berlin 2013.

Uwe Hartmann, Claus von Rosen (Hrsg.), *Jahrbuch Innere Führung 2014. Drohnen, Roboter und Cyborgs – Der Soldat im Angesicht neuer Militärtechnologien*, Berlin 2014.

Uwe Hartmann, Claus von Rosen (Hrsg.), *Jahrbuch Innere Führung 2015. Neue Denkwege angesichts der Gleichzeitigkeit unterschiedlicher Krisen, Konflikte und Kriege,* Berlin 2015.

Uwe Hartmann, Claus von Rosen (Hrsg.), *Jahrbuch Innere Führung 2016. Innere Führung als kritische Instanz,* Berlin 2016.

Uwe Hartmann, Claus von Rosen (Hrsg.), *Jahrbuch Innere Führung 2017. Die Wiederkehr der Verteidigung in Europa und die Zukunft der Bundeswehr,* Berlin 2017.

Uwe Hartmann, Claus von Rosen (Hrsg.), *Jahrbuch Innere Führung 2018. Innere Führung zwischen Aufbruch, Abbau und Abschaffung: Neues denken, Mitgestaltung fördern, Alternativen wagen,* Berlin 2018.